SE SHOEISHA

YoungJin.com Y. 영진닷컴

ISBN 978-89-314-6551-8

독자님의 의견을 받습니다

이 책을 구입한 독자님은 영진닷컴의 가장 중요한 비평가이자 조언가입니다. 저희 책의 장점과 문제점이 무엇인지, 어떤 책이 출판되기를 바라는지, 책을 더욱 알차게 꾸밀 수 있는 아이디어가 있으면 이메일, 또는 우편으로 연락주시기 바랍니다. 의견을 주실 때에는 책 제목 및 독자님의 성함과 연락처(전화번호나 이메일)를 꼭 남겨 주시기 바랍니다. 독자님의 의견에 대해 바로 답변을 드리고, 또 독자님의 의견을 다음 책에 충분히 반영하도록 늘 노력하겠습니다.

주 소 : ㈊08507 서울특별시 금천구 가산디지털1로 128 STX-V 타워 4층 401호
등 록 : 2007. 4. 27. 제16-4189호
이메일 : support@youngjin.com

저자 사카시타 유리 | **번역** 김은철, 유세라 | **책임** 김태경 | **진행** 최윤정
일러스트레이터 MORNING GARDEN INC. | **표지 디자인** 이주은 | **내지 디자인·편집** 김소연
영업 박준용, 임용수, 김도현 | **마케팅** 이승희, 김근주, 조민영, 김예진, 채승희, 김민지, 임해나
제작 황장협 | **인쇄** 제이엠

시작하며

많은 사람이 「데이터베이스」라는 단어는 알고 있어도 실제로 데이터베이스가 어떤 것인지 자세한 내용은 모를 거라 생각합니다.

그러나 데이터베이스의 자세한 내용은 몰라도 대부분의 사람이 데이터베이스를 이용한 적이 있을 것입니다. 예를 들어, 검색 엔진에서 웹 페이지를 검색하거나 IC 카드를 이용하면 바로 포인트가 환원되거나 하는 것은 데이터베이스를 이용해서 실현할 수 있는 시스템입니다.

우리는 어딘가에 저장된 많은 데이터를 이용함으로써 편리한 생활을 할 수 있는 것입니다. 많은 데이터를 다루는 시스템이 데이터베이스입니다. 우리의 편리한 생활을 지탱하는 시스템을 실현하는 것이 「데이터베이스」인 것입니다.

그러고 보면 현대 사회에서는 「나는 데이터베이스와는 전혀 상관없이 살고 있어!」라는 사람은 거의 없을 것입니다.

그런 가운데 극히 일부의 사람은 데이터베이스를 설계하고 데이터를 직접 조작하거나 조작하기 위한 소프트웨어를 개발할 수 있습니다. 이른바 전문가입니다.

그러나 「전문가도 아니고 전문가가 될 생각은 없지만, 조금 데이터베이스를 사용해야 할 일이 생겼다」는 분도 있을 거라 생각됩니다. 데이터베이스의 설계를 하거나 데이터를 관리하는 레벨이 아닌 단순하게 데이터의 참조를 할 수 있으면 되는 레벨입니다.

이 책을 손에 든 것은 바로 그런 분들일 걸로 생각합니다.

이 책은 데이터베이스에 대해서 전혀 모르는 사람부터 약간 아는 정도의 사람을 대상으로 합니다. 데이터베이스를 참조하는 것만, 일단 「그럭저럭」 사용할 수 있는 레벨이 되는 걸 목표로 학습을 진행합시다.

사카시타 유리

역자의 글

"시리야 오늘 날씨 어때?"

"현재 상태는 맑은 상태입니다."

시리(Siri)는 무엇인가 물어보면 척척 잘 대답합니다.
시리는 어떻게 오늘 날씨를 대답할 수 있을까요?
오늘의 날씨는 기상청에서 알 수 있고, 그 날씨 정보를 시리는 데이터베이스에 저장시켜 놓았다가 오늘 날씨를 물어보면 즉시 알려줍니다. 시리는 수많은 정보들을 데이터베이스에 저장하고 쿼리를 통해 사용자가 물어보는 정보를 조회합니다. 이런 기본적인 원리를 통해 시리는 마치 인공지능처럼 동작합니다.
데이터베이스라고 하면 뭔가 거창할 것 같다는 생각이 들지는 않았나요?
저도 학생 시절에 데이터베이스는 전문적으로 접해본 사람만이 다룰 수 있는 것이라는 막연한 생각을 했었는데요, 사실 알고 보면 '필요로 하는 정보를 꺼내온다'라고 생각하면 쉽게 접근할 수 있을 것 같습니다.
우리가 늘 사용하는 스마트폰도 데이터베이스를 내장하고 있으며, 안드로이드/아이폰 개발자들도 이 내장된 데이터베이스를 사용해 필요한 정보를 저장하거나 로그인 시 활용합니다. 또한 쿠팡, 마켓컬리, 배달의민족 등도 거대한 데이터베이스를 기반으로 만들어져 있습니다. 엑셀을 사용해 데이터를 자주 처리하는 분들 중에 데이터의 양이 많아 속도가 느려지거나 불편함이 있는 분들께도 이 책을 추천합니다. 고성능 데이터베이스를 사용한 좀 더 간결한 SQL을 통해 내가 원하는 데이터만 조작하고 확인할 수 있습니다.
이 책은 제0장 사용할 수 있는 데이터베이스를 준비하자, 제1장 SQL로 데이터를 가져오자, 제2장 ○○인 데이터를 가져오자, 제3장 ○○에서 △△인 데이터를 가져오자, 제4장 데이터를 통합하자, 제5장 레코드를 정렬해서 가져오자, 제6장 데이터를 편집하자, 제7장 SELECT의 안에서 SELECT를 실행하자, 제8장 테이블을 붙이자 등 총 8개로 구성되어 있습니다.
끝으로 책이 나올 수 있도록 도움을 주신 영진닷컴 관계자 분들께 감사드립니다.

김은철, 유세라

이 책의 사용법

이 책은 「보기만 해도 SQL을 어느 정도 알 수 있다」는 컨셉을 바탕으로 만들어졌습니다. 만화, 그림 일러스트, 구문, 예문을 훑끗 보는 것만으로 데이터베이스에서 원하는 데이터를 자유롭게 가져올 수 있게 됩니다.

이 책에서는 무료로 윈도 환경에서 설치할 수 있는 데이터베이스인 MySQL을 사용합니다. 학습 환경의 구축 방법에 대해서는 제0장을 참조하세요.

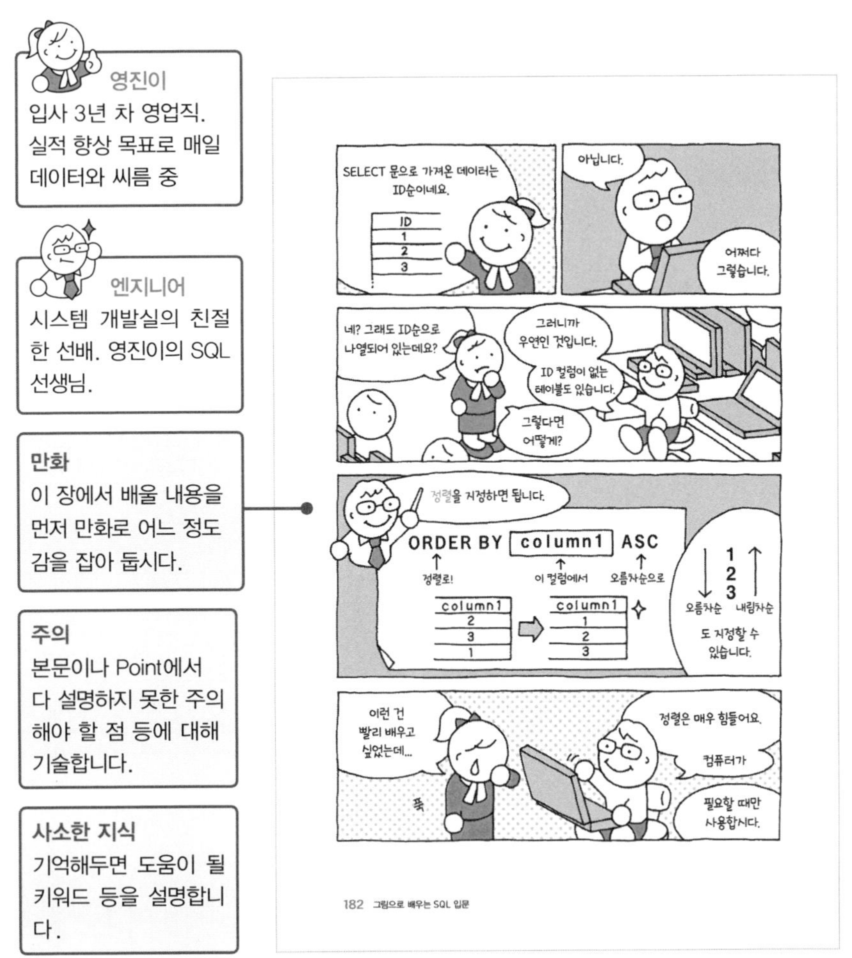

● 이 책의 주요 독자 대상

- 지금까지 SQL을 사용해본 적이 없는 분
- 데이터베이스를 조금 사용해야 할 일이 생긴 분
- 데이터 분석을 막 시작한 분
- 프런트엔드 엔지니어, Web 디자이너

● 이 책의 집필 환경

- OS: Microsoft Windows 10 Home 64bit
- MySQL Community Edition 8.0.23

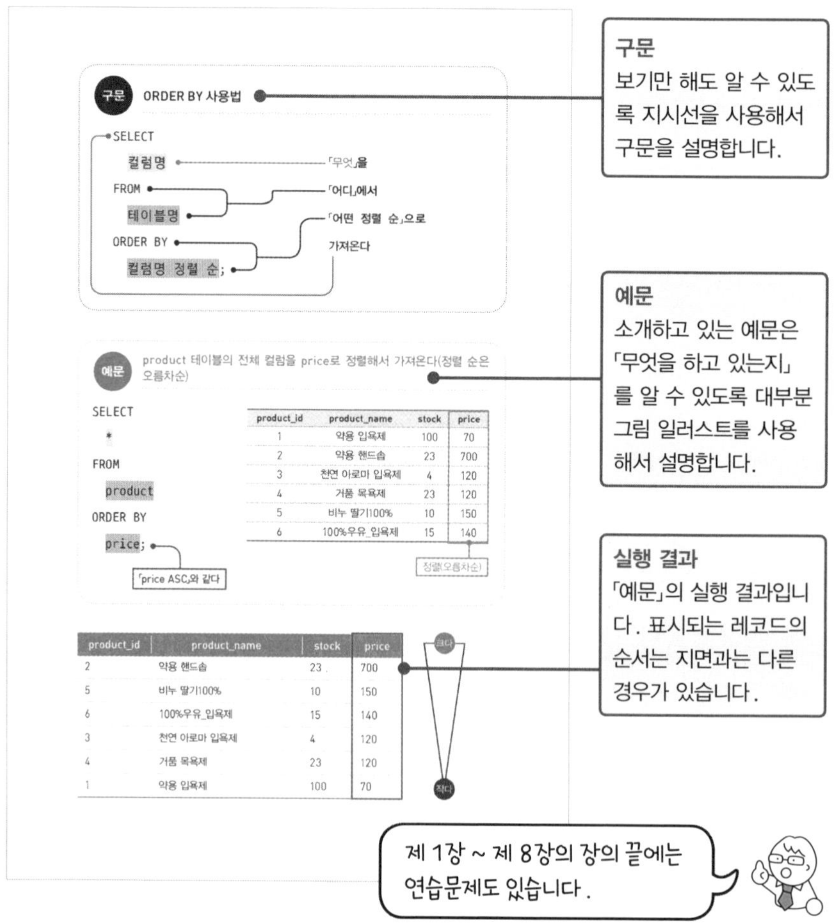

product_id	product_name	stock	price
1	약용 입욕제	100	70
2	약용 핸드솝	23	700
3	천연 아로마 입욕제	4	120
4	거품 목욕제	23	120
5	비누 딸기100%	10	150
6	100%우유_입욕제	15	140

product_id	product_name	stock	price
2	약용 핸드솝	23	700
5	비누 딸기100%	10	150
6	100%우유_입욕제	15	140
3	천연 아로마 입욕제	4	120
4	거품 목욕제	23	120
1	약용 입욕제	100	70

차례

0장 사용할 수 있는 데이터베이스를 준비하자

1장 SQL로 데이터를 가져오자

2장 ○○인 데이터를 가져오자

3장 ○○에서 △△인 데이터를 가져오자

4장 데이터를 통합하자

5장 레코드를 정렬해서 가져오자

6장 데이터를 편집하자

7장 SELECT의 안에서 SELECT를 실행하자

8장 테이블을 붙이자

0장

사용할 수 있는 데이터베이스를 준비하자

01 MySQL 설치

02 MySQL Workbench 사용법

03 학습용 테이블에 대해서

01 MySQL 설치

이 책에서는 데이터베이스에서 데이터를 자유롭게 가져오는 방법을 학습하는 것을 목표로 합니다. 실제로 직접 데이터베이스를 조작하고, 확인하면서 학습을 진행하는 것이 가장 효과적입니다. 그러기 위해서는 자유롭게 데이터를 가져올 수 있는 데이터베이스가 필요합니다. 여러분의 PC 안에 데이터베이스 환경을 만듭시다.

01.1 자유롭게 접근할 수 있는 데이터베이스 환경을 만들자

데이터베이스에 대해 최소한의 사항을 알아두어야 하는데, 제1장에서 이를 설명합니다. 먼저 데이터베이스가 무엇인지 실제로 접해보고 감을 잡읍시다. 직장이나 학교 등에서 자유롭게 이용할 수 있는 데이터베이스가 준비되어 있는 경우에는 데이터베이스 관리자에게 물어서 데이터베이스의 종류나 접근 방법을 확인합시다. 이 경우, 이번 장은 건너뛰어도 됩니다. 제1장으로 바로 진행하세요.

그렇지 않은 사람은 자신이 자유롭게 사용할 수 있는 PC 환경에 데이터베이스를 설치합니다. 직장이나 학교 등에서 이용할 수 있는 데이터베이스가 있어도 본인의 PC에서 스스럼없이 자유롭게 데이터베이스를 시험할 수 있으니 가능한 자신의 PC 환경을 이용하는 것이 좋겠죠?

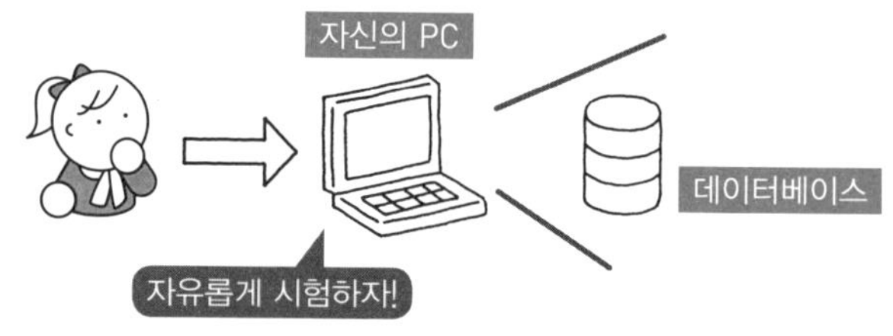

데이터베이스에는 여러 가지 종류가 있습니다. 이 책에서는 무료로 Windows 환경에 설치할 수 있는 MySQL을 사용합니다.

01.2 MySQL을 다운로드하자

먼저 MySQL을 설치하기 위해 인스톨러를 자신의 PC에 다운로드합니다.
이 책 집필 시점에서 MySQL은 유료 버전 MySQL Enterprise Edition과 무료 버전 MySQL Community Edition이 있습니다. 이 책에서는 Microsoft Windows 10에 집필 시점에서의 최신 무료 버전인 MySQL Community Edition8.0.23을 설치하는 방법을 설명합니다.

① MySQL 공식 사이트

브라우저에서 MySQL의 공식 사이트(https://mysql.com)로 접속하고, 「DOWNLOADS」를 클릭합니다.

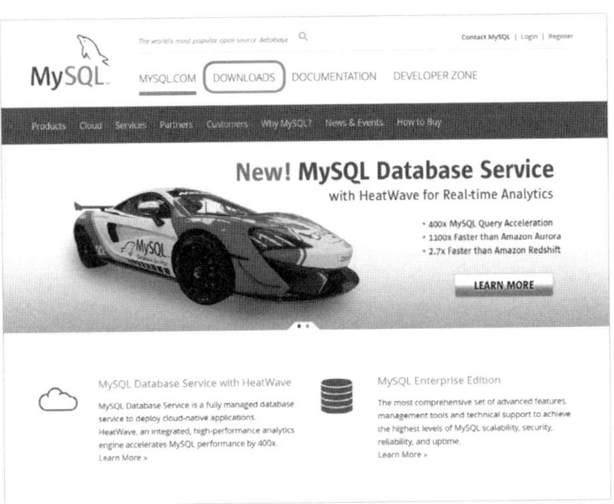

사소한 지식

사이트나 MySQL의 버전 업에 의한 변경

공식 사이트의 메뉴 표시, 다운로드 방법은 수시로 변경될 수 있습니다. 다운로드할 때 이 책의 설명과 화면이 다른 경우는 공식 사이트의 설명을 잘 읽거나, 다운로드 방법을 설명하고 있는 사이트 등을 참고하세요. 또한, MySQL 버전 업데이트에 의해 설치 화면의 차이가 생기는 경우도 있습니다. 표시된 설명을 차근차근 잘 읽고, 작업을 진행합시다.

② 다운로드 화면

화면을 스크롤하고, 가장 아래에 있는 「MySQL Community (GPL) Downloads»」를 클릭합니다.

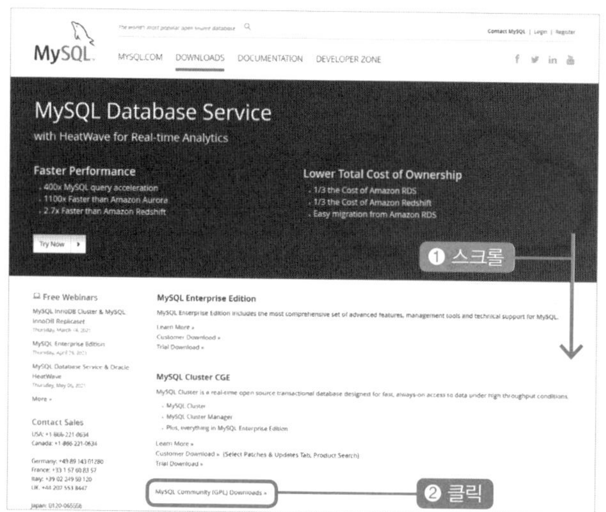

다음에 표시된 화면의 리스트에 있는 「MySQL Installer for Windows」를 클릭합니다.

③ 인스톨러 다운로드 화면

「Windows (x86, 32–bit), MSI Installer」가 두 개 표시되는데 아래 쪽의 「Download」를 클릭합니다.

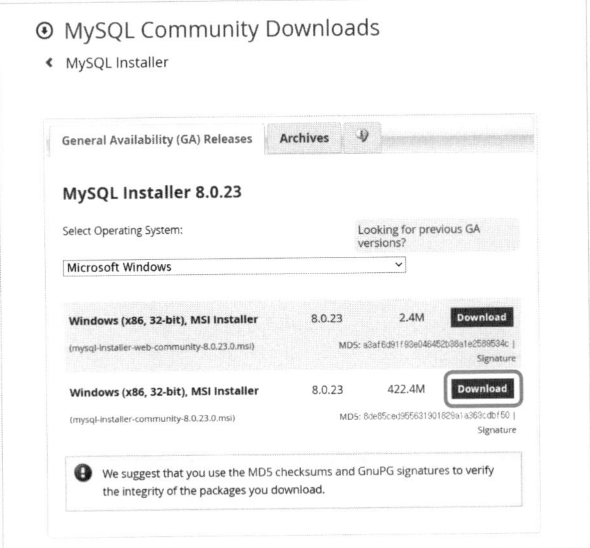

④ 로그인/등록 없이 다운로드 시작

로그인이나 등록을 요구하지만 지금은 아무 것도 하지 않고, 화면 아래의 「No thanks, just start my download.」를 클릭해서 다운로드를 시작합니다.

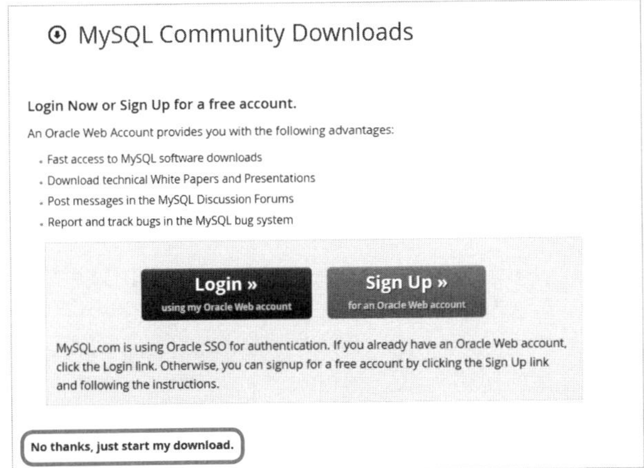

「mysql-installer-community-8.0.23.0.msi(으)로 무엇을 하시겠습니까?」라고 표시되면 「다른 이름으로 저장」을 클릭하고, 인스톨러 파일을 이용하는 PC의 적절한 폴더에 저장합니다.

※ 브라우저에 따라 표시되는 화면이 다르거나 표시되지 않을 수도 있습니다.

01.3 MySQL을 설치하자

다운로드한 설치 파일은 「mysql-installer-community-8.0.23.0.msi」입니다. 브라우저의 다운로드에서 저장한 폴더를 열 수 있습니다.

① 인스톨러를 실행한다

다운로드한 인스톨러 파일을 파일 탐색기에서 확인합시다.

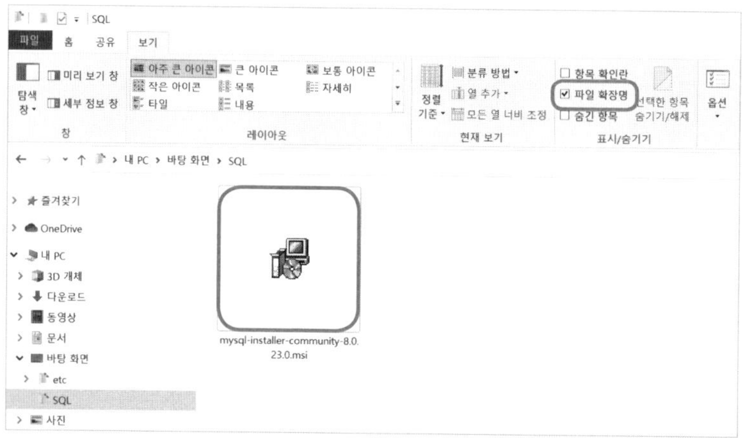

확장자가 표시되지 않는 경우는 「파일 확장명」에 체크를 넣으면 표시됩니다. 「mysql-installer-community-8.0.23.0.msi」 파일의 아이콘을 더블 클릭해서 인스톨러를 실행합니다.

사소한 지식

파일 탐색기를 사용하자

이 화면은 Windows의 시작에서 오른쪽 클릭으로 「파일 탐색기」를 실행해도 표시할 수 있습니다. 파일 탐색기에서 인스톨러 파일을 저장한 장소를 찾아봅시다.

② 설치 타입을 선택한다

「Choosing a Setup Type」 화면에서 설치 타입을 선택합니다. 「Developer Default」를 선택한 채, 「Next>」를 클릭합니다.

③ 필요한 것을 설치한다

다음의 「Check Requirements」 화면에서는 필요한 것이 없으므로 설치할 수 없다고 나옵니다. 이 화면은 이용하는 PC의 상태에 따라 표시되는 것이 다릅니다. 안내에 따라 클릭해서 필요한 것을 설치해 나갑시다.

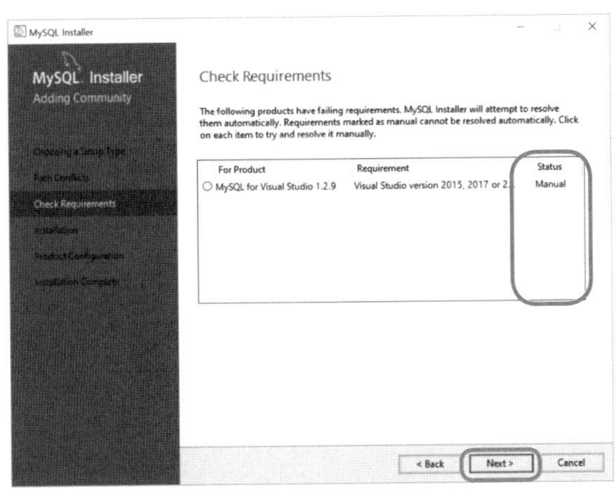

만약 리스트의 Status 칸이 「Manual」 이외의 것이 있으면 자동으로 설치됩니다. 도중에 라이선스 확인 화면이 표시되면 「동의한다」에 체크하고 설치를 진행합니다.

※ **역주** : 역자의 환경에서는 이와 같이 표시되었으나, 필요한 것을 전부 설치했으면 「Next 〉」를 클릭합니다. 「One or more product requirements have not been satisified」라는 주의 화면이 나오는 경우는 「Yes」를 클릭하고 진행합니다.

④ **확인하고 설치**

「Execute」를 클릭하면 차례대로 설치가 진행됩니다. 이 책의 학습에는 필요하지 않은 것도 있지만 일단 전부 설치해 둡시다.

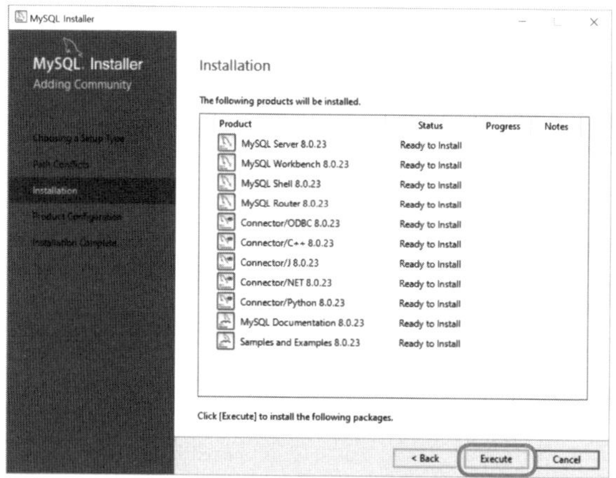

모든 설치가 끝나면 「Next >」를 클릭합니다.

※ **역주** : 설치하면서 다음과 같은 오류 메시지가 나오면,

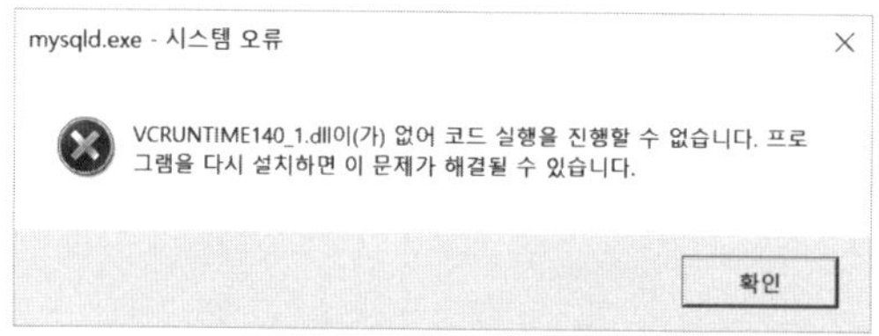

❶ Visual Studio 2015용 Visual C++ 재배포 가능 패키지를 설치합니다.
다운로드 링크 : https://www.microsoft.com/ko-kr/download/details.aspx?id=48145

❷ VRUNTIME140_1.dll을 다운로드해서 C:₩Windows₩System32에 붙여 넣습니다.
다운로드 링크 : https://ko.dll-files.com/search/?q=vruntime140_1

01.4 MySQL을 사용하기 위한 설정을 하자

MySQL 설치를 종료하면 초기 설정을 실시합니다.

① Product Configuration 화면

설정을 시작합니다. 「Product Configuration」 화면이 표시되면 「Next>」를 클릭합니다.

② MySQL InnoDB Cluster 이용 확인

프레임워크 「MySQL InnoDB Cluster」를 사용할지 여부의 확인 화면입니다. 이용하지 않으므로 「Standalone MySQL Server/Classic MySQL Replication」을 선택한 채, 「Next>」를 클릭합니다.

③ Type and Networking 설정

「Type and Networking」을 설정합니다. Config Type에서 「Development Computer」가 선택되어 있는 걸 확인합니다. 만약에 Port나 X Protocol Port의 포트 값이 다른 어플리케이션에서 이미 사용되고 있는 경우는 다른 번호로 변경하세요. 보통은 이대로 문제없습니다.

「Next >」를 클릭합니다.

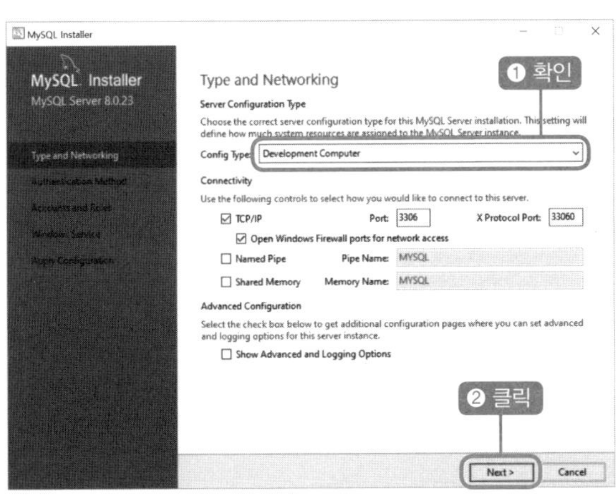

④ Authenticatoin Method 설정

인증 방식을 설정합니다. 「Use Strong Password Encryption for Authentication」가 선택되어 있는 것을 확인하고, 「Next >」를 클릭합니다.

⑤ 관리자 패스워드 설정

데이터베이스를 사용하려면 사용자 ID와 패스워드를 사용해서 데이터베이스에 액세스합니다. 사용자 ID는 여러 개 만들 수 있습니다. 각 사용자 ID마다 데이터베이스에 대해 할 수 있는 것, 할 수 없는 것을 정합니다.

처음에 데이터베이스에 대해 무엇이든지 할 수 있는 관리자의 사용자 ID를 만들어야 합니다. 관리자의 사용자 ID는 「root」로 정해져 있습니다. 관리자 ID인 root의 패스워드를 설정합니다.

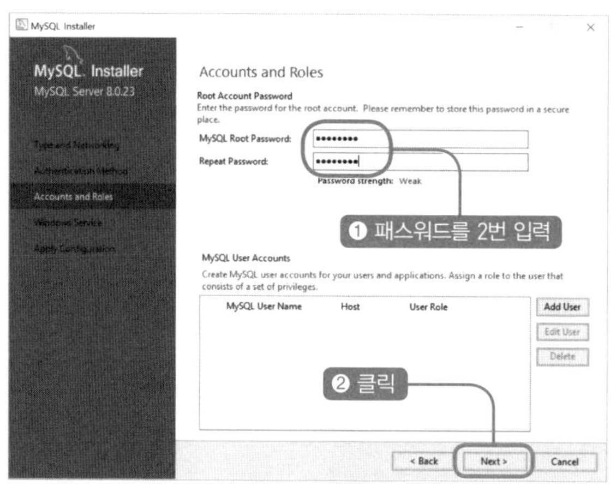

확인을 위해서 2번 패스워드를 입력하고, 「Next >」를 클릭합니다.

개인 학습용으로 사용하는 데이터베이스이므로, 패스워드 강도에는 크게 신경 쓰지 않아도 됩니다. 다만, **패스워드를 잊어버리면 매우 곤란해집니다. 잊어버리지 않도록 조심합시다.**

⑥ Windows Service 설정

MySQL을 Windows의 서비스로서 동작시킬지 여부를 설정합니다.

「Configure MySQL Server as a Windows Service」가 체크되어 있는 것을 확인합니다. 다른 항목도 전부 초깃값 그대로 「Next >」를 클릭합니다.

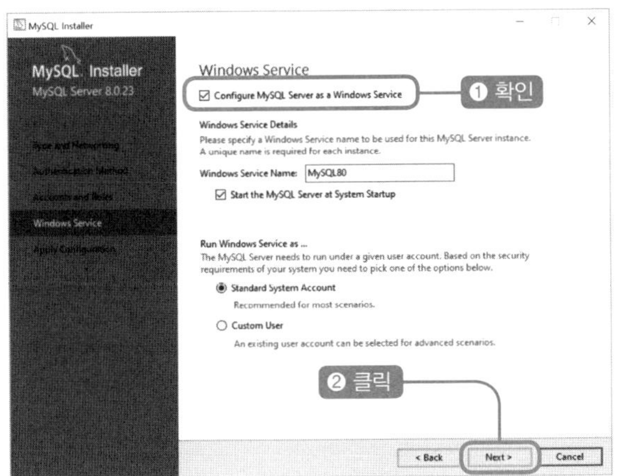

⑦ Apply Configuration 화면

설정을 적용하기 위해서 「Execute」를 클릭합니다.

모든 항목에 녹색 체크가 들어오면 「Finish」를 클릭하고 종료합니다.

⑧ 다른 제품의 설정

다른 제품의 설정을 시작합니다. 「Next >」를 클릭합니다.

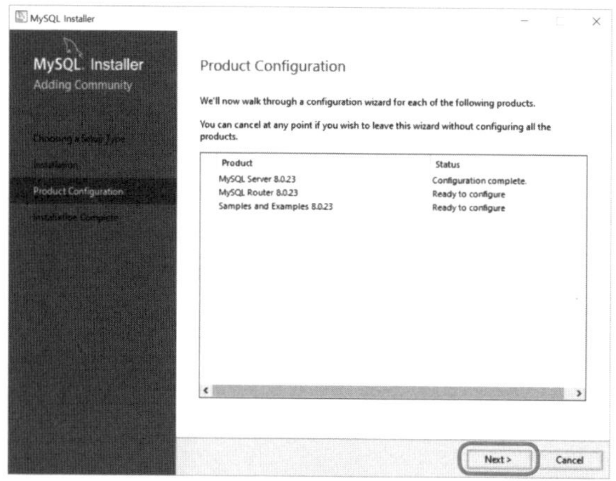

⑨ MySQL Router의 설정

전부 초깃값 그대로 「Finish」를 클릭합니다.

다시 화면⑧로 돌아가므로, 「Next >」를 클릭합니다.

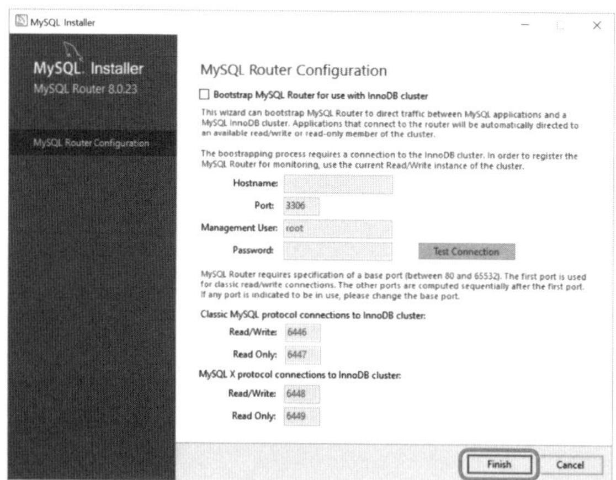

⑩ 샘플의 설정

이 화면에서는 ⑤에서 설정한 root의 패스워드를 입력하고 「Check」를 클릭합니다.

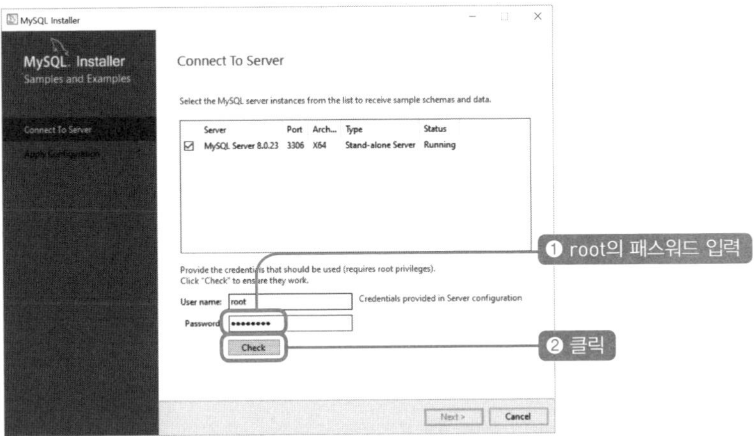

성공하면 이 화면이 되므로 「Next >」를 클릭합니다.

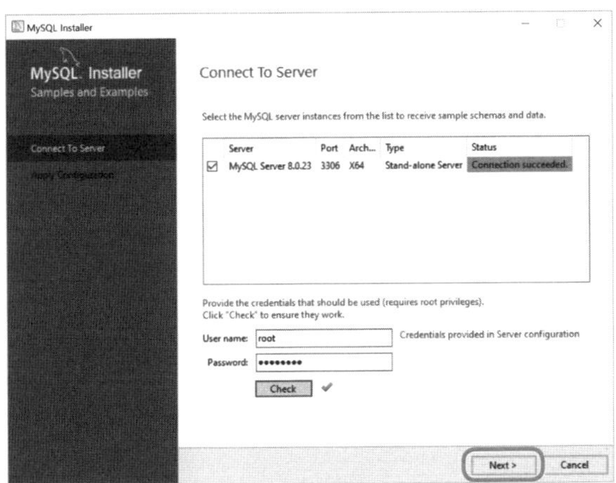

다음 화면에서 「Execute」를 클릭하고, 다음 화면에서 「Finish」를 클릭합니다.

⑪ 제품의 설정 종료

제품의 설정을 종료했습니다. 「Next >」를 클릭합니다.

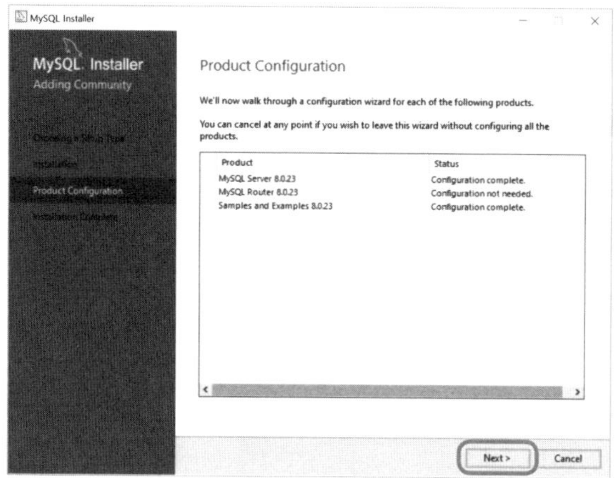

⑫ 설정 종료

마지막 화면에서 「Finish」를 클릭하면 종료입니다.

MySQL Shell과 MySQL Workbench가 자동으로 실행되므로 모두 닫아주세요.

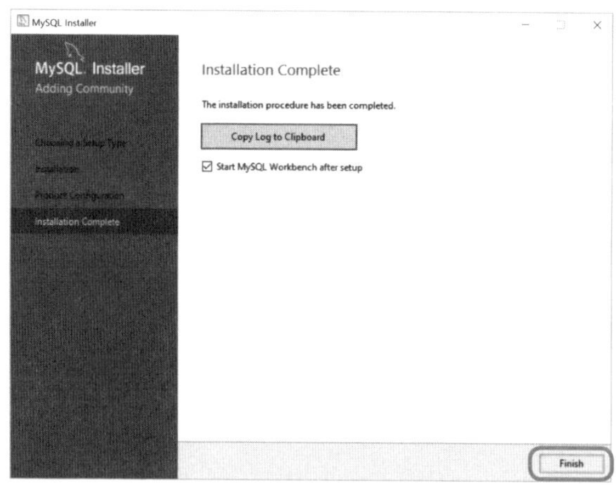

02 MySQL Workbench의 사용법

데이터베이스를 사용하는 가장 기본적인 방법은 커맨드라 불리는 명령문을 키보드로 입력해 실행하는 것입니다. 하지만 이 방법은 조금 번거로우므로 설치한 MySQL에 부속으로 따라오는 소프트웨어 도구를 이용해서 데이터베이스를 사용합시다.

02.1 MySQL Workbench

MySQL을 설치하면 MySQL Workbench라는 툴이 함께 따라옵니다. 이 책에서는 MySQL로의 액세스는 MySQL Workbench를 사용하여 실시합니다.

Windows의 시작 메뉴에서 「MySQL」→「MySQL Workbench 8.0 CE」를 실행합니다.

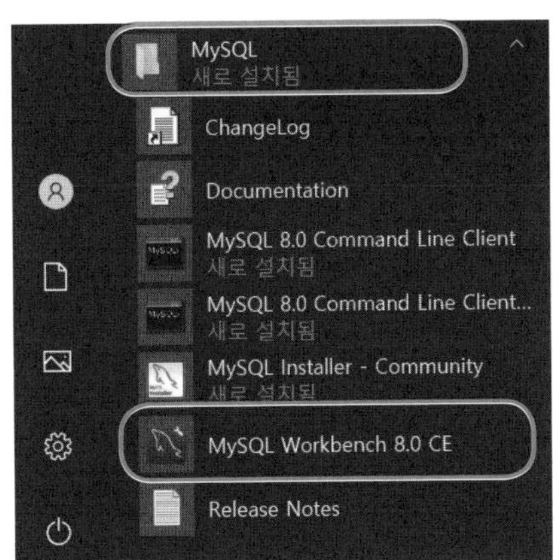

앞으로 MySQL Workbench를 사용해 데이터베이스에 액세스하는 방법을 설명합니다. 데이터베이스의 기본적인 설명은 다음 제1장부터 시작합니다. 이번 장의 목표는 학습용 데이터베이스를 준비하는 것이므로 잘 모르는 것이 나와도 깊게 생각하지 말고 일단 지시대로 작업을 진행하세요.

02.2 MySQL Workbench로 데이터베이스에 액세스하자

MySQL Workbench를 실행하고 처음에 표시되는 것이 MySQL Workbench의 홈 화면입니다.

MySQL Workbench로 MySQL에 액세스하기 위해서는 MySQL Workbench의 홈 화면에 있는 「MySQL Connections」에서 커넥션을 만들어 액세스합니다. 「MySQL Connections」 옆의 플러스 마크 「⊕」를 클릭합니다.

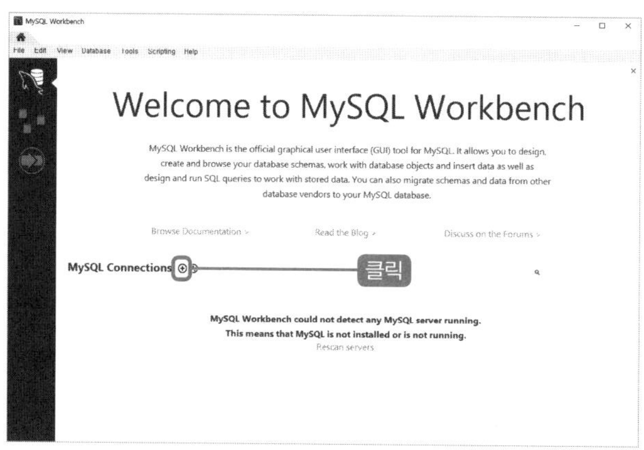

Setup New Connection 화면에서 새로운 커넥션의 정보를 등록합니다.

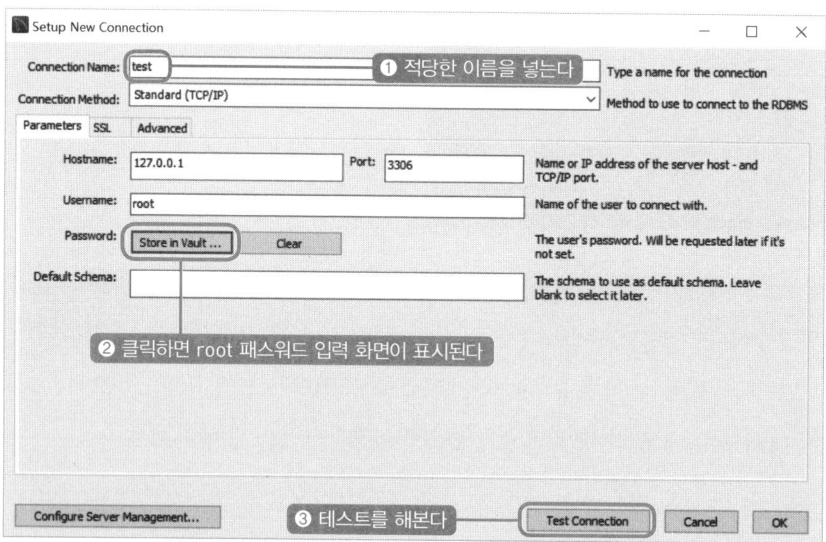

적당한 이름으로 Connection Name을 입력합니다. 이 이름은 다음에 변경할 수도 있습니다. 예로서 「test」 커넥션을 만듭시다.

Username과 Password를 넣습니다. 일단 Username은 root 사용자로 액세스합니다. Password는 「Store in Vault …」를 클릭하고 표시되는 화면에 입력합니다.

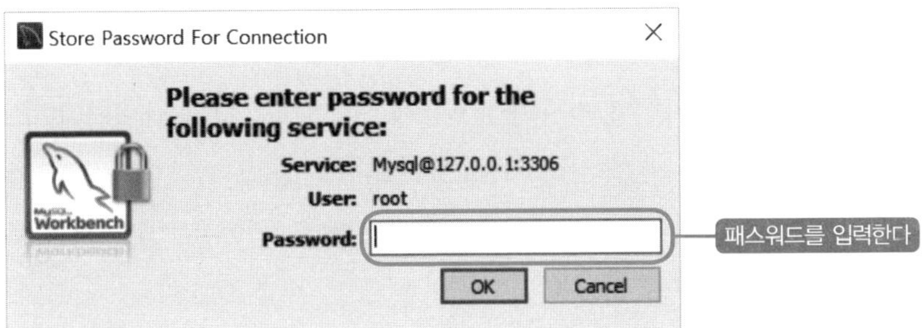

Password는 설치할 때 설정한 rood 패스워드를 입력합니다. 「OK」로 패스워드 입력을 종료하고 돌아간 화면에서 「Test Connection」을 클릭하고, 문제없이 데이터베이스에 접속할 수 있는지 테스트해 봅시다.

다음 화면과 같이 표시되면 성공입니다. 「OK」를 클릭하고 이전 화면으로 돌아가, 「Close」를 클릭해서 홈 화면으로 돌아갑니다.

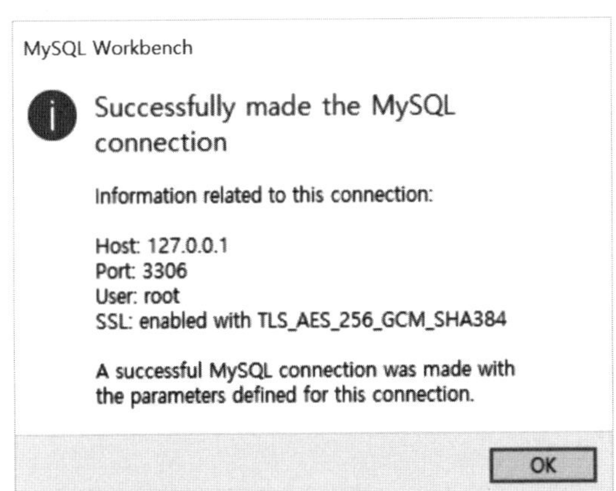

지금 만든 커넥션이 표시되어 있으므로 그 부분을 클릭해서 실제로 데이터베이스에 액세스해 봅시다.

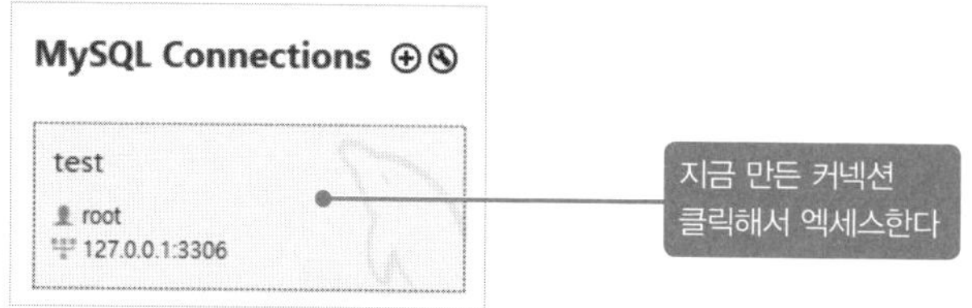

데이터베이스를 사용하려면 사용자 ID와 패스워드를 사용해 데이터베이스에 액세스해야 합니다. 지금 만든 MySQL Wordbench의 커넥션은 미리 사용자 ID와 패스워드 등 데이터베이스에 액세스하기 위한 정보를 설정해 두는 기능입니다. 커넥션을 만들어 두면 클릭만으로 바로 데이터베이스에 액세스할 수 있습니다.

02.3 학습용 데이터베이스를 만들자

신규로 MySQL을 설치한 경우, 아직 데이터베이스에 자신의 데이터베이스는 아무 것도 없습니다. 먼저 학습용 데이터베이스를 신규로 만들어 봅시다.
MySQL에서는 데이터베이스를 여러 개 만들 수 있습니다. 각각의 데이터베이스에는 이름을 붙입니다.
참고로, MySQL에서는 각각의 데이터베이스를 스키마(schema)라고 합니다.

사소한 지식

MySQL에 미리 준비되어 있는 데이터베이스

MySQL을 설치하면 몇 가지 데이터베이스가 미리 준비되어 있습니다. 본인이 만든 기억이 없다고 해서 이러한 것들을 지우지 않도록 합시다.
이미 있는 데이터베이스 중, sakila와 world라는 것은 MySQL의 샘플이 들어간 데이터베이스입니다. 나중에 학습에 사용할 수도 있기 때문에 이것도 그대로 둡시다.

새로운 데이터베이스를 만드는 경우는 아이콘 「Create new schema in the connected server」를 클릭합니다.

작성할 데이터베이스 이름을 입력합니다. 적당히 「testdb」로 해둡시다. 문자 코드는 「utf8」을 선택하고, 마지막으로 「Apply」를 클릭합니다.

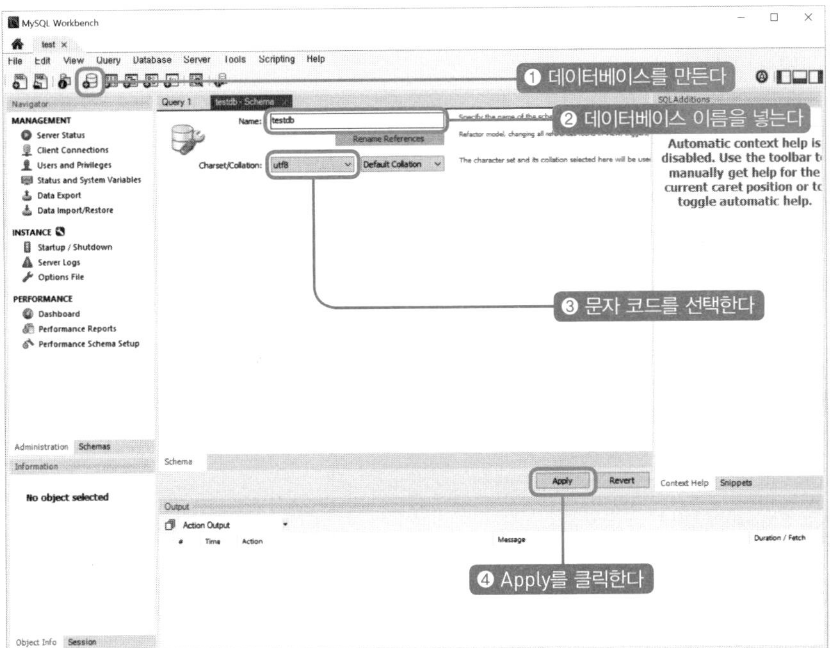

확인 화면이 나오므로 여기서도 「Apply」를 클릭합니다.

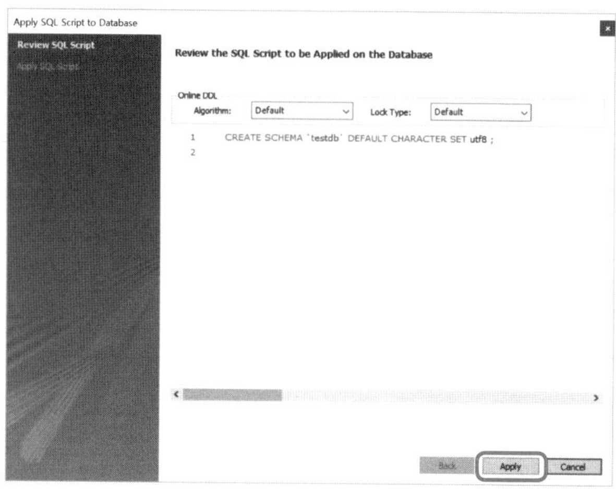

「Finish」를 클릭하면 종료입니다.

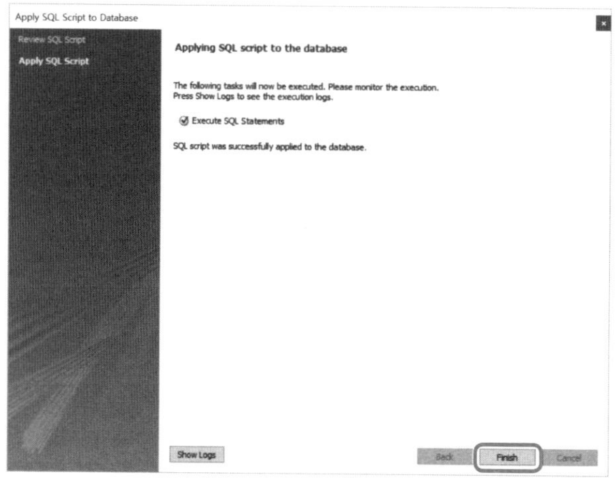

MySQL Workbench의 화면 왼쪽 한가운데 부분에 있는 SCHEMAS 탭을 클릭하면 현재 있는 데이터베이스의 목록을 볼 수 있습니다.
새롭게 데이터베이스가 만들어져 있는 걸 확인합시다.
지금 만든 학습용 데이터베이스 testdb에 대한 작업을 진행할 경우는 목록에 있는 데이터베이스 이름 「testdb」 부분을 더블 클릭합니다.

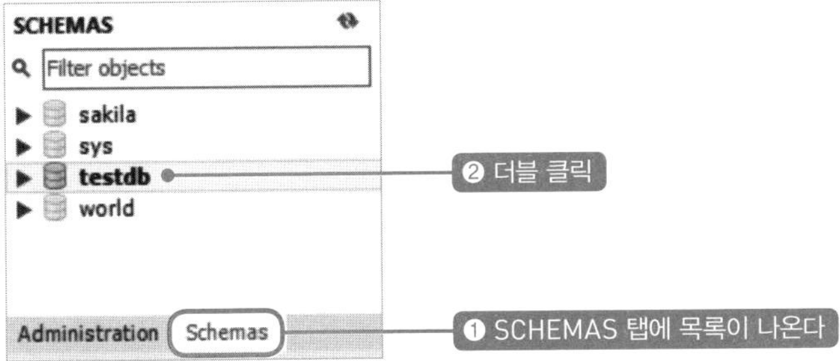

「testdb」 부분만 굵은 글씨가 되며, 아래의 「Tables」 등도 표시됩니다. 목록에서 굵은 글씨로 되어 있는 데이터베이스가 지금 현재 작업을 할 수 있는 데이터베이스입니다.

학습용 데이터베이스 testdb가 선택되어 있지 않으면 이 다음의 작업은 할 수 없습니다. 매번 커넥션을 클릭해서 데이터베이스에 액세스하고, 또한 학습용 데이터베이스 testdb를 선택하는 것은 힘들기 때문에 커넥션과 동시에 자동으로 testdb를 선택하게 해 둡시다.

우선, 지금까지의 작업 탭을 「×」를 클릭해서 일단 닫습니다.

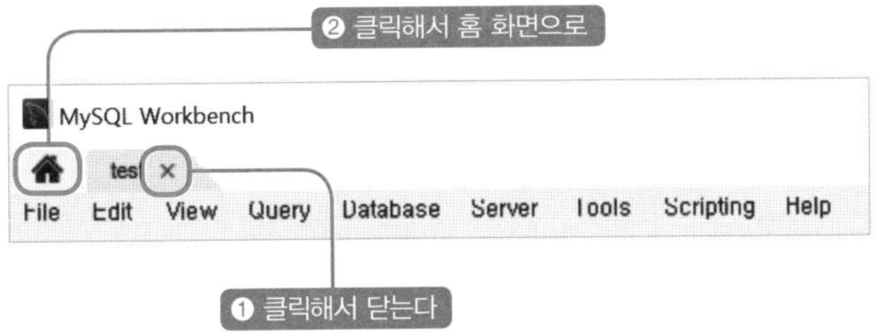

홈 화면에서 처음에 만든 커넥션 부분을 오른쪽 클릭하고, 「Edit Connection...」을 선택합니다.

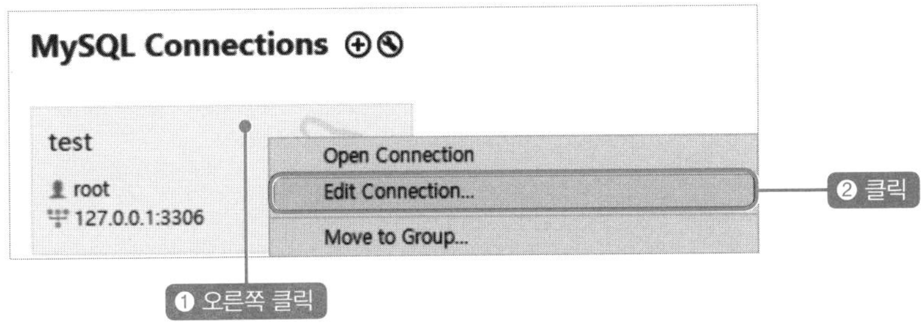

커넥션의 내용을 변경합니다. 마지막 항목의 Default Scheme에 앞에서 만든 학습용 데이터베이스 이름 testdb를 입력합니다.

만일을 위해서 「Test Connection」을 클릭해서 다시 테스트를 하고, 문제가 없으면 「Close」를 클릭해서 설정을 종료합니다.

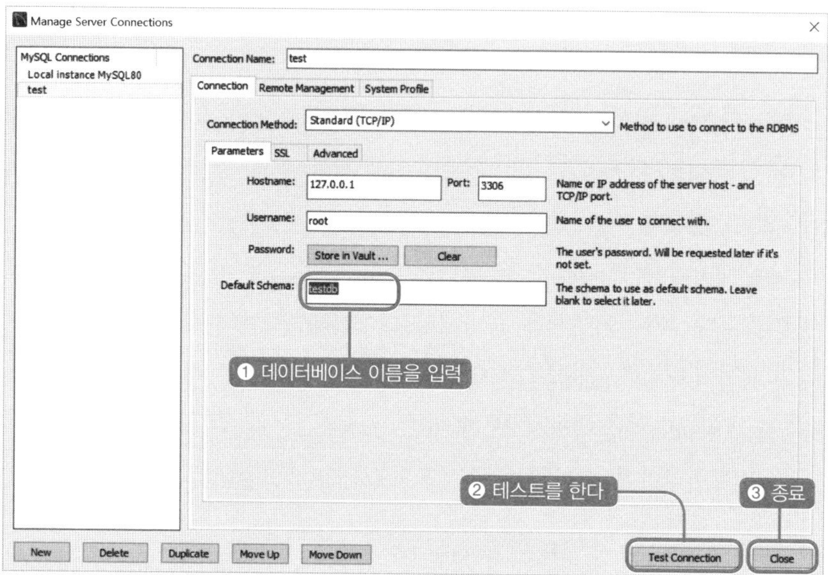

홈 화면에서 다시 커넥션을 클릭합니다.

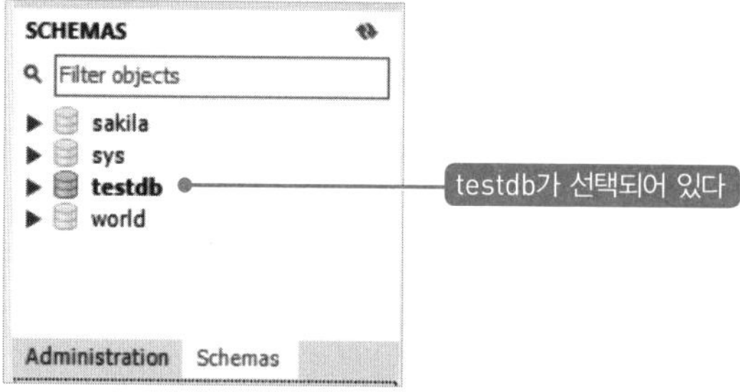

이번에는 SCHEMAS 탭이 열리고, 또한 testdb가 굵은 글씨로 선택되어 있는 걸 확인하세요.

스키마

스키마는 정확하게는 데이터베이스와 같은 의미의 말은 아닙니다. 이 책에서는 자세히 설명하지 않습니다. 일단 MySQL Workbench에서 스키마라고 나오면 각각의 데이터베이스를 가리키는 것으로 이해하세요.

02.4 테이블을 만들자

지금 만든 학습용 데이터베이스 testdb 안에 학습용 테이블을 작성합시다. 테이블은 실제로 데이터를 넣어두는 그릇입니다.

아이콘 「Create a new table in the active schema in connected server」를 클릭하고, 학습용 데이터베이스 testdb의 안에 새로운 테이블을 만듭니다. 사람의 식별 ID와 이름의 데이터를 넣어 두는 「명부」 테이블을 만들어 봅시다.

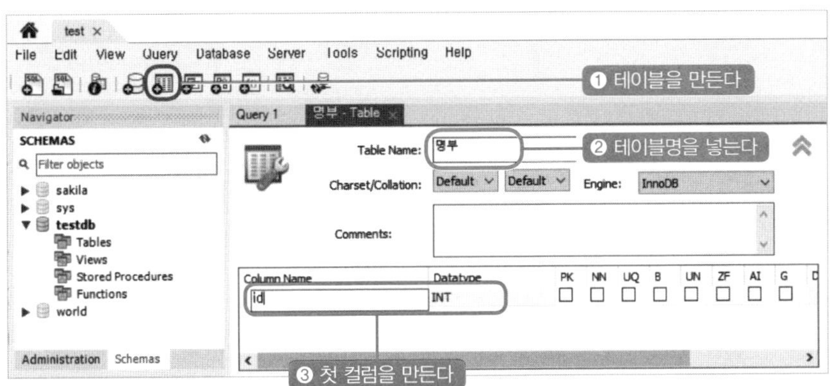

테이블명은 Table Name 칸에 「명부」라고 넣습니다. 테이블을 만들 때는 그 테이블에 어떤 데이터를 넣을지 미리 결정해야 합니다.

다음에 Column Name의 가장 위를 더블 클릭하여 입력 칸을 만듭니다. 만든 입력 칸에 「id」라고 넣읍시다. 「id」에는 사람의 식별 ID의 데이터를 넣습니다. Datatype은 「INT」로 해 두세요. Column Name의 다음 칸도 더블 클릭하여 입력 칸을 만들고, Column Name의 칸에 「name」, Datatype은

「VARCHAR(20)」으로 합니다. 「name」에는 사람의 이름 데이터를 넣습니다. Datatype은 Select 박스에서 선택할 수 있고, 그 칸에서 더블 클릭하면 수동으로 변경할 수 있습니다.

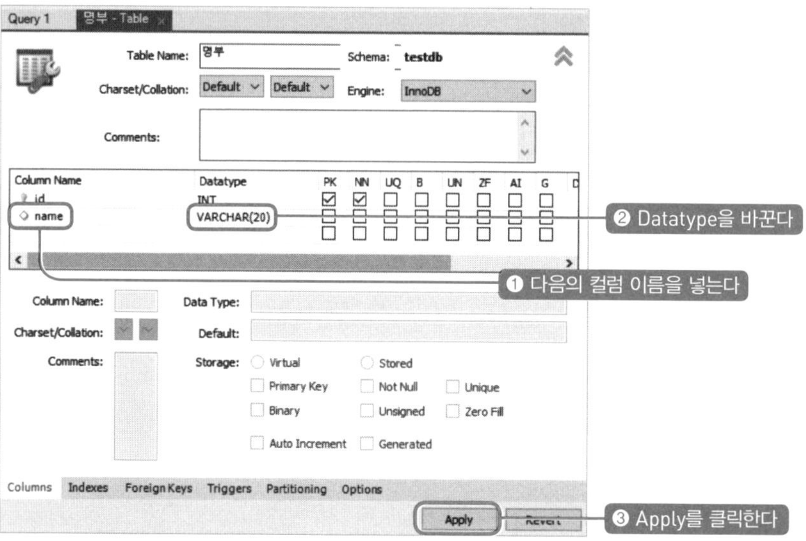

마지막에 「Apply」를 클릭하면 확인 화면이 나옵니다.

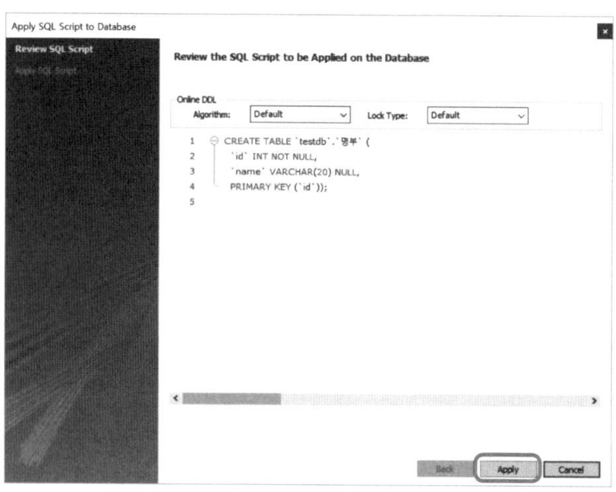

확인 화면에서도 「Apply」를 클릭하고, 마지막으로 테이블 작성 종료 화면이 표시됩니다. 여기서 「Finish」를 클릭하고 종료입니다.

02.5 테이블에 데이터를 넣어보자

다음에 지금 작성한 명부 테이블에 데이터를 넣어 봅시다.

SCHEMAS 탭에서 앞에서 만든 명부 테이블의 가장 오른쪽 아이콘을 클릭하면 현재 테이블의 상태가 표시됩니다.

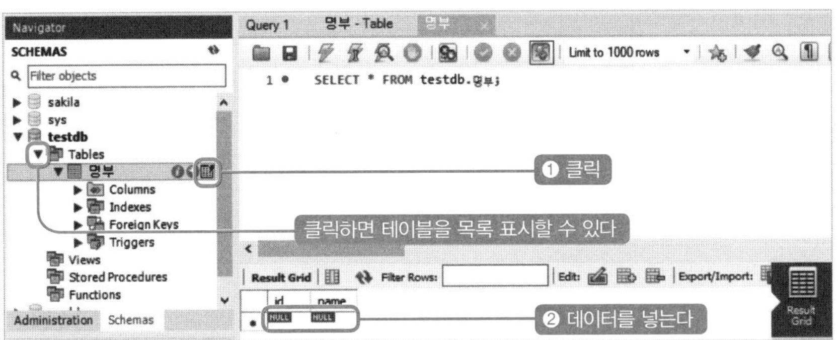

화면 중앙의 「NULL」로 되어 있는 부분을 더블 클릭하면 데이터를 하나씩 입력할 수 있습니다.

id에는 수치, name에는 적당히 사람의 이름을 입력하세요. id에 같은 값은 등록할 수 없습니다.

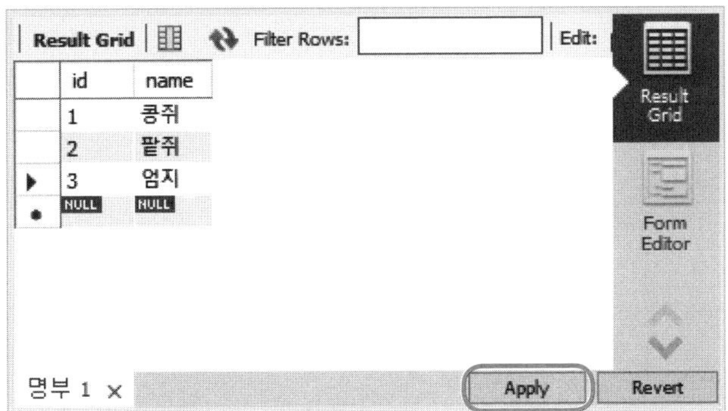

여러 건 입력했으면, 오른쪽 아래의 「Apply」를 클릭하고, 확인 화면에서 또 「Apply」를 클릭합니다. 반드시 「Apply」를 두 번 클릭하는 걸 잊지 마세요. 입력한 것만으로는 테이블에 반영되지 않습니다.

마지막의 종료 화면에서 「Finish」를 클릭합니다.
이로써 입력한 데이터가 테이블에 들어가 있을 것입니다.

02.6 테이블에서 데이터를 가져오자

테이블에서 데이터를 가져오려면 이 책에서 학습하는 SQL 명령문을 적어서 실행합니다.
SCHEMAS 탭에서 명부 테이블의 가장 오른쪽의 아이콘을 클릭하면 오른쪽 위 화면에 「테이블의 데이터를 전부 가져오는 SQL」이 적혀 있는 걸 알 수 있습니다. 그 SQL을 실행한 결과가 아래 화면에 나옵니다.
SQL을 실행하려면 ⚡ 마크의 아이콘을 클릭합니다.

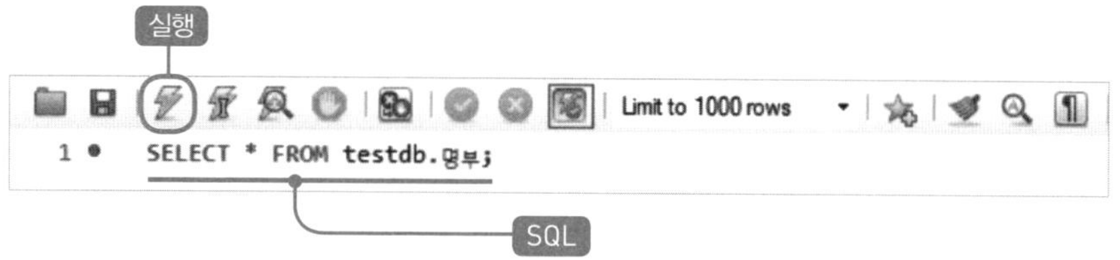

표시되어 있는 SQL의 「testdb.명부」 부분을 「명부」로 변경하고 실행해 봅시다. SQL을 적는 부분은 보통의 텍스트 에디터와 마찬가지로 조작할 수 있습니다. 키보드로 문자 입력이나 변경, 삭제를 행합니다.

이전과 결과는 같습니다. 「testdb.명부」는 학습용 데이터베이스 testdb의 명부 테이블이라는 의미입니다. testdb가 현재 작업하는 데이터베이스로 되어 있으므로 데이터베이스 이름은 생략할 수 있습니다.

또 다른 SQL을 시험해 봅시다.

이번에는 「;」의 앞에 「WHERE id=2」라고 붙여서 실행해 봅시다.

WHERE 앞에는 공백을 넣고

「SELECT * FROM 명부 WHERE id=2;」

로 합니다.

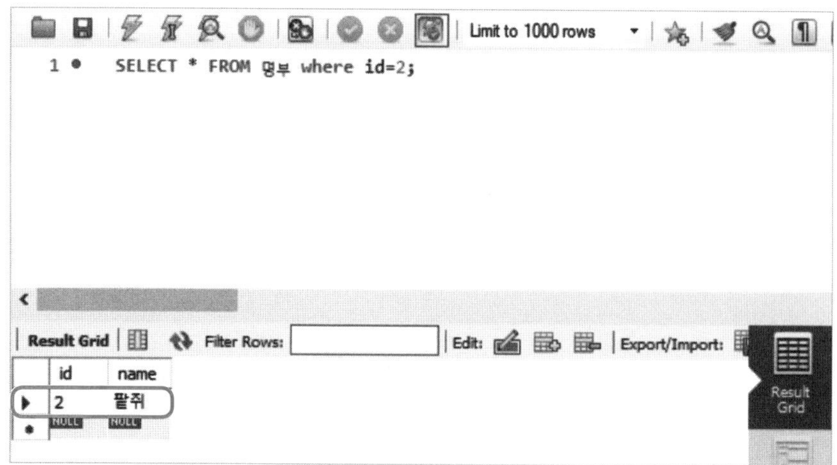

이번은 id가 2인 것만을 가져올 수 있었습니다.

02.7 무언가 잘못됐다!?

SQL 서식을 잘못 작성하면 실행할 수 없는 경우가 있습니다.

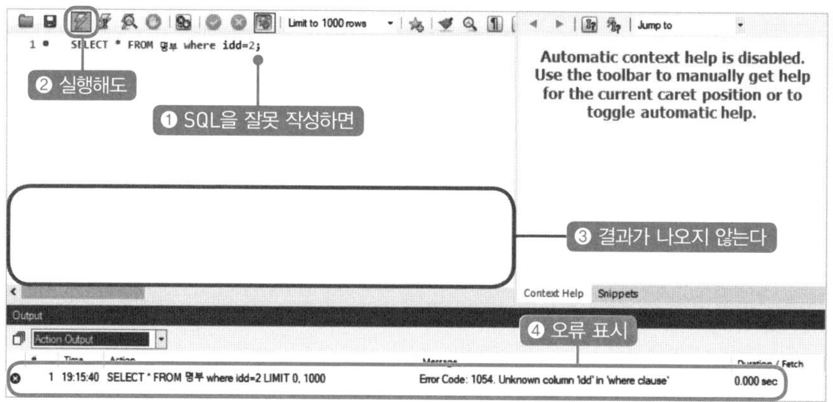

가장 아래의 화면에 SQL 실행이 제대로 되었는지 여부가 표시됩니다. 가장 왼쪽에 빨간색 아이콘이 붙어있는 것은 SQL이 실행되지 않고 실패했다는 의미입니다. Message 칸에서는 「무엇이 잘못됐는지」 실패한 원인이 표시되므로 그것을 참고로 수정해서 다시 실행합시다.

녹색 아이콘이 표시되면 성공입니다.

사소한 지식

Windows 서비스

데이터베이스는 다른 소프트웨어와 마찬가지로 데이터베이스를 실행해두지 않으면 사용할 수 없습니다.

설치할 때에 MySQL을 Windows 서비스로서 동작하게 하는 설정을 합니다. 그 때문에 PC를 부팅하면 자동으로 MySQL이 실행되어 언제든지 MySQL을 이용할 수 있는 것입니다.

그러나 어떤 계기로 인해 자동으로 실행되지 않는 경우도 있습니다. 이 경우, MySQL Workbench 커넥션을 클릭해도 오류가 나서 데이터베이스에 액세스할 수 없습니다.

그럴 때는, Windows의 시작메뉴에서 「Windows 관리 도구」→「서비스」 화면에서 「MySQL80」 서비스를 시작하세요.

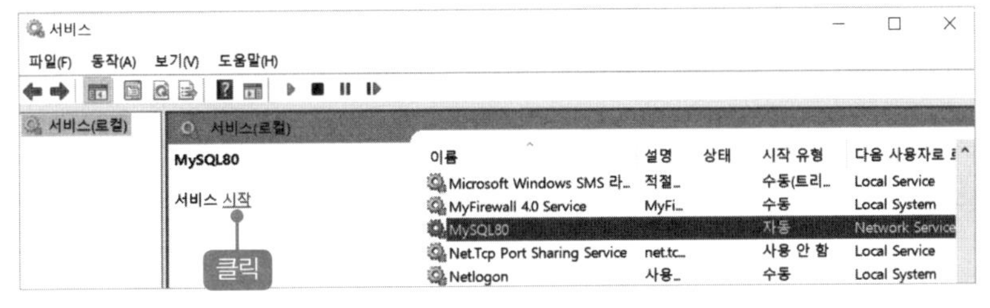

03 학습용 테이블에 대해서

이 책에서는 학습을 진행하기 위해서 몇 가지 테이블을 만들고, 미리 데이터를 넣어두어야 합니다. 기본적인 테이블 만드는 법은 이미 설명했으므로 여기서는 더욱 자세한 부분을 설명합니다. 본격적으로 학습에 들어가기 전에 먼저 학습용 데이터를 만들어 둡시다.

03.1 테이블의 내용을 변경해보자

이전 절에서 만든 명부 테이블을 재이용해서 학습용 테이블을 만듭시다.

명부 테이블의 오른쪽 3개의 아이콘 중 한가운데의 것을 클릭하고, 테이블의 구성을 변경합니다.

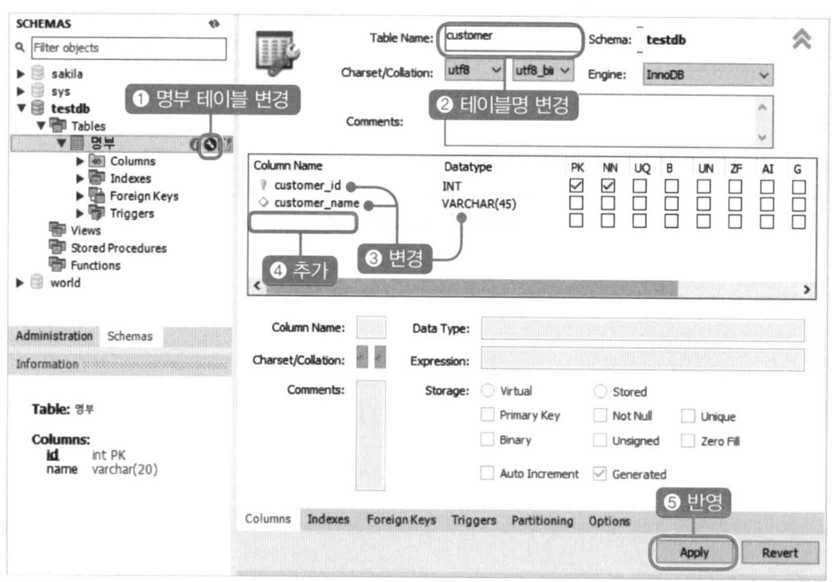

테이블명을 「customer」로 변경합니다.

Column Name과 Datatype은 이미 있는 것을 더블 클릭해서 변경할 수 있습니다. 신규로 추가하는 경우는 리스트의 가장 아래 부분을 더블 클릭합니다. 여기서는 최종적으로 다음 그림이 되도록 Column Name과 Datatype을 설정하세요.

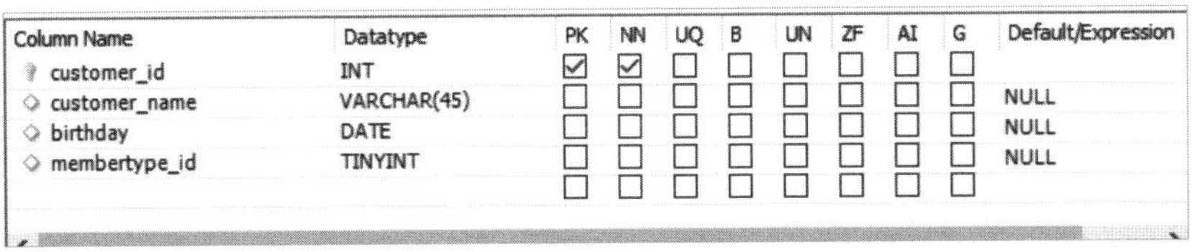

Column Name	Datatype	PK	NN	UQ	B	UN	ZF	AI	G	Default/Expression
customer_id	INT	☑	☑	☐	☐	☐	☐	☐	☐	
customer_name	VARCHAR(45)	☐	☐	☐	☐	☐	☐	☐	☐	NULL
birthday	DATE	☐	☐	☐	☐	☐	☐	☐	☐	NULL
membertype_id	TINYINT	☐	☐	☐	☐	☐	☐	☐	☐	NULL
		☐	☐	☐	☐	☐	☐	☐	☐	

마지막에 「Apply」를 클릭, 다음의 확인 화면에서는 「Apply」를 클릭, 마지막 화면에서 「Finish」를 클릭하고 종료입니다.
또한, 한번 만든 테이블을 삭제하려면 SCHEMAS 탭 안에 있는 테이블 목록에서 삭제할 테이블을 오른쪽 클릭하고, 「Drop Table...」을 실행합니다.

03.2 학습용 데이터베이스를 준비하자

이 책에서 사용하는 학습용 데이터베이스는 어떤 인터넷 쇼핑몰의 데이터를 샘플로 합니다. 다음 4개의 테이블을 사용해 학습을 진행할 예정입니다. 문자 코드는 「utf8」을 선택하도록 합니다.

고객 테이블 : customer

인터넷 쇼핑몰에서 물건을 살 때에 회원 등록한 고객의 정보가 들어 있습니다. 고객의 이름, 생년월일, 고객 회원 타입(보통 회원인지 할인 회원인지)을 등록하고, 고객 ID를 할당합니다.

Column Name	Datatype	의미
customer_id	INT	고객 ID
customer_name	VARCHAR(45)	고객 이름
birthday	DATE	고객 생년월일
membertype_id	TINYINT	고객 회원 타입

고객 회원 타입 테이블 : membertype

고객의 회원 타입의 정보(종류)가 들어 있습니다. 회원 타입은 「보통 회원」 「할인 회원」 두 종류가 미리 등록되어 있습니다. 각 고객의 회원 등록 시에 조건에 따라 어느 쪽의 타입으로 정해 고객 테이블에 등록됩니다.

Column Name	Datatype	의미
membertype_id	INT	회원 타입 ID
membertype	VARCHAR(5)	회원 타입명

상품 테이블 : product

상품 정보가 들어 있습니다. 인터넷 쇼핑에서 판매하는 상품의 상품 ID, 상품명, 재고 수, 단가를 미리 등록해 둡니다.

Column Name	Datatype	의미
product _id	INT	상품 ID
product _name	VARCHAR(20)	상품명
stock	INT	재고 수
price	DECIMAL(10,0)	단가

주문 테이블 : productorder

어느 고객이 어떤 제품을 구입했는지 주문 정보가 들어 있습니다. 고객이 상품을 구입했을 때에 주문 ID, 고객 ID, 상품 ID, 주문 수, 금액, 주문 일시를 등록합니다.

Column Name	Datatype	의미
order_id	INT	주문 ID
customer_id	INT	고객 ID
product_id	INT	상품 ID
quantity	INT	주문 수
price	DECIMAL(10,0)	금액
order_time	DATETIME	주문 일시

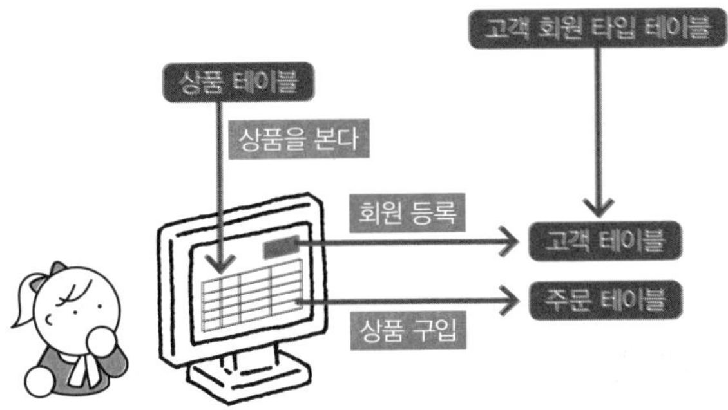

본격적인 학습에 들어가기 전에 이전 절의 설명을 참고해서 다른 테이블도 작성해 두세요.

각 테이블의 데이터는 학습을 진행하면서 그 테이블이 나왔을 때에 입력합시다.

입력할 데이터에 대해서

테이블에 입력하는 데이터는 이 책에 기재되어 있는 대로 입력하세요.

만일을 위해 각 테이블에 입력하는 데이터의 샘플 데이터를 이 책의 예제 소스로 제공하고 있습니다(준비되어 있는 것은 주요 테이블입니다).

예제 소스는 영진닷컴의 홈페이지(www.youngjin.com)에서 다운로드할 수 있습니다. 예제 파일은 .zip으로 압축되어 있습니다. 반드시 이용하는 기기의 임의의 장소에 압축 해제하세요.

샘플 데이터를 이용할 때는 먼저 각 테이블을 만들어 둡니다. 그리고 다운로드한 샘플 데이터를 메모장 등의 텍스트 에디터에서 엽니다.

샘플 데이터는 테이블마다 텍스트 파일 형식으로 되어 있습니다. customer 테이블의 파일명은 「customer.txt」, product 테이블의 파일명은 「product.txt」입니다. 또한, 파일의 문자 코드는 utf8입니다.

product.txt(product 테이블의 샘플 파일)

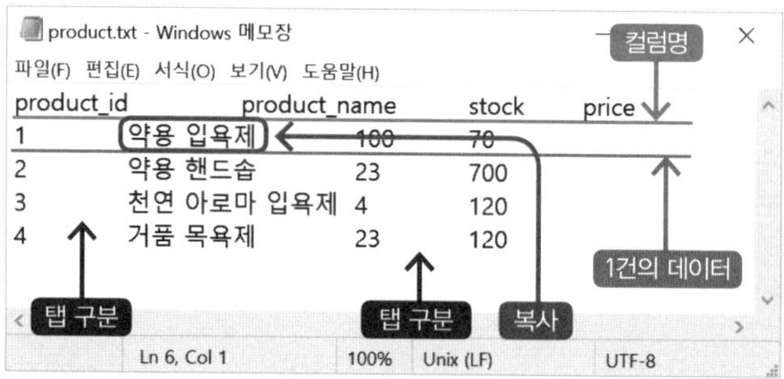

파일의 첫 번째 줄에는 데이터 내용(컬럼명)이 적혀 있습니다. 두 번째 이후가 테이블에 입력하는 데이터입니다. 각 데이터는 탭으로 구분합니다.
각각의 데이터를 하나씩 복사해서 MySQL Workbench의 입력 장소에 붙여 넣고, 테이블에 데이터를 입력해 나가세요. 입력 후는 「Apply」를 잊지 않고 2번 클릭해 입력한 데이터를 반영시킵니다.

03.3 데이터형

1개의 테이블 안에는 여러 종류의 정보를 가질 수 있습니다.
product 테이블에서는 상품의 ID는 수치, 상품명은 문자열의 정보를 가집니다. 어떤 데이터가 어떤 종류를 가질지는 테이블 작성 시에 정해야 합니다.
데이터의 종류를 데이터형이라고 합니다. 테이블 작성 시 설정한 Datatype 칸에서는 사실은 **데이터형**을 지정하고 있었습니다. 자세한 것은 제2장에서 설명하겠지만, 테이블을 만들 때 필요한 정보이므로 여기서 간단히 설명합니다.

MySQL에서 사용하는 주요 데이터형 목록

데이터형	다루는 데이터
INT	정수
TINYINT	정수(–128~127)
CHAR(문자 수)	문자열
VARCHAR(문자 수)	문자열
TEXT	문자열
DOUBLE	실수
FLOAT	실수
DECIMAL(전체 자릿수, 소수점 이하 자릿수)	수치
DATE	날짜
TIME	시각
DATETIME	일시
BOOLEAN	논리값

데이터형의 뒤에 ( )을 붙여서 자릿수와 문자 수를 지정할 수도 있습니다.

예) VARCHAR(20)

VARCHAR 등 문자가 들어가는 것은 문자 수를 지정하게 됩니다. 수를 지정하지 않으면 처리하는 쪽에서 정한 수로 설정됩니다.

03.4 이것으로 준비는 끝났다!

여기까지의 설명으로 이제 본격적으로 학습할 준비가 됐습니다. 준비 단계에서는 모르는 단어가 많아서 힘들었을 거라 생각됩니다.
제1장부터 차례대로 학습함으로써 불명확한 부분도 점차 명확해지기 때문에 안심하세요.
이 책에서의 학습은 MySQL Workbench를 이용해서 실제로 직접 SQL을 적고, 결과를 확인하면서 실시합니다. MySQL Workbench는 꽤 편리한 도구이므로 이 책에서 소개한 이외의 기능도 자유롭게 사용해보세요.

사소한 지식

데이터의 익스포트

데이터베이스로부터 가져온 데이터는 MySQL Workbench의 화면 상에서 바로 확인할 수 있으나, 결과를 전부 파일로 저장하려면 익스포트 기능을 시행합니다.

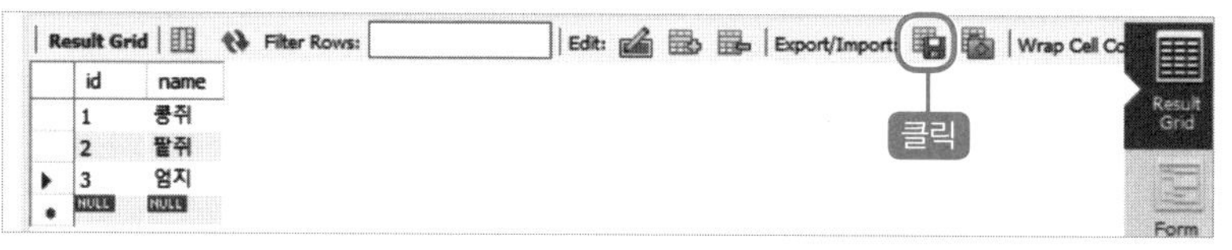

결과 화면의 익스포트 아이콘 「Export recordset to an external file」을 클릭하면 저장할 파일 형식을 선택할 수 있습니다.

익스포트한 파일을 다른 소프트웨어에서 사용할 때 이상하게 표시된다면 익스포트한 파일의 문자 코드를 변경하세요.

1장

SQL로 데이터를 가져오자

영진씨, 이번 달 데이터
정리해 두세요
네
필요하지 않은 데이터가
많아서 헷갈려~
그리고 지난 달
데이터도 필요해
저, 바쁘신데
죄송합니다만 이거랑
이 데이터가 필요해요
영진씨라면
할 수 있을 거에요.
스스로 할 수 있으면
좋을 텐데…
네? 그래도 만약 데이터를
망가뜨릴까봐 무서운데…
데이터를 가져오는
거면 괜찮아요.
가르쳐 줄게요.
어려울 것 같고..
간단해요
그럼
잘 부탁드립니다!
열심히 합시다!

01 데이터베이스와 SQL

데이터베이스가 무엇인지, 데이터베이스에 액세스하려면 어떻게 해야 하는지에 대해 대략적이라도 이해해 둡시다.

01.1 데이터베이스란?

컴퓨터와 인터넷 사용이 당연해진 현재, 모든 정보는 「데이터」로 저장·이용되고 있습니다.

데이터의 수와 종류가 적으면 텍스트 파일에 메모하거나, 조금 데이터가 많아지면 표 계산 소프트웨어를 이용하는 것도 좋을 것입니다.

그러나, 사람이 눈으로 찾기는 커녕 표 계산 소프트웨어를 사용해도 다루기 힘든 많은 양의 데이터를 취급하려면 데이터베이스(DB)를 사용하는 것이 편리합니다. 데이터베이스는 단순하게 생각하면 「데이터 모임」입니다. 안에 저장되어 있는 데이터는 종류나 이용 목적 별로 통합되어 있고, 사용하기 편리하도록 정리되어 있는 것이 특징입니다.

데이터베이스에 데이터를 추가하거나 삭제하는 데는 데이터를 관리하는 전용 시스템인 데이터베이스 관리 시스템(DataBase Management System : DBMS)을 사용합니다.

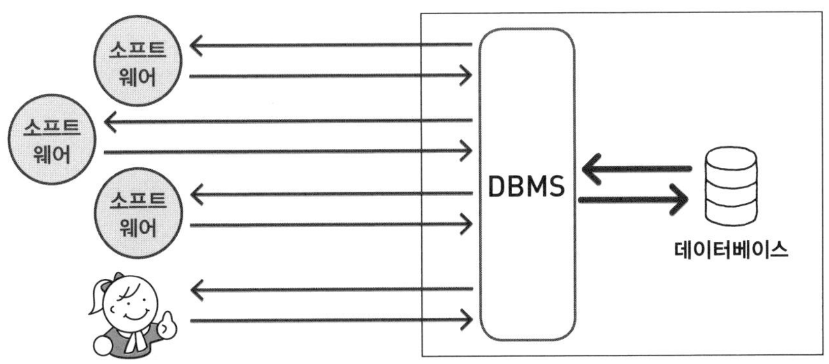

MySQL Workbench는 「소프트웨어」인가요?

그렇습니다. 또한, DBMS와 데이터베이스는 거의 세트라고 생각해주세요.

DBMS에는 기존 소프트웨어나 자신이 작성한 프로그램으로 액세스합니다. 사람이 직접 DBMS를 조작하는 방법도 있습니다. 이 책에서는 소프트웨어 MySQL Workbench를 사용합니다.

01.2 데이터베이스의 종류와 그 구조를 알아 두자

데이터베이스는 데이터를 저장하는 방식에 따라 몇 가지 종류가 있습니다. 현재 가장 많이 이용되는 것은 릴레이셔널 데이터베이스(관계 데이터베이스: RDB) 형식입니다.

RDB는 행(레코드)과 열(컬럼)로 구성된 표(테이블)로 데이터를 다룹니다. 표 계산 소프트웨어를 사용한 적이 있는 사람은 이해하기 쉬울 거라 생각합니다. 테이블 안의 1개의 요소를 필드라고 부릅니다. 표 계산 소프트웨어로 말하자면 셀에 해당하는 것입니다.

또한, 각각의 테이블끼리를 서로 관련지은 구성이 RDB의 특징입니다.

어딘지 모르게 「관계」가 있네요.

이것은 데이터를 가져올 때에도 핵심이 됩니다.

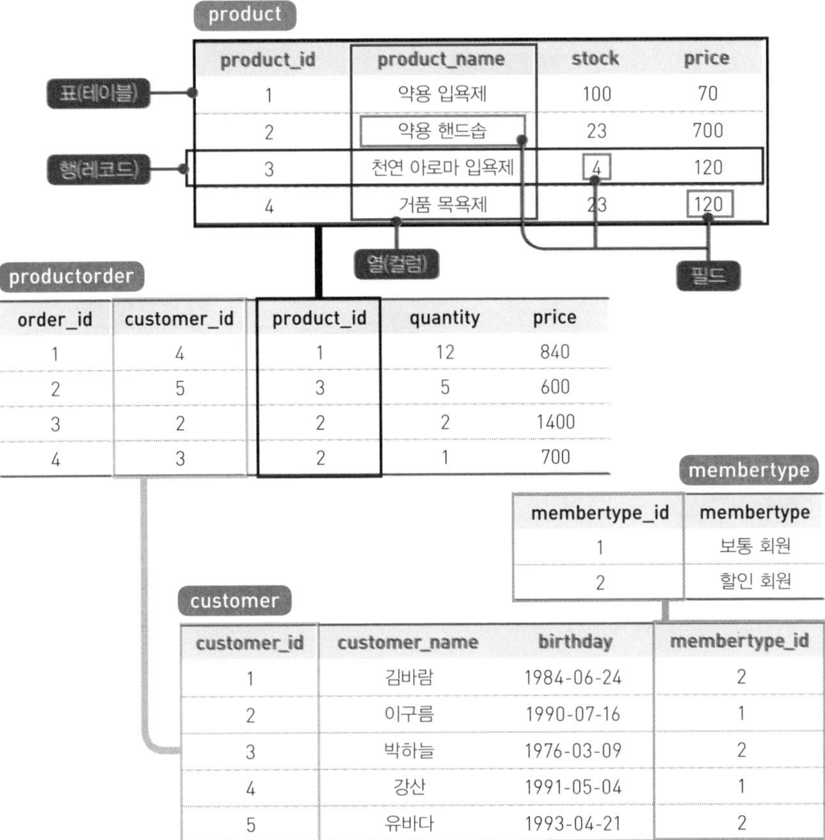

product

product_id	product_name	stock	price
1	약용 입욕제	100	70
2	약용 핸드솝	23	700
3	천연 아로마 입욕제	4	120
4	거품 목욕제	23	120

productorder

order_id	customer_id	product_id	quantity	price
1	4	1	12	840
2	5	3	5	600
3	2	2	2	1400
4	3	2	1	700

membertype

membertype_id	membertype
1	보통 회원
2	할인 회원

customer

customer_id	customer_name	birthday	membertype_id
1	김바람	1984-06-24	2
2	이구름	1990-07-16	1
3	박하늘	1976-03-09	2
4	강산	1991-05-04	1
5	유바다	1993-04-21	2

RDB를 관리하기 위한 DBMS를 관계 데이터베이스 관리 시스템, 축약해서 RDBMS로 부릅니다.

01.3 SQL

RDBMS로 시행하는 것은 데이터베이스나 테이블을 작성, 데이터를 추가, 갱신, 삭제, 데이터를 가져오기 등입니다. 그러기 위해서 데이터베이스 조작이나 정의를 시행하기 위한 언어인 SQL(Structured Query Language)을 사용합니다.

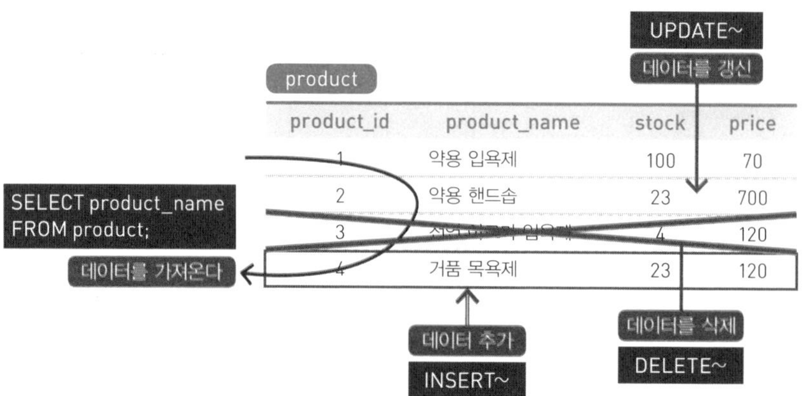

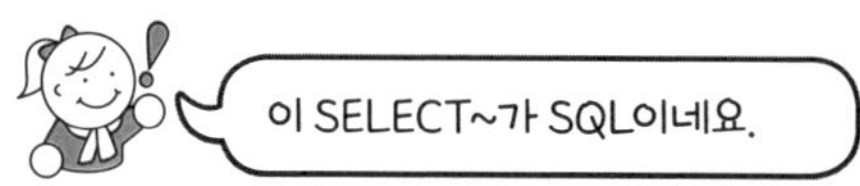

데이터를 선택해 가져오니까 SELECT.
기억하기 쉽죠?

SQL에서는 데이터를 고르고 가져오는 SELECT, 데이터를 추가하는 INSERT, 삭제하는 DELETE와 같이 간단하고 그 역할을 바로 연상할 수 있는 단어를 사용합니다. SQL은 기억하기 쉬운 언어입니다.

이 책에서는 그 SQL 중에서 데이터를 선택해 가져오는 **SELECT** 문을 어느 정도 자유롭게 사용할 수 있게 학습합니다.

주의

SQL의 차이

이 책에서는 MySQL이라는 종류의 데이터베이스의 이용을 전제로 학습합니다.
MySQL에서 사용하는 SQL은 기본적으로 국제 규격의 표준 SQL에 준거한 것이나, 데이터베이스의 종류에 따라서는 세세한 부분에서 SQL 문법이 다른 경우가 있습니다.
이 책에서는 MySQL에서 사용할 수 있는 SQL을 학습합니다. 유사하긴 하나 다른 데이터베이스에서는 사용할 수 없는 것도 있으므로 주의하세요.

02 데이터베이스에 액세스하자

데이터베이스에서 데이터를 가져오려면 SQL을 사용한 명령을 적으면 되는데, 그 SQL은 어디에 어떻게 적어야 할까요? 그 준비에 대해서 설명합니다.

02.1 데이터베이스를 준비

이 책에서는 SQL 중에서도 데이터베이스에서 데이터를 선택하고 가져오는 데 사용되는 SELECT 문에 대해 학습할 예정인데, 이를 위해서는 몇 가지 준비를 해야 합니다.

우선은 원본인 데이터베이스와 이를 관리하기 위한 DBMS를 준비합니다. 이 두 가지는 세트로 취급되므로 「데이터베이스의 종류는?」이라고 묻는다면 같은 DBMS의 명칭을 대답하면 됩니다.

DBMS에는 여러 종류가 있습니다. 유료인지 무료인지, 설치 가능한 환경이 무엇인지, 조작 방법은 이해하기 쉬운지 등 여러 가지를 검토해서 준비해야 합니다.

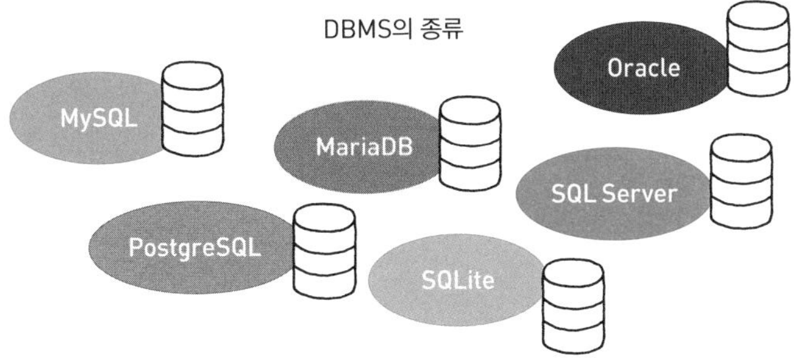

이 책에서는 MySQL로의 학습을 전제로 진행합니다.

회사나 학교 등에서 학습에 이용할 수 있는 데이터베이스가 준비된 경우는 관리자에게 물어본 후 데이터베이스에 액세스할 준비를 하세요.

개인적으로 데이터베이스와 DBMS를 준비하는 분은 제0장의 설명을 따라 자신의 PC에 MySQL을 설치해 준비하세요.

02.2 데이터베이스를 조작하는 툴을 준비하자

데이터베이스에 액세스하고 조작하는 데는 몇 가지 방법이 있습니다.

방법1 전용 툴(소프트웨어)을 사용한다

방법2 커맨드 프롬프트로 직접 조작한다

방법3 자신이 프로그램을 작성하고 액세스한다

이 책에서는 Windows 환경에서의 방법1을 사용해 설명합니다.

이 책에서는 MySQL을 설치했을 때 부속으로 따라온 MySQL Workbench라는 툴을 사용합니다. MySQL과 Workbench의 자세한 사용법은 제0장에 설명했으므로 앞부분을 참고해 준비하세요.

사소한 지식

Workbench

MySQL Workbench는 MySQL을 설치했을 때 따라오는 것이지만 다른 데이터베이스에도 접속할 수 있는 Workbench라는 소프트웨어도 무료로 다운로드해 사용할 수 있습니다. 사용법은 MySQL Workbench와 거의 같습니다. 이 밖에도 무료로 이용할 수 있는 툴이 있으므로 사용하기 쉬운 것이 있으면 그걸 써도 됩니다.

02.3 데이터베이스에 액세스하자

이제부터 데이터베이스에 액세스하고, SELECT 문을 실행해 데이터를 가져오는데 그러기 위해서는 정해진 수순으로 행해야 합니다.
데이터베이스에 접속해서 종료까지의 사이에 SELECT 문 등의 SQL을 실행해서 데이터 처리를 실시합니다.

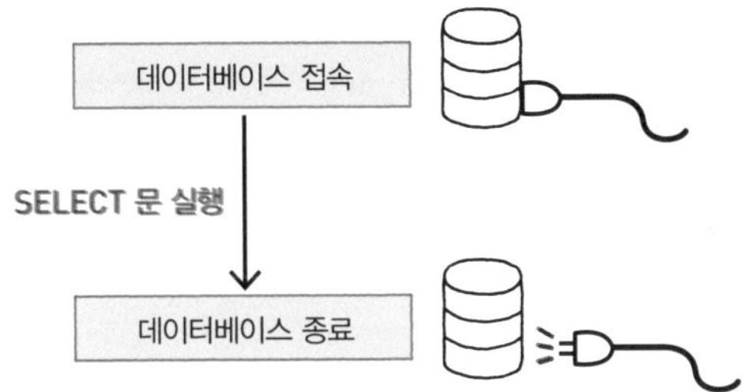

툴을 사용할 때에는 그 툴에서 접속을 시행합니다. 툴을 종료하면 자동으로 단절되기 때문에 접속종료 작업을 특별하게 하지 않아도 됩니다.
MySQL Workbench의 경우, 툴을 실행하고 첫 화면에 나오는 「MySQL Connections」를 클릭하면 데이터베이스에 접속할 수 있습니다.

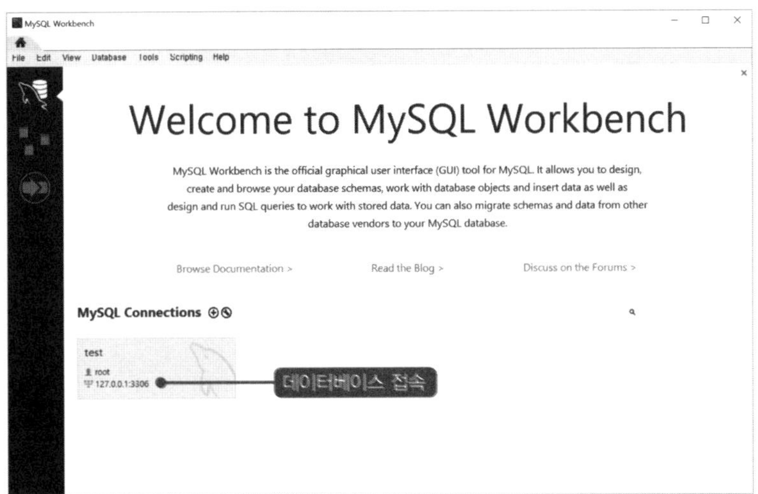

커넥션은 제0장에서 작성을 마쳤습니다. 아직 하지 않은 분은 제0장의 설명을 참고하세요.

데이터베이스에 접속하면 커넥션이 표시됩니다.

MySQL Workbench에서 종료하려면 커넥션 탭을 닫거나 MySQL Workbench를 종료합니다.

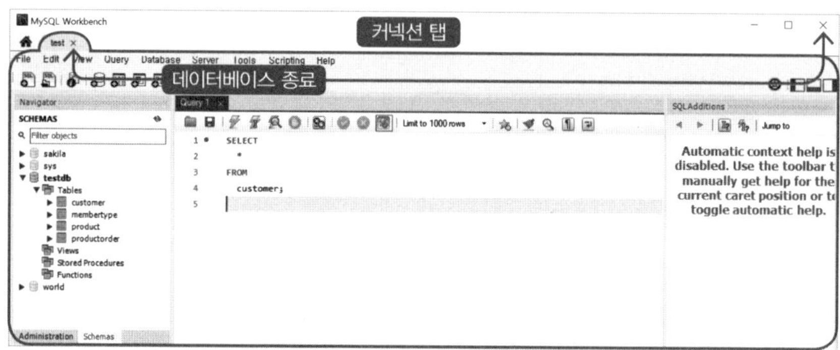

데이터베이스로의 접속 방법과 학습용 데이터베이스 만드는 법은 제0장에서 설명하고 있으므로 아직 준비가 안된 분은 앞부분을 참고하세요.

준비가 됐으면 툴을 실행하고, 학습용 데이터베이스에 접속해 둡시다.

02.4 학습용 데이터베이스에 액세스하자

일반적으로 DBMS에는 여러 개의 데이터베이스를 만들 수 있으며, 그들을 개별로 조작할 수 있습니다. 앞의 『02.3 데이터베이스에 액세스하자』에서 설명한 「데이터베이스로 접속」이란 정확하게는 「데이터베이스 전체(MySQL)에 접속하고, 또한 어떤 개별 데이터베이스를 사용할지 선택해 둔다」는 작업을 실시하는 것을 의미합니다.

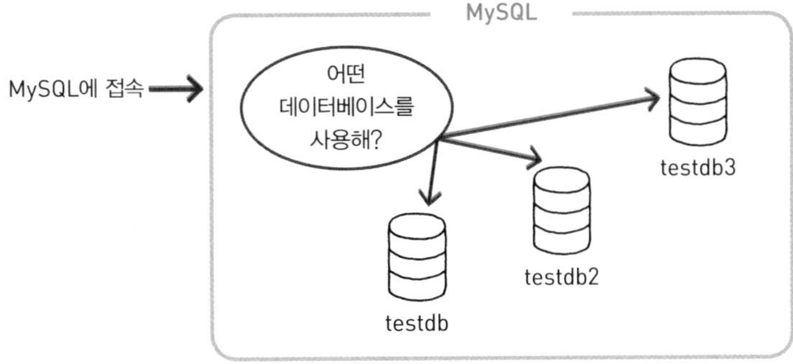

제0장을 참고로 테스트용 데이터베이스를 몇 개 만들어 봅시다.

MySQL Workbench의 MySQL Connections 설정에서 「Default Schema」 칸을 학습용 데이터베이스로 해 두면 접속과 동시에 학습용 데이터베이스를 선택한 상태로 설정해 줍니다.

아직 설정하지 않은 분은 제0장의 설명을 참고하여 접속과 동시에 학습용 데이터베이스를 선택한 상태가 되도록 해 둡시다.

사소한 지식

액세스 권한

데이터베이스에 접속하기 위해서는 사용자 ID와 패스워드가 필요합니다. 여러 개 있는 데이터베이스나 그 안에 있는 테이블로의 액세스는 사용자 ID에 따라 제한됩니다. 사용자 ID가 root인 경우는 어느 데이터베이스에나 액세스할 수 있습니다. 직장이나 학교에서 준비된 데이터베이스와 사용자 ID를 이용하는 경우는 액세스가 제한되는 경우가 있습니다.

03 SELECT 문으로 데이터를 가져오자

이제부터 본격적으로 SQL을 학습합니다. 먼저 데이터베이스로부터 데이터를 가져올 때의 기본부터 학습합시다.

03.1 SELECT 문을 실행하자

데이터베이스에서 데이터를 가져오기 위해서는 SQL에서 SELECT라는 구문을 사용합니다. SELECT 구문을 사용한 SQL을 SELECT 문이라고 합니다.

보통 데이터베이스 안에 테이블은 여러 개 존재합니다. 데이터를 가져온다는 것은 「무엇」을 「어디」에서 가져올 것인지를 지정하면 되는 것입니다.

예를 들어, 상품의 정보를 다루는 product 테이블에서 product_id와 product_name 두 가지 정보를 가져오려면 다음의 SQL을 적습니다.

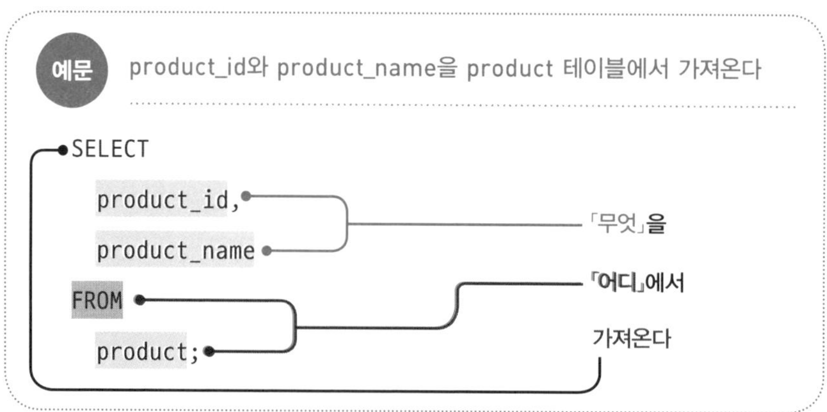

SELECT 다음에 「무엇」을 가져올지에 해당하는 컬럼명을 적습니다. 대상이 되는 컬럼이 여러 개인 경우 컬럼명을 콤마로 구분해 적습니다. 그 다음에 FROM이라고 쓰고, 이어서 「어디」에서 가져올지에 해당하는 테이블명을 적습니다. 각각 단어의 사이는 스페이스나 줄바꿈을 사용해서 사이를 띄워주세요.

1개의 SQL 문 마지막에는 반드시 「;」을 적습니다.

SELECT 문을 실행하기 전에 상품의 정보를 다루는 product 테이블에 데이터를 넣어 둡시다. 제0장을 참고로 다음 데이터를 넣으세요.

상품 ID product_id	상품명 product_name	재고 수 stock	단가 price
1	약용 입욕제	100	70
2	약용 핸드솝	23	700
3	천연 아로마 입욕제	4	120
4	거품 목욕제	23	120

product_id와 stock, price는 숫자로 입력하세요.

「Apply」를 2회 클릭하여 데이터를 반영시킵니다. 그 후 바로 테이블의 데이터 목록 표시를 시행, 데이터가 제대로 들어 있는지 확인합니다.

이 SQL의 실행 결과는 다음과 같습니다.

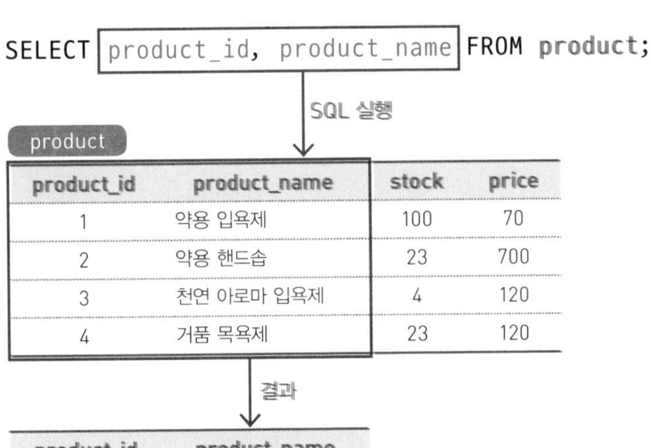

레코드의 세로 정렬 순은 예시와 같지 않을 수도 있습니다. 순서는 무시하고, product 테이블에 있는 모든 레코드의 product_id와 product_name의 컬럼 내용이 표시되어 있는지를 확인하세요.

주의

레코드의 정렬 순에 대해서

앞으로도 레코드의 세로 정렬 순은 지면과 같지 않을 수 있습니다. 제5장에서 배울 [정렬 순]을 지정하는 방법 외에는 SQL 실행 후의 레코드의 정렬 순은 이 책의 예와 다를 수 있습니다.

구문 기본적인 SELECT 문

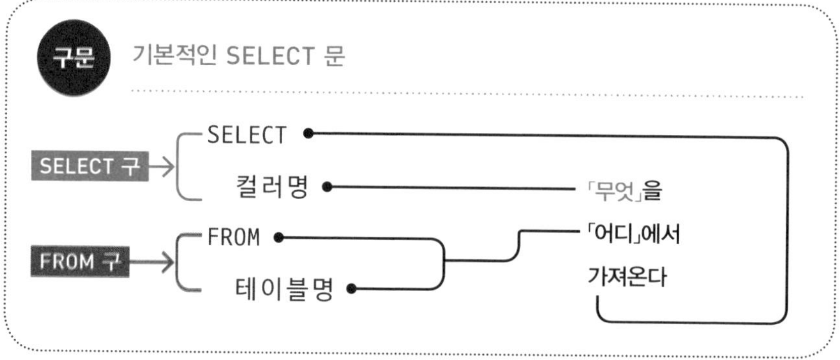

SELECT나 FROM은 SQL의 안에서 정해진 역할을 해내는 특별한 단어입니다. 이런 단어를 **예약어**라고 합니다. 테이블명이나 컬럼명 등에는 예약어와 같은 단어를 사용해서는 안 됩니다.

SELECT나 FROM 등 예약어와 그것에 이어지는 부분을 각각 SELECT 구, FROM 구라고 부릅니다.

SELECT 구와 FROM 구를 사용해서 적는 SELECT 문이 데이터를 가져오기 위한 기본 구문입니다. 이 기본형은 정보를 가져올 때에 자동으로 입력할 수 있을 정도로 머리에 넣어 두세요.

그럼 툴을 사용해서 실제로 실행해 봅시다.

MySQL Workbench에 이 책의 학습용 데이터베이스 testdb가 선택되어 있는지 확인한 후 예문을 적고 실행해 봅시다.

```
SELECT
  product_id,
  product_name
FROM
  product;
```

결과는 다음의 화면과 같습니다.

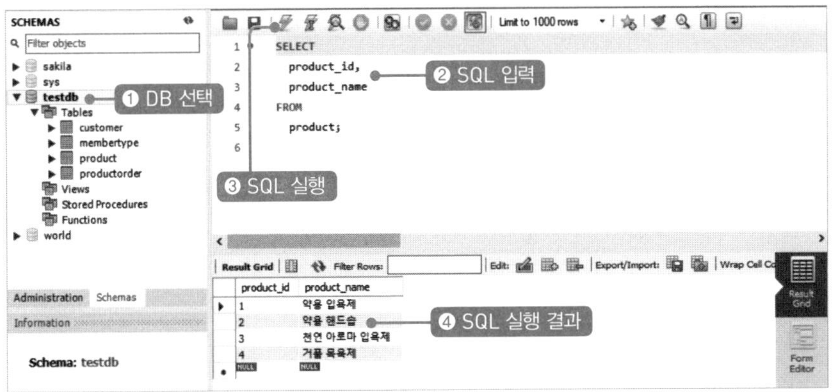

앞으로의 학습에서도 모두 이처럼 툴을 사용해서 SQL을 실행하고, 결과를 확인해 나갑니다. 툴의 사용법을 여기에서 기억해두세요.
앞으로의 설명에서는 SQL과 그 결과만 표시합니다.

SQL의 마지막에는 반드시 세미콜론(;)

SQL의 1개의 문의 마지막에는 반드시 세미콜론(;)을 붙이는 것이 규칙입니다.

```
SELECT
  product_id,
  product_name
FROM
  product;
```

툴을 사용하는 경우, 툴에 따라서는 마지막에 세미콜론이 없어도 저절로 ;을 보완해 주기 때문에 문제없이 SQL을 실행할 수 있습니다. 이 책에서 사용하는 MySQL Workbench에서도 ;을 생략하고 적어도 실행할 수 있지만, 원래 필요한 것이기 때문에 ;을 붙여서 적는 걸 습관화하세요.

03.2 테이블의 모든 데이터를 가져오자

SELECT의 바로 다음에 무엇을 가져올지 지정하는데, 애스터리스크(*)만을 지정하면 테이블에 있는 모든 컬럼의 내용을 가져올 수 있습니다.

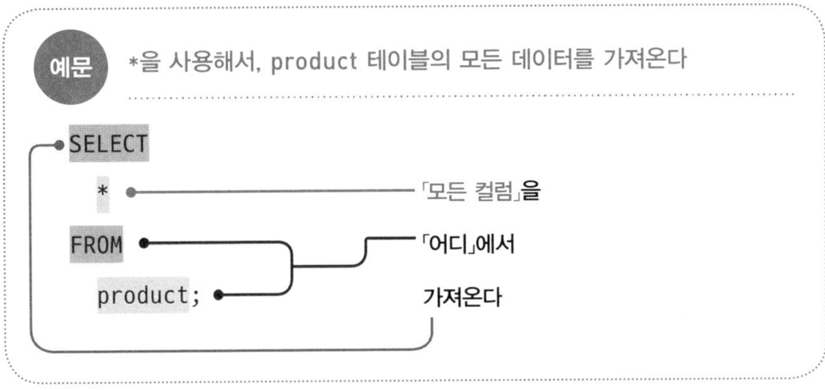

product 테이블에는 「product_id」「product_name」「stock」「price」 4개의 컬럼이 있으므로 이 예문은 다음의 SQL과 같습니다.

```
SELECT
  product_id,
  product_name,
  stock,
  price
FROM
  product;
```

「SELECT * FROM product;」 실행 결과

product_id	product_name	stock	price
1	약용 입욕제	100	70
2	약용 핸드솝	23	700
3	천연 아로마 입욕제	4	120
4	거품 목욕제	23	120

Query 탭의 이력

MySQL Workbench를 다루는데도 이제 곧 익숙해질 것입니다.
툴을 실행하고 Connection을 선택할 때마다 과거에 사용한 Query 탭이 줄줄이 열려 번거로울 것이라 생각합니다.
이를 나오지 않게 하려면 메뉴의 Edit→Preferences→SQL Editor에서 「Save snapshot of open editors on close」의 체크를 빼고 [OK]를 클릭합니다. 그러면 과거에 사용한 Query 탭이 열리지 않게 됩니다.

03.3 SELECT 구의 정렬 순

SELECT 문에는 SELECT 구에서 지정한 컬럼의 내용을 가져옵니다. SELECT 구에서 지정한 컬럼이 여러 개 있는 경우, 결과를 보면 SELECT 구에서 지정한 순서대로 정렬하고 있는 걸 알 수 있습니다.

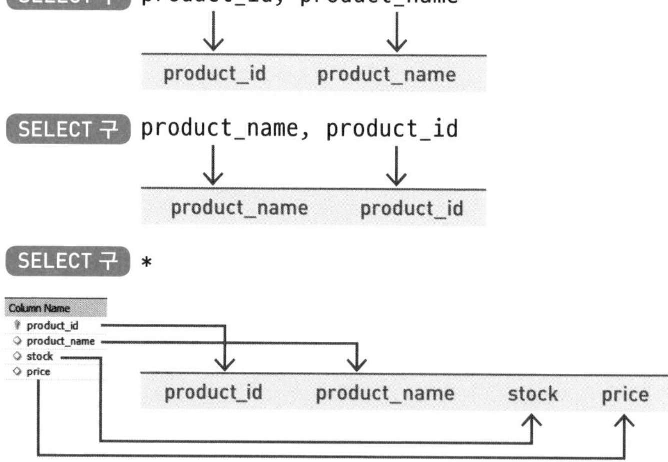

SELECT 구에 「*」를 지정한 경우는 테이블 구성의 컬럼의 정렬 순이 됩니다.

또한, SELECT 구에서 같은 컬럼을 여러 개 지정하거나 *와 컬럼명을 같이 사용할 수도 있습니다.

product_id를 2회, product_name을 product 테이블에서 가져온다

```
SELECT
  product_id, product_name, product_id
FROM
  product;
```

product_id	product_name	product_id
1	약용 입욕제	1

모든 컬럼과 product_id를 product 테이블에서 가져온다

```
SELECT
  *, product_id
FROM
  product;
```

product_id	product_name	stock	price	product_id
1	약용 입욕제	100	70	1

03.4 보기 쉬운 SQL 문: 공백이나 줄바꿈

SQL을 적을 때, 각각의 단어 사이는 1개 이상의 공백으로 구분합니다. 콤마나 세미콜론, 앞으로 나올 연산자 등은 그 자체가 구분이 되는 것이므로 콤마나 세미콜론, 연산자의 앞 뒤는 공백을 넣어도 넣지 않아도 상관없습니다.

적당히 공백을 넣는다

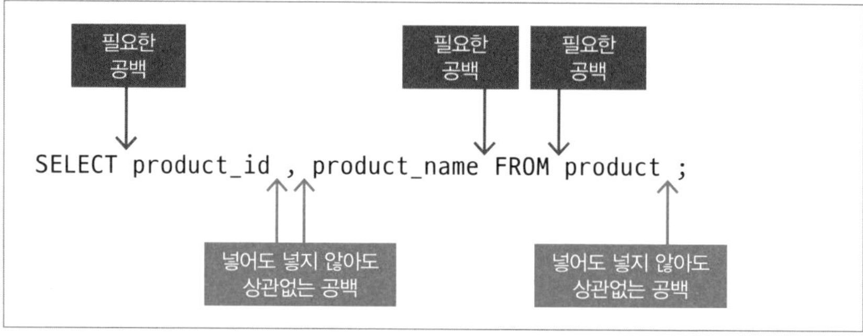

필요한 곳 이외에는 공백을 넣지 않는다

```
SELECT product_id,product_name FROM product;
```

공백은 여러 개 이어서 적어도 됩니다.

공백 대신에 줄바꿈, 탭을 사용해도 됩니다.

구마다 줄바꿈

줄바꿈

```
SELECT product_id, product_name
FROM product;
```

예약어와 구의 끝에 줄바꿈

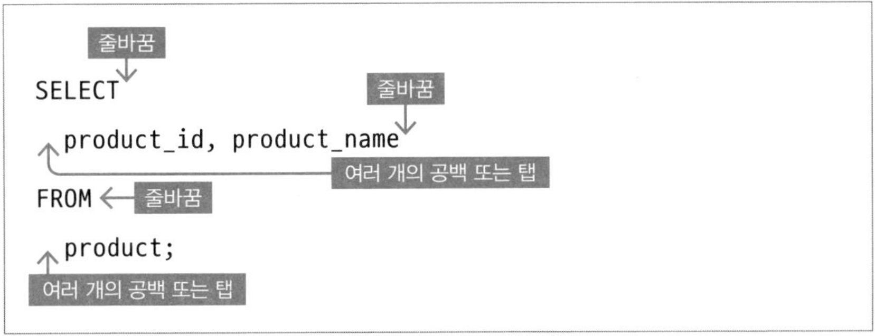

긴 SELECT 문을 적게 될 때는 적당히 줄바꿈 한 것이 보기가 좋습니다. 기본적으로는 어떤 방법으로 작성하든 상관없습니다. 개인의 취향에 따라 적읍시다.

만약 필요한 곳에 공백이나 줄바꿈을 넣지 않거나 깜빡 실수하면 SQL이 실행되지 않습니다. 오류를 수정하고 다시 실행합시다.

04 컬럼명을 별명으로 해서 가져오자

데이터를 가져올 때, 컬럼명에 별명을 붙일 수 있습니다. 예를 들어 컬럼명이 「id」나 「name」이면 어떤 id, 이름인지 알 수 없습니다. 이럴 때는 구체적인 이름이나 한국어 이름으로 대체하여 알아보기 쉽게 할 수 있습니다.

04.1 컬럼에 별명을 붙여 알아보기 쉽게 하자

SQL의 예약어는 모두 알파벳입니다. 각 테이블명이나 컬럼명도 마찬가지로 알파벳으로 붙이는 경우가 많습니다. SELECT 구에서 데이터를 가져올 때 컬럼명에 일시적으로 한국어 별명이나 조금 더 알기 쉽게 별명을 지정하면 쿼리 결과를 알기 쉽습니다. 별명의 지정에는 AS 구를 사용합니다.

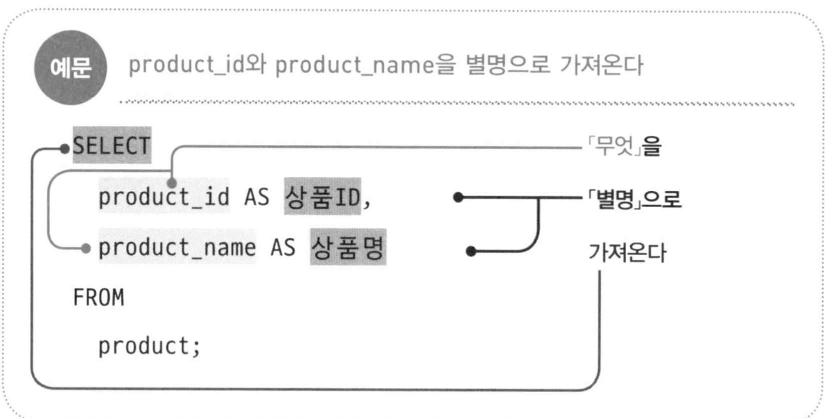

product_id를 「상품ID」, product_name을 「상품명」과 같은 별명으로 지정합니다. 결과는 다음과 같습니다.

상품ID (product_id)	상품명 (product_name)
1	약용 입욕제
2	약용 핸드솝
3	천연 아로마 입욕제
4	거품 목욕제

테이블명도 AS 구를 사용해 별명을 붙일 수 있습니다. AS 구에서 별명을 붙이면 컬럼명이나 테이블명이 알기 쉬워질 뿐만 아니라 긴 이름인 경우는 긴 이름을 여러 번 적지 않게 할 수 있는 이점이 있습니다.

이처럼 붙이는 별명을 에일리어스라고 부릅니다.

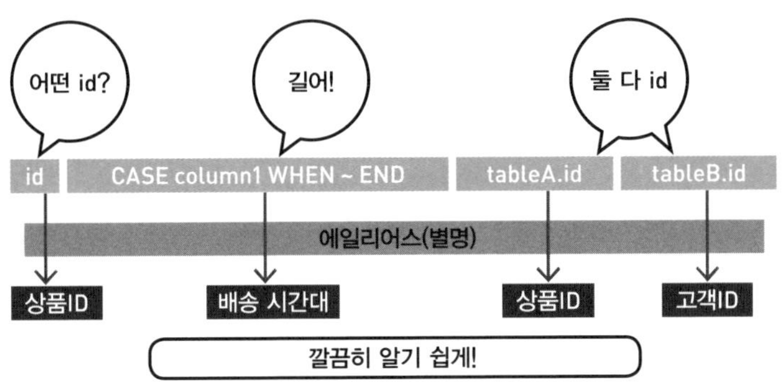

사소한 지식

예약어는 대문자

이 책에서는 예약어와 다른 컬럼명이나 테이블명을 구별하기 위해 예약어는 SELECT, FROM, AS 등 대문자로 표기합니다. 그런데 사실 소문자로 select, from, as로 적어도 같은 결과를 얻을 수 있습니다.

툴을 사용하면 예약어 문자는 저절로 색이 지정되는 경우가 많아서 판별하기 쉽지만, 특별히 툴을 사용하지 않고 SQL을 적을 때에도 쉽게 판별할 수 있도록 예약어는 대문자로 적는 것이 좋습니다.

1장 연습문제

주의

해답의 SQL 문에 대해서

연습문제 해답의 SQL 문 서식은 문법적으로 맞으면 정답으로 합니다. SQL을 보기 쉽게 하기 위한 줄바꿈이나 공백, 인덴트 등은 자신의 취향대로 넣어주세요. 자신이 작성한 SQL이 정확한지 확인하고 싶을 때는 실제로 테이블을 만들고 SQL 문을 입력·실행해서 시험해봅시다.

문제 1

다음 member 테이블에 대해서 ❶, ❷, 각각의 SQL을 실행한 결과는 어떻게 될까요? 써 봅시다.

[member] ※첫 번째 행은 데이터형

INT	VARCHAR(20)	DATE	VARCHAR(15)
member_id	member_name	birthday	tel
1001	홍길동	1993-01-30	010-8035-xxxx
1002	심청이	1979-07-03	010-4216-xxxx
1003	성춘향	1978-08-25	010-7925-xxxx
1004	이몽룡	1971-11-18	070-8769-xxxx
1005	김선달	1991-12-29	070-6758-xxxx

❶

```
SELECT
  *
FROM
  member;
```

❷

```
SELECT
  member_id,
  member_name
FROM
  member;
```

문제 2

문제1의 member 테이블 안에서 member_name, birthday, tel의 컬럼 데이터를 꺼낼 경우의 SQL을 적어 봅시다.

문제 3

문제1 테이블 안에서 member_name과 tel 컬럼의 데이터를 가져오고, 각각의 열 이름을 「이름」과 「연락처」로 하고 싶은 경우의 SQL을 적어 봅시다.

해답

문제 1 해답

❶

member_id	member_name	birthday	tel
1001	홍길동	1993-01-30	010-8035-xxxx
1002	심청이	1979-07-03	010-4216-xxxx
1003	성춘향	1978-08-25	010-7925-xxxx
1004	이몽룡	1971-11-18	070-8769-xxxx
1005	김선달	1991-12-29	070-6758-xxxx

❷

member_id	member_name
1001	홍길동
1002	심청이
1003	성춘향
1004	이몽룡
1005	김선달

문제 2 해답

```
SELECT
  member_name,
  birthday,
  tel
FROM
  member;
```

문제 3 해답

```
SELECT
  member_name AS 이름,
  tel AS 연락처
FROM
  member;
```

2장

○○인 데이터를 가져오자

01 ○○이라는 레코드만 가져오자

02 데이터베이스의 데이터는 종류가 많다

03 문자열 다루는 법을 알아 두자

조금 더 내용을 좁혀서
꺼내고 싶은데요.
그럴 때는 SQL로
조건을 주면 돼요.
어떤 데이터가 ○○인
것이라든지 △△ 이하라든지
연산자를 사용해서
조건을 지정합니다.
column<=△△
라든지
column=○○
라든지
연산자!?
「연산」이라니 수학!?
저, 수학에 엄청 약해요!
기호의 의미도 잘 모르고
y
π Σ f(x)
괜찮아요! 「수학」이 아닌
「산수」 수준입니다!
수준
그렇다면
다행이네요.

01 OO이라는 레코드만 가져오자

데이터베이스에서 데이터를 가져올 때 조건에 일치한 레코드만을 가져올 수 있습니다. 여기서는 조건의 지정 방법을 학습합시다.

01.1 조건을 줘서 데이터를 가져오자

제1장에서는 SELECT 문을 사용하여 지정한 테이블에서 모든 레코드를 가져왔습니다. 이 SELECT 문에 「OO 컬럼의 값이 △△인 레코드」나 「□□ 이상인 레코드」와 같은 특정 조건을 줌으로써 지정한 조건에 해당하는 레코드만 가져올 수 있습니다. 조건은 WHERE 뒤에 이어서 적습니다.

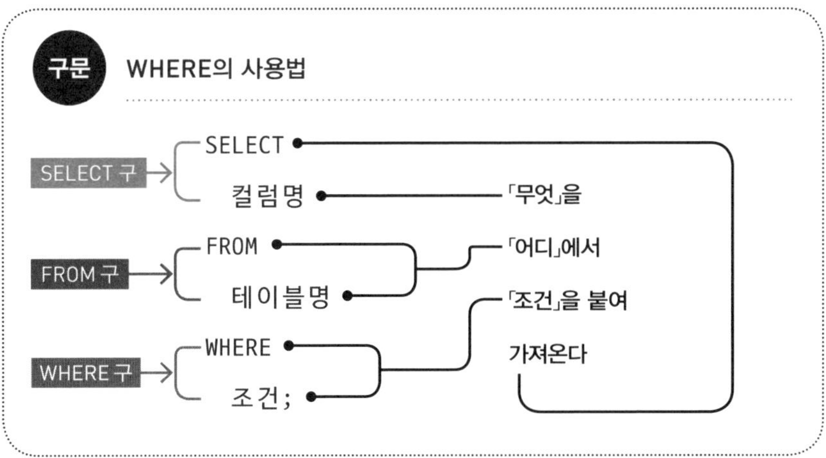

고객 정보가 들어 있는 customer 테이블에서 membertype_id 값이 2인 레코드의 customer_name 컬럼(항목)을 가져오는 경우는 다음과 같이 적습니다.

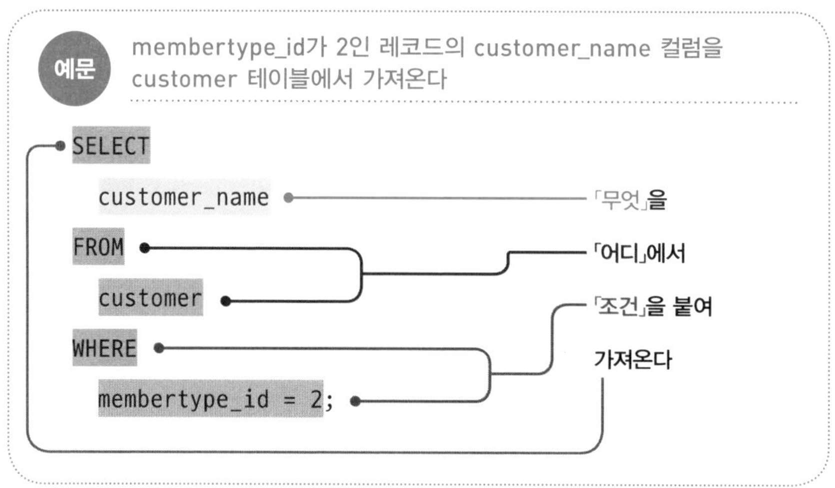

SELECT 문을 실행하기 전에 고객 정보를 다루는 customer 테이블에 데이터를 넣어 둡시다. 데이터를 넣는 법은 제0장을 참고해서 다음 데이터를 넣으세요.

고객ID customer_id	고객명 customer_name	고객 생년월일 birthday	고객 회원 타입 membertype_id
1	김바람	1984-06-24	2
2	이구름	1990-07-16	1
3	박하늘	1976-03-09	2
4	강산	1991-05-04	1
5	유바다	1993-04-21	2

결과는 다음과 같습니다.

customer

customer_id	customer_name	birthday	membertype_id
1	김바람	1984-06-24	2
2	이구름	1990-07-16	1
3	박하늘	1976-03-09	2
4	강산	1991-05-04	1
5	유바다	1993-04-21	2

membertype_id = 2

customer_id	customer_name	birthday	membertype_id
1	김바람	1984-06-24	2
3	박하늘	1976-03-09	2
5	유바다	1993-04-21	2

customer_id
김바람
박하늘
유바다

실행 결과

조건은 「member type_id가 2」입니다. SQL로 적으면 「member type_id = 2」입니다. 조건을 적는 방법에 대해서는 조금 뒤에 자세히 설명합니다.

WHERE 구는 SELECT 구와 FROM 구 뒤에 이어서 적습니다. WHERE 구에서는 WHERE 뒤에 이어서 추출하고 싶은 조건을 적습니다.

01.2 연산자

WHERE 구에 적는 조건은 「컬럼 값이 OO과 동일」「컬럼 값이 △△ 이하」 등 지정한 컬럼 값과 비교해서 어떠한가와 같은 것이 많습니다. 비교한 결과가 맞는 경우는 조건에 들어맞는 것입니다.

조건에는 다음 표에 있는 연산자를 이용합니다. 연산자란 연산, 즉, 계산을 하기 위한 기호입니다.

비교 연산자 목록

연산자	사용법	의미
=	a = b	a와 b는 같다
<=>	a <=> b	a와 b는 같다(NULL 대응)
!=	a != b	a와 b는 다르다
<>	a <> b	a와 b는 다르다
<	a < b	a는 b보다 작다
>	a > b	a는 b보다 크다
<=	a <= b	a는 b 이하
>=	a >= b	a는 b 이상

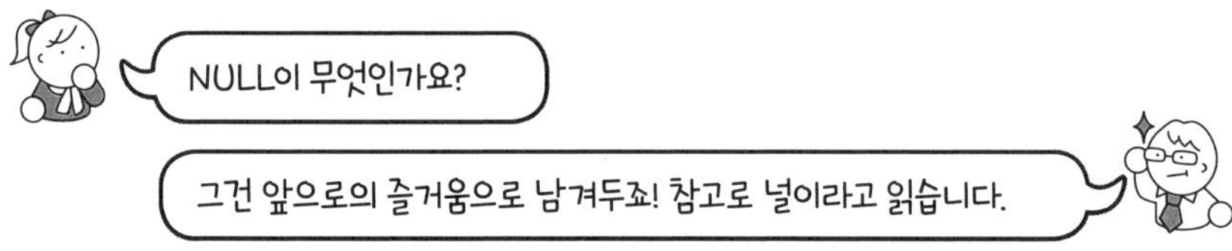

연산자의 좌우에 있는 값을 비교해서 결과를 반환하므로 표의 연산자는 **비교 연산자**라고 합니다.

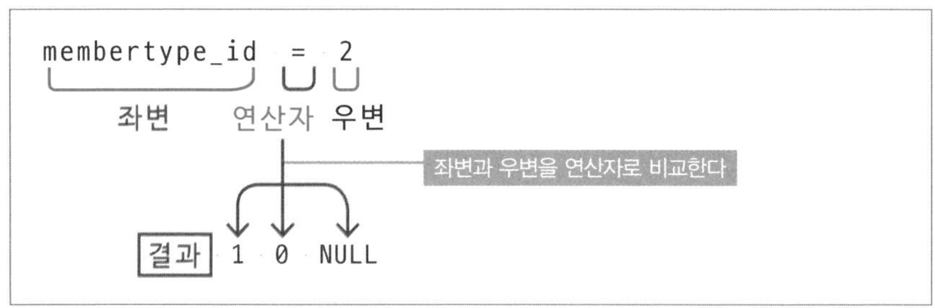

반환 결과는 **1**, **0**, 또는 **NULL**입니다. NULL에 대해서는 나중에 설명합니다. 1은 **TRUE**, 0은 **FALSE**와 같습니다. TRUE와 FALSE는 제0장에서 설명한 BOOLEAN 형의 값입니다. 데이터의 형에 대해서는 이 다음에 자세히 설명합니다.

TRUE는 **참**, FALSE는 **거짓**이라고도 합니다.

WHERE 구에 적은 조건에 들어맞으면 결과는 1(=TRUE)이 되고, 그 레코드는 가져오는 데이터의 안에 들어갑니다. WHERE 구에 적은 조건에 들어맞지 않으면 결과는 0(=FALSE)이 되며, 그 레코드는 가져오는 데이터 안에 들어가지 않습니다.

사소한 지식

연산자의 왼쪽 오른쪽에 공백을 넣을지 말지

연산자의 왼쪽 오른쪽에는 공백을 넣어도 넣지 않아도 됩니다.

「membertype_id=2」로도 「membertype_id = 2」라고 공백을 넣어도 결과는 같습니다. 보기 좋거나 취향대로 적으세요.

단, 「<=>」「!=」와 같이 여러 개의 기호를 조합한 연산자는 모든 기호로 하나의 연산자 역할을 하므로 공백을 넣지 않고 붙여서 적습니다. 「< = >」「! =」처럼 사이에 공백을 넣으면 안 됩니다.

01.3 연산 결과를 확인해보자

다른 비교 연산자도 사용해 봅시다.

이번은 「membertype_id가 1이 아니다」를 조건으로 합니다.

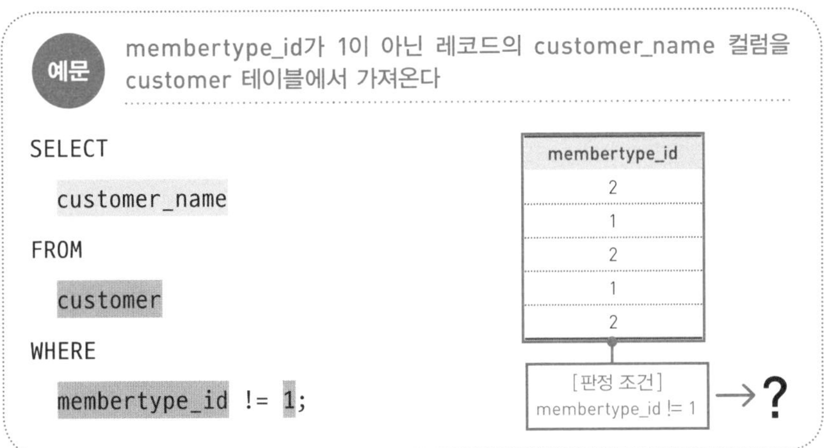

customer_name
김바람
박하늘
유바다

membertype_id의 필드에는 현재 1이나 2의 값만 들어있으므로 이것은 「membertype_id = 2」를 조건으로 했을 때와 같은 결과입니다.

```
membertype_id = 2  ➡ membertype_id가 2일 때 TRUE
membertype_id != 1 ➡ membertype_id가 1이 아닐 때 TRUE
                   ➡ membertype_id가 2일 때 TRUE
```

다른 조건의 작성법을 해도 같은 결과를 얻을 수 있습니다. 조건의 작성법은 하나 만이 아닙니다.

연산 결과는 1, 0, NULL 중 하나가 반환됩니다. 그 중, 1을 반환하는 조건을 WHERE 구에 적으면 조건에 맞는 레코드만을 가져올 수 있습니다.

- 1(=TRUE)은 조건에 들어맞는다
- 0(=FALSE)은 조건에 들어맞지 않는다
- NULL은 특수한 경우로 조건에 들어맞지 않는다

「○○가 아니다」라는 부정적인 표현인데 들어맞지 않으면 TRUE라니 좀 이상한 느낌이에요

TRUE, FALSE 때문에 헷갈린다면 단순하게 조건에 들어맞는다, 맞지 않는다로 생각합시다

01.4 다른 비교 연산자를 확인하자

다른 비교 연산자도 시험하세요. 데이터가 수치인 컬럼으로 시험해 보면 좋을 것입니다.

product_id	product_name	stock	price
1	약용 입욕제	100	70
3	천연 아로마 입욕제	4	120
4	거품 목욕제	23	120

비교 연산자는 WHERE 구 이외에도 적을 수 있습니다. 일반적으로는 그다지 사용하지 않지만, 연산 결과를 확인하기 위해서 FROM 구가 없는 SQL 안에서 사용해 봅시다.

여러 가지 비교 연산자를 사용해 본다

```
SELECT
  1 <=> 2, 1 <> 2, 2 < 2,
  2 <= 2, 2 > 1, 2 >= 2;
```

1 <=> 2	1 <> 2	2 < 2	2 <= 2	2 > 1	2 >= 2
0	1	0	1	1	1

각각의 비교 연산자를 사용한 연산을 콤마로 구분해 합쳐서 적었으나, 하나하나 다른 SELECT 문으로 적어서 확인해도 됩니다. 여러 값을 비교해서 시험해 봅시다.

주의

FROM 구가 없는 SQL

SELECT 문에는 반드시 FROM 구가 붙어있을 것 같지만 FROM 구가 없는 작성법도 있습니다. 어떤 테이블에서도 데이터를 가져오지 않을 때는 FROM 구를 적지 않습니다. 앞으로도 종종 나오므로 기억해 둡시다.

02 데이터베이스의 데이터는 종류가 많다

데이터베이스에서는 수치나 문자열 등 이 컬럼에 넣는 데이터가 어떤 종류인지를 처음에 정해 둡니다. 데이터를 가져올 때, 데이터에 종류에 따라 SQL 작성법이 달라지므로 데이터의 종류에 대해서 확실히 이해해 둡시다.

02.1 데이터형

데이터베이스에 넣는 데이터는 반드시 「어떤 종류의 데이터」인지 컬럼마다 정해 놓고, 정해진 종류의 데이터를 넣어야 합니다.

데이터의 종류란 문자열, 정수, 소수 등과 같은 데이터의 구별입니다.

이 데이터의 종류를 데이터형(데이터 타입)이라고 합니다.

주요 데이터형과 작성법은 다음과 같습니다.

데이터 종류	데이터형	데이터 작성법
문자열	CHAR, VARCHAR, TEXT	'A', "abc123", '가나다라'
정수	INT, TINYINT	123456, 123
실수(소수)	DOUBLE, FLOAT, DECIMAL	3.14, 123.000
날짜시각	DATE, DATETIME	'2020-01-01', '2020/01/01', '2020-01-01 01:23:45'
부울형	BOOLEAN	1(TRUE), 0(FALSE)
위도경도	GEOMETRY	'POINT(139.721251 35.689607)'

이 밖에도 몇 가지 데이터형이 더 있지만 대략 이 정도만 알고 있으면 됩니다.

INT, DOUBLE 등 수치 데이터형의 데이터는 그대로 적습니다.

문자열이나 날짜 시각은 싱글 쿼테이션(')이나 더블 쿼테이션(")을 감싸서 적는다는 것만 기억해 둡시다. 싱글 쿼테이션을 이용하는 것이 일반적입니다.

02.2 NULL

앞에서 몇 번 나왔는데 NULL이란 어떤 데이터도 가지지 않는 상태를 말합니다. 「무기입」 상태인 걸 나타내는 키워드입니다. 문자열은 길이가 0인 데이터를 입력할 수 있지만, 그것은 NULL과는 다릅니다.

customer 테이블에 다음 두 개의 레코드를 추가해 봅시다.

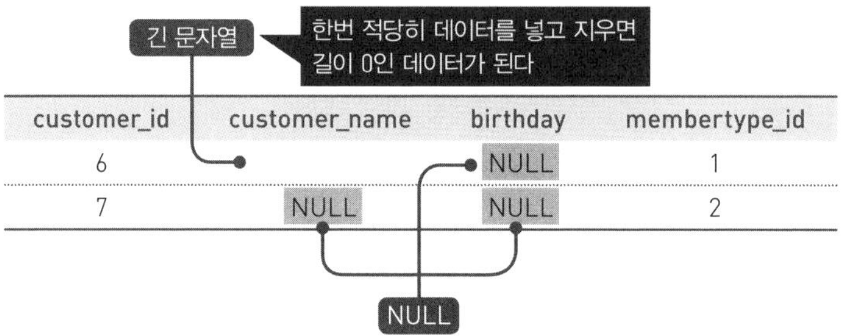

NULL인 부분에는 아무 것도 들어갈 수 없습니다.

추가했으면 마지막에 「Apply」를 클릭해서 내용을 반영시킵시다.

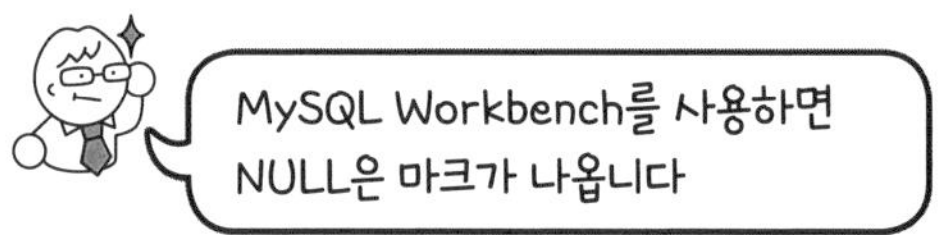

먼저 길이가 0인 문자열을 조건으로 해 봅시다.

문자열은 싱글 쿼테이션이나 더블 쿼테이션으로 감쌉니다. 길이가 0인 문자열은 문자열 부분이 없습니다. 「''」라고 싱글 쿼테이션을 두 개 이어서 적읍시다.

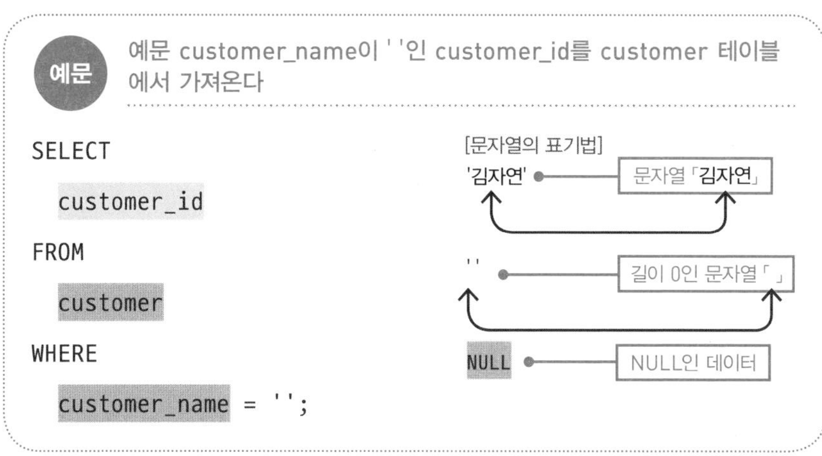

customer_id
6

customer_name이 NULL인 것은 조건에 일치하지 않습니다.

customer_name이 NULL인 경우를 조건으로 하려면 「=NULL」이 아닌 「IS NULL」을 사용합니다.

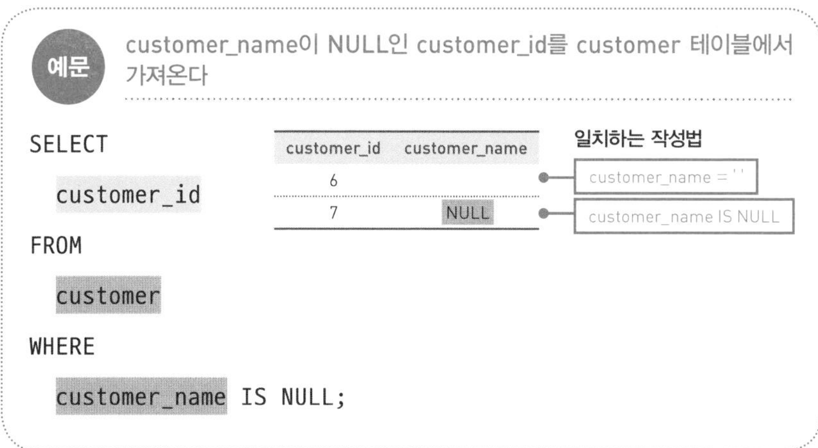

customer_id
7

NULL은 특별한 데이터이므로 비교하려면 「=」이 아닌 특별한 연산자를 사용합니다.

NULL에 관한 연산자

연산자	사용법	의미
IS NULL	a IS NULL	a는 NULL
IS NOT NULL	a IS NOT NULL	a는 NULL이 아니다

NULL이 아니다를 조건으로 하는 경우는 **IS NOT NULL**을 사용합니다.

IS NULL도 IS NOT NULL도 연산 결과로서 1(=TRUE)이나 0(=FALSE)을 반환합니다.

여기에서 조금 전 추가했던 두 개의 레코드를 삭제해 둡니다.

레코드를 삭제하려면 테이블 목록에서 삭제할 레코드의 가장 왼쪽 칸을 클릭하여 선택하고, 그대로 오른쪽 클릭해서 「Delete Row(s)」를 선택합니다.

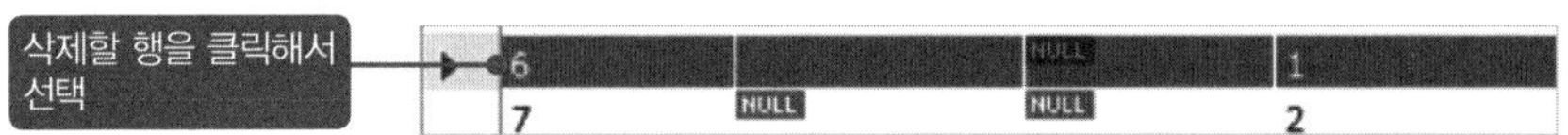

「Apply」를 클릭하고, 다음의 확인 화면에서도 「Apply」를 클릭해서 레코드 삭제를 실행합니다.

사소한 지식

NULL을 설정하려면

한번 다른 값이 들어간 필드에 NULL을 설정하려면 NULL로 할 필드를 오른쪽 클릭하고, 「Set Field to NULL」을 선택합니다.

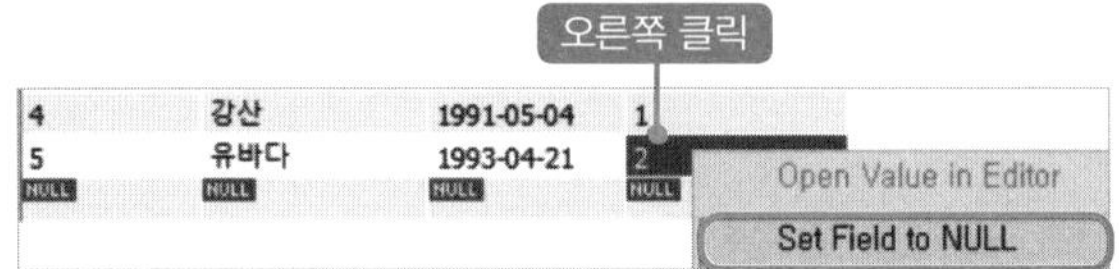

설정 후, 「Apply」를 클릭해서 반영시킵니다.

02.3 비교 연산자로 NULL을 비교

비교 연산자 「<=>」의 설명은 「a와 b는 동일(NULL 대응)」이었습니다.

<=>는 NULL에 대응할 수 있는 비교 연산자입니다. =나 > 등 <=> 이외의 연산자로 NULL을 비교 대상으로 하면 NULL 자신을 포함하는 어떤 값과 비교해도 결과는 모두 NULL이 되어 버립니다. NULL을 NULL 또는 NULL 이외의 값과 같은지 여부를 비교할 경우는 <=>를 사용합니다.

```
SELECT
  1 = NULL, 1 <=> NULL, NULL <=> NULL,
  1 != NULL, 1 <> NULL, 1 < NULL;
```

1=NULL	1<=>NULL	NULL<=>NULL	1!=NULL	1<>NULL	1<NULL
NULL	0	1	NULL	NULL	NULL

<=> 연산자만 NULL에 대응하고 있으므로, NULL도 포함하여 양쪽 값이 같은지 여부를 판정하고 결과를 1이나 0으로 반환합니다. 다른 연산자에서는 NULL과 비교한 결과는 모두 NULL이 됩니다.

02.4 BOOLEAN 형은 불가사의

BOOLEAN의 데이터형은 부울형이라고 합니다. 부울형은 1 또는 0의 값을 가진 데이터형입니다. 부울형 값의 1은 TRUE, 0은 FALSE라고 적어도 같습니다. TRUE나 FALSE 중 하나를 나타내는 값을 논리값이라고 하기 때문에 부울형은 논리형이라고도 합니다.

논리값	수치로 나타낸다	의미
TRUE	1	참
FALSE	0	거짓

어느 쪽의 값이 들어가는 것이 BOOLEAN 형

데이터 값이 BOOLEAN 형의 TRUE 또는 FALSE인지를 판정하는 데는 IS와 IS NOT을 사용합니다.

BOOLEAN 형에 관한 연산자

연산자	사용법	의미
IS	a IS TRUE	a는 TRUE
IS NOT	a IS NOT TRUE	a는 TRUE가 아니다

사실은 BOOLEAN 형의 컬럼을 만들면 정수형의 TINYINT(1)로서 작성됩니다. TINYINT(1)은 1자리 정수형이므로, TRUE와 FALSE에 대응하는 1이나 0의 값 밖에 들어갈 수 없는 것이 아니라 다른 값도 들어가 버립니다.
사실은 수치의 데이터이기 때문에 BOOLEAN 형 데이터의 판정 조건에는 「=」 연산자도 사용할 수 있지만, IS를 사용한 경우와 결과는 다릅니다.

```
SELECT
  1 = TRUE, 1 = FALSE, 100 = TRUE,
  1 IS TRUE, 1 IS NOT TRUE,
  0 IS FALSE, 100 IS TRUE;
```

1=TRUE	1=FALSE	100=TRUE	1 IS TRUE	1 IS NOT TRUE	0 IS FALSE	100 IS TRUE
1	0	0	1	0	1	1

=인 경우는 TRUE를 1, FALSE를 0으로 변환해서 비교합니다. 즉, 1이나 0 이외의 수치와 TRUE 또는 FALSE를 비교한 결과는 전부 「일치하지 않는다」입니다.
IS인 경우는 0만 FALSE라고 판정되고, 그 밖의 수치는 모두 TRUE라고 판정됩니다.

03 문자열 다루는 법을 알아 두자

홈페이지의 내용을 검색하는 검색엔진 등에서 문자열 검색은 누구나 사용한 적이 있을 것입니다. 문자열 검색은 어떠한 구조로 되어 있는지 설명합니다.

03.1 일단 문자열 검색을 하려면?

비교 연산자 =나 !=를 사용해서 문자열이 일치하는지 여부를 판정할 수 있습니다. 문자열은 싱글 쿼테이션이나 더블 쿼테이션으로 감쌉니다.

문자열 : 약용 핸드솝

↓

'약용 핸드솝' ○

' 약용 핸드솝 ' ✕ 싱글 쿼테이션의 안쪽에 공백을 넣는다

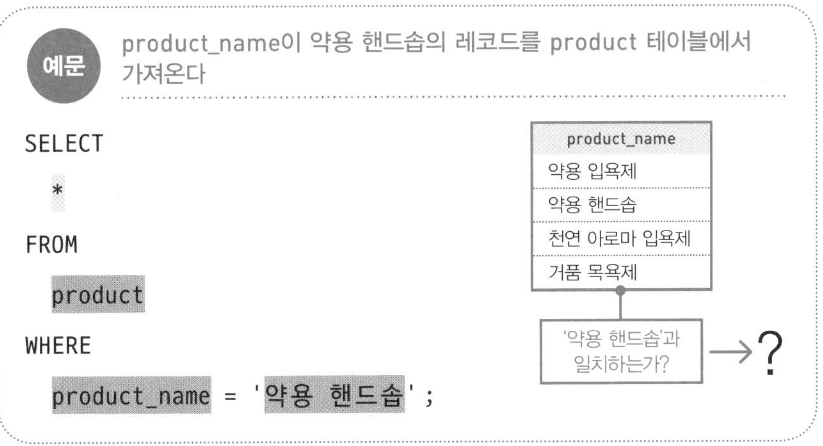

예문 product_name이 약용 핸드솝의 레코드를 product 테이블에서 가져온다

```
SELECT
  *
FROM
  product
WHERE
  product_name = '약용 핸드솝';
```

product_id	product_name	stock	price
2	약용 핸드솝	23	700

문제없이 검색할 수 있었습니다. 그러나 사실은 문자열을 =연산자로 비교하면 조금 문제가 있습니다.

INT 형과 짧은 문자열형만을 가진 간단한 테이블을 만들어 봅시다. 테이블명은 search입니다.

INT 형 / VARCHAR(5) 형

id	val
1	A
2	a
3	A ('A(공백)(공백)')
4	B

id값이 3인 데이터만, 문자 다음에 공백을 2개 넣고 있습니다. search 테이블에서 val이 'A'인 레코드를 가져옵시다.

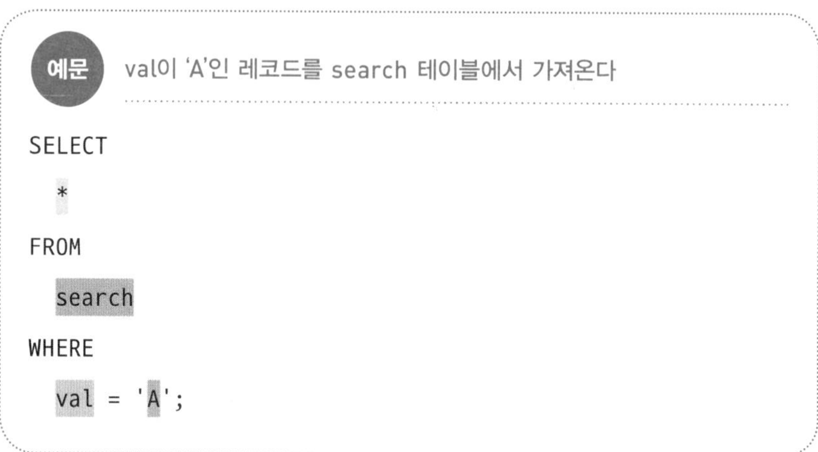

예문 val이 'A'인 레코드를 search 테이블에서 가져온다

```
SELECT
  *
FROM
  search
WHERE
  val = 'A';
```

id	val
1	A
2	a
3	A

언뜻 보기에는 문제가 없을 것 같지만, A의 소문자 'a'나 A의 뒤에 공백이 2개 들어간 'A '라는 데이터도 일치합니다. 검색 조건을 'A'가 아닌 'a'나 'A '로 해도 모두 같은 결과가 됩니다.

문자열에서 비교 연산자를 사용하면

- **대소문자를 구별하지 않음** 예) 'a'와 'A'가 같음
- **끝의 공백은 무시된다** 예) 'A'와 'A '가 같다

라는 문제가 있습니다.

예를 들어, 반드시 'A'나 'B'밖에 들어 있지 않은 컬럼에 대하여 조건을 주는 거면 비교 연산자로도 문제없습니다.

03.2 BINARY를 사용해보자

문자열을 =연산자로 판정하면 약간의 문제가 있는 것을 알았습니다.

그러나 BINARY를 이용함으로써 대소문자 문제도, 끝의 공백이 무시되는 문제도 해결할 수 있습니다.

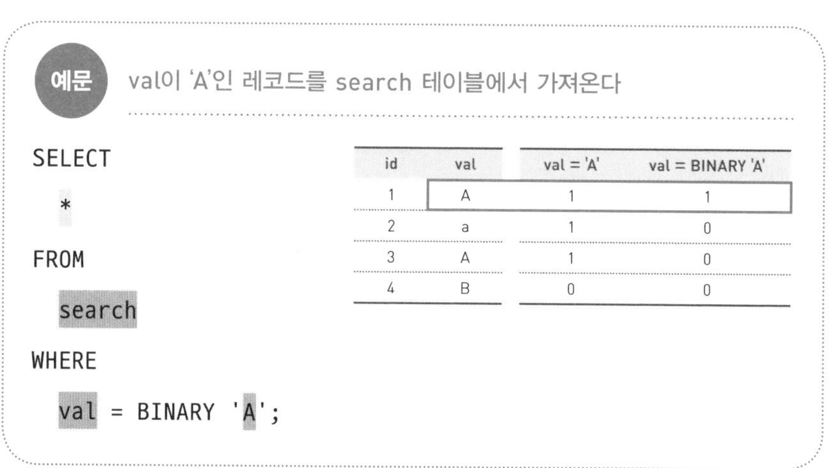

예문 val이 'A'인 레코드를 search 테이블에서 가져온다

```
SELECT
  *
FROM
  search
WHERE
  val = BINARY 'A';
```

id	val	val = 'A'	val = BINARY 'A'
1	A	1	1
2	a	1	0
3	A	1	0
4	B	0	0

id	val
1	A

완전히 'A'와 일치한 문자열만 검색되었습니다.

문자열 검색을 엄밀하게 하고 싶으면 BINARY를 붙입시다.

03.3 일부분만 일치시키고 싶으면 어떻게 하지?!

문자열이 일치하는지 여부를 판정하는 데에 = 연산자 외에 LIKE나 NOT LIKE를 사용할 수도 있습니다.

문자열 검색에 관한 연산자

연산자	사용법	의미
LIKE	a LIKE b	a는 b에 일치한다
NOT LIKE	a NOT LIKE b	a는 b에 일치하지 않는다

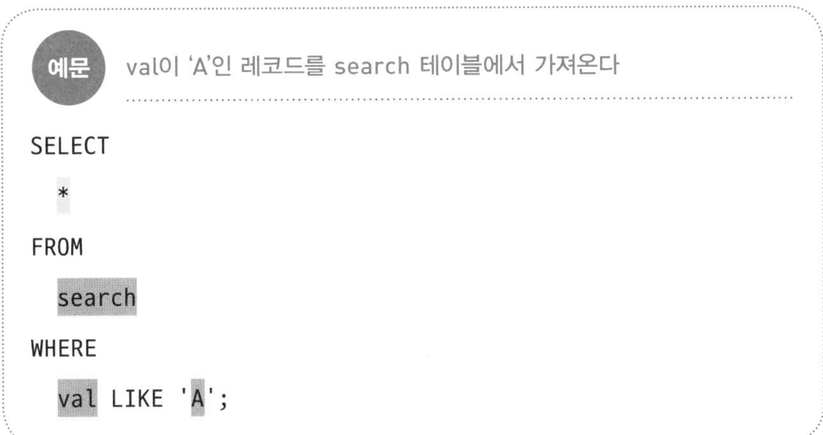

예문 val이 'A'인 레코드를 search 테이블에서 가져온다

```
SELECT
  *
FROM
  search
WHERE
  val LIKE 'A';
```

id	val
1	A
2	a

= 연산자는 문자열 끝에 붙은 공백은 무시됐으나 LIKE를 사용하면 무시되지 않습니다. 'A'와 'A '는 일치하지 않는다고 판정됩니다.
그러나 그렇다 해도 대소문자는 일치한다고 나옵니다. 대소문자를 구별하려면 BINARY를 붙입시다.

예문 val이 'A'인 레코드를 search 테이블에서 가져온다

```
SELECT
  *
FROM
  search
WHERE
  val LIKE BINARY 'A';
```

id	val
1	A

= 연산자도 LIKE도 어느 쪽을 사용해도 될 것 같으나, LIKE는 문자열의 일부만 일치하는지 여부를 판정할 수 있습니다.

문자열의 일부와 일치하는지 여부를 검색하는 경우는 다음과 같이 합니다. 문자열 「약용」 바로 뒤에 이어서 「%」를 싱글 쿼테이션이나 더블 쿼테이션으로 감쌉니다.

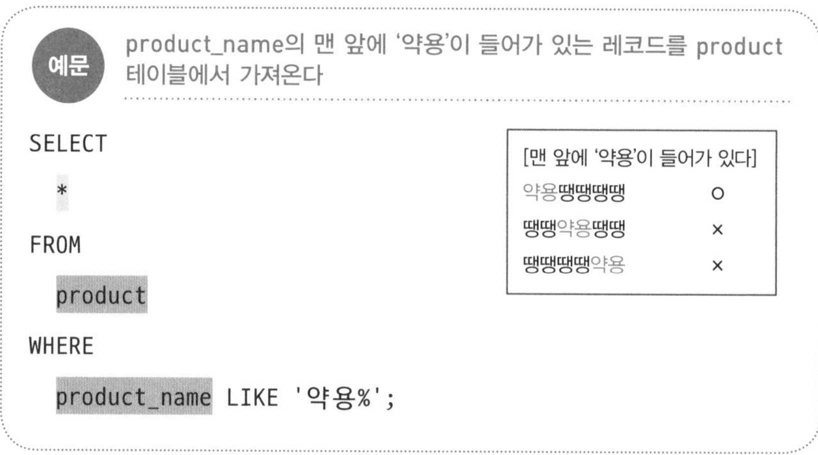

예문 product_name의 맨 앞에 '약용'이 들어가 있는 레코드를 product 테이블에서 가져온다

```
SELECT
  *
FROM
  product
WHERE
  product_name LIKE '약용%';
```

product_id	product_name	stock	price
1	약용 입욕제	100	70
2	약용 핸드솝	223	700

'약용'뿐이라면 product_name이 딱 '약용'뿐인 것만 조건에 들어맞습니다. 검색 문자열 안에 「%」를 붙임으로써 「%」가 있는 곳에 0문자 이상의 임의의 문자가 있다는 의미가 됩니다.

검색 문자열 안에 「_」를 붙임으로써 「_」가 있는 곳에 임의의 1문자가 있다는 의미가 됩니다. LIKE 안에 특별한 문자인 「%」「_」를 지정함으로써 「일부가 일치한다」는 조건을 지정할 수 있습니다.

LIKE 안에서 사용할 수 있는 문자

연산자	의미
%	임의의 0개 이상의 문자
_	임의의 1문자

무엇이든지 사용할 수 있는 와일드 카드인 거네요.

그렇습니다. 참고로 「일치한다」는 「매치한다」라고도 말합니다.

'약용%'는 '약용 입욕제'처럼 문자열의 맨 앞에 '약용'이 붙어 있는 것은 일치한다고 판정됩니다. '약용'만으로도, '약용'의 뒤에 어떤 문자열이 따라와도 일치합니다.

「%」와 「_」는 문자열 안의 어느 위치에서든 여러 개를 적을 수 있습니다.

'장미 입욕제(약용)'의 경우 '약용'의 앞뒤로 임의의 문자열이 있으므로 '%약용%'로 하지 않으면 일치하지 않습니다.

예) 검색 작성법과 일치하는 문자열의 예

- '약용%' 　'약용 입욕제', '약용 핸드솝'
- '%약용%' 　'약용 입욕제', '약용 핸드솝', '장미 입욕제(약용)'
- '약용_ _ _ _' 　'약용 입욕제'

「_」은 임의의 1문자만큼에 해당합니다. 「_ _」이라고 한다면 2문자만큼이므로, 「_ _」 부분에 딱 2문자만큼 일치하는 것이 있는지 여부를 판정합니다.

03.4 특수 문자는 이스케이프하자

LIKE로는 「%」와 「_」에 특수한 역할을 갖게 할 수가 있습니다.
그러나 검색하는 문자열 안에 문자 「%」와 「_」를 넣고 싶은 경우는 어떻게 하면 될까요?
product 테이블에 다음 2개의 레코드를 추가합니다.

product_id	product_name	stock	price
5	비누 딸기100%	10	150
6	100%우유_입욕제	15	140

모두 product_name에 「100%」가 들어 있습니다. 보통 '100%'로 적으면 '100' 뒤에 임의의 문자열이 들어가는 것으로 간주됩니다.
「%」를 그냥 검색하고 싶은 문자로서 간주하고 싶을 때는 특수한 의미를 가진 경우의 「%」와 보통 「%」를 구별해야 합니다. 보통의 문자 「%」로 하려면 「%」의 앞에 「\」를 붙입니다. 이것을 이스케이프 처리라고 합니다.
「\」는 ₩ 키로 입력할 수 있습니다. 텍스트 에디터 등 MySQL Workbench 이외의 화면 상에서는 ₩ 키를 입력하면 대부분의 경우 그대로 「₩」가 표시됩니다. 이 책의 취지에서 벗어나기 때문에 상세한 설명은 생략합니다만, 같은 키를 사용하여 입력하는데 소프트웨어에 따라 표시 결과가 다른 것은 환경과 폰트의 문제입니다. Windows 환경에서는 일단 ₩ 키로 입력하고 표시된 결과를 그대로 받아들이세요.

MySQL Workbench에서는 다른 툴에서 「₩」를 복사&붙여넣기하면 「\」이 아닌 그대로 「₩」가 되는 경우가 있습니다. MySQL Workbench에서 「₩」가 표시된 경우는 이스케이프되지 않으므로 주의하세요.

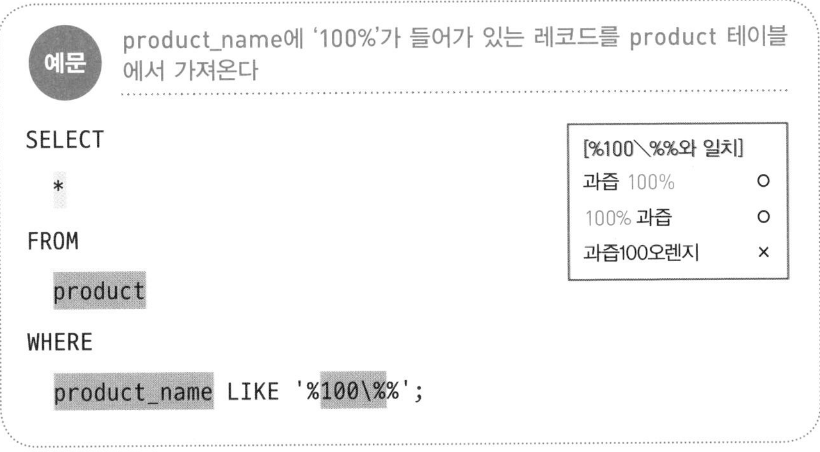

예문 product_name에 '100%'가 들어가 있는 레코드를 product 테이블에서 가져온다

```
SELECT
  *
FROM
  product
WHERE
  product_name LIKE '%100\%%';
```

[%100\%%와 일치]	
과즙 100%	○
100% 과즙	○
과즙100오렌지	×

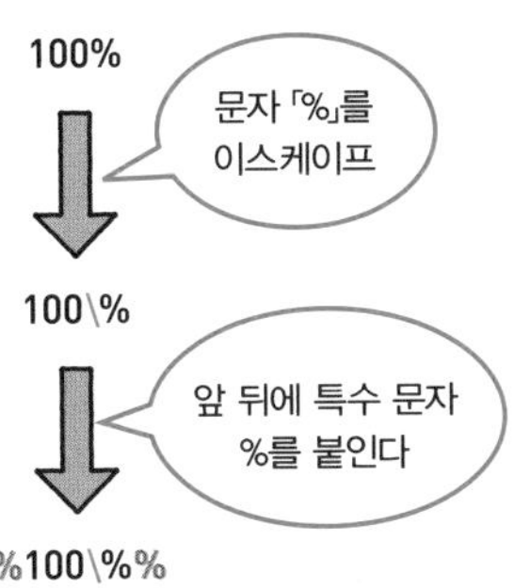

product_id	product_name	stock	price
5	비누 딸기100%	10	150
6	100%우유_입욕제	15	140

문자열 '100%'가 들어간 레코드 2개를 가져온 걸 확인하세요.

「%」 외에도 이스케이프 처리가 필요한 특수 문자가 존재합니다. 모두 특별한 의미를 가진 문자, 키보드로 입력할 수 없는 문자입니다.

이스케이프 처리가 필요한 주요 특수 문자

이스케이프	의미
\%	문자「%」
_	문자「_」
\\	문자「\」
\'	문자「'」
\"	문자「"」

이스케이프	의미
\n	줄바꿈 문자
\t	탭 문자
\b	백스페이스 문자
\r	복귀 줄바꿈 문자

LIKE 안에 한하지 않고, 특수 문자는 문자열을 적을 때 필요하면 사용합니다.

예를 들어, 문자열의 안에 싱글 쿼테이션을 적는 경우, 문자열을 더블 쿼테이션으로 묶으면 상관없지만 어떻게 해서든 싱글 쿼테이션을 사용하고 싶은 경우는 내용을 이스케이프 처리해서 적습니다.

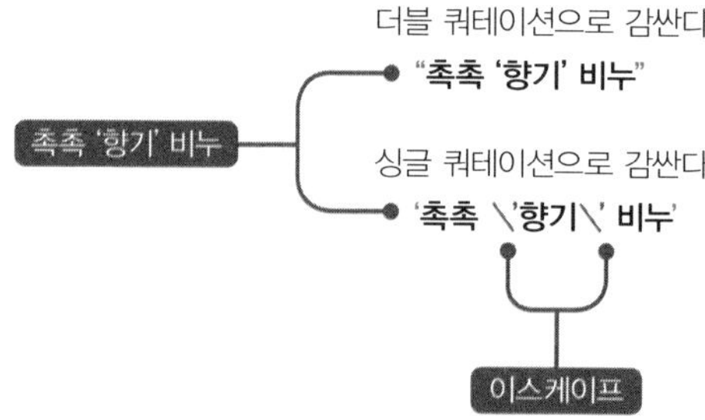

03.5 대소를 비교해보자

= 연산자는 문자열이나 날짜 등 다른 형에도 사용할 수 있습니다. 마찬가지로 >나 =와 같은 다른 비교 연산자에도 문자열이나 날짜 등의 대소 비교를 행할 수 있습니다.

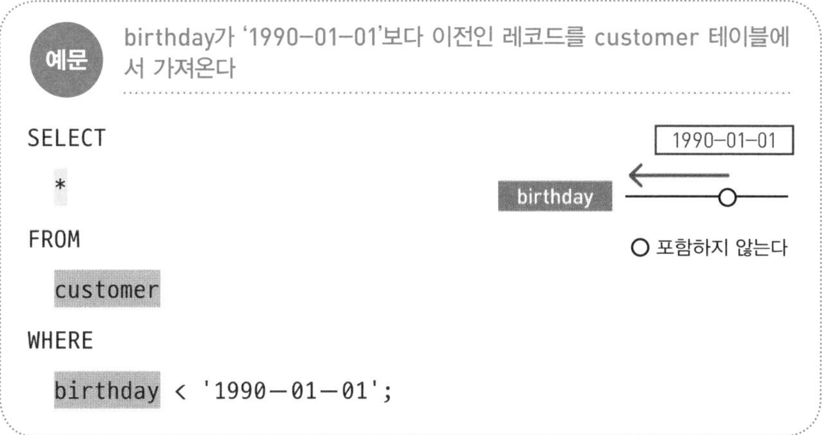

예문 birthday가 '1990-01-01'보다 이전인 레코드를 customer 테이블에서 가져온다

```
SELECT
  *
FROM
  customer
WHERE
  birthday < '1990-01-01';
```

customer_id	customer_name	birthday	membertype_id
1	김바다	1984-06-24	2
3	박하늘	1976-03-09	2

문자열인 경우도 시험해 봅시다. 앞에서 만든 search 테이블을 사용합니다.

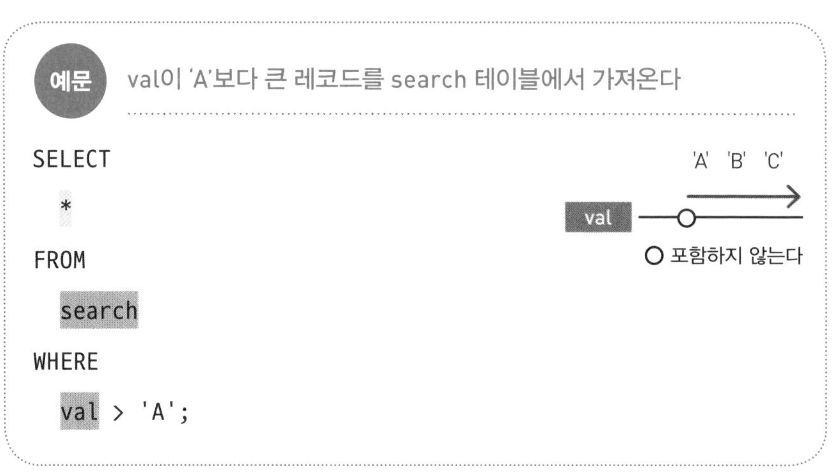

id	val
4	B

문자열은 기본적으로 사전 순으로 비교되므로 사전 순으로 'A'보다 큰 'B'가 조건에 들어맞습니다. 사전 순과 수치 순의 차이는 수치끼리와 문자열끼리의 비교를 실행해보면 알 수 있습니다.

```
SELECT
  '4' < '10', 4 < 10;
```

'4'<'10'	4<10
0	1

수치의 4와 10에서는 4가 작지만, 문자열로서 사전 순으로 보면 '4'가 '10'보다 큰 걸 알 수 있습니다. 순서에 대해서 자세한 내용은 제5장에서 설명합니다.

사소한 지식

데이터형을 알자

바르게 데이터를 취급하기 위해서는 각 컬럼의 데이터형을 제대로 파악해 두어야 합니다. 그래야 올바른 결과를 얻을 수 있습니다.

각 컬럼의 데이터형은 툴을 사용해서 확인할 수 있습니다. 또는 「DESC 테이블명;」을 실행하여 확인할 수도 있습니다.

2장 연습문제

문제 1

다음의 book 테이블에 대해서 ❶, ❷, 각각의 SQL을 실행한 결과는 어떻게 될까요? 작성해 봅시다.

[book] ※첫 번째 행은 데이터형

INT	VARCHAR(45)	VARCHAR(45)	INT	DATE
id	book_name	publisher	price	release_date
1	이탈리아어 입문	세계사	1200	2019-11-12
2	프랑스어 입문	세계사	1200	2019-11-14
3	어서오세요! 프랑스어	언어사	980	2019-11-15
4	독일어 관용구집	언어사	800	2019-11-15
5	Chao! 이탈리아어	세계사	2300	2019-12-01
6	즐거운 이탈리아어	글로벌	1500	2019-12-23

❶

```
SELECT
  id,
  book_name,
  price
FROM
  book
WHERE
  publisher = '세계사';
```

❷

```
SELECT
  *
FROM
  book
WHERE
  book_name LIKE '%이탈리아어%';
```

문제 2

각각의 조건을 적을 때 [　　　] 부분에는 무엇이 들어갈지 답해봅시다.

❶ price가 1000 이상

```
price [　　　] 1000
```

❷ release_date가 '2019-11-15'이외

```
release_date [　　　] ' 2019 - 11 - 15 '
```

❸ column_a가 NULL인 경우

```
column_a [　　　]
```

❹ column_b 안에 '문자열'을 포함하지 않을 경우

```
column_b [　　　]
```


문제 3

다음 문자열을 이스케이프한 결과를 답해봅시다.

❶ 가격은 ₩100

❷ 1(탭 문자)'데이터2'

※(탭 문자)는 탭을 나타냅니다

해답

문제 1 해답

❶

id	book_name	price
1	이탈리아어 입문	1200
2	프랑스어 입문	1200
5	Chao! 이탈리아어	2300

❷

id	book_name	price	release_date
1	이탈리아어 입문	1200	2019-11-12
5	Chao! 이탈리아어	2300	2019-12-01
6	즐거운 이탈리아어	1500	2019-12-23

문제 2 해답

❶ `>=`

❷ `!=` 또는 `<>`

❸ `IS NULL`

❹ `NOT LIKE '%문자열%'`

문제 3 해답

❶ `가격은\\100`

❷ `1\t\'데이터2\'`

3장

○○에서 △△인 데이터를 가져오자

○ 이상 △ 이하라든지
조건을 2개
넣을 수도 있어요.
그거 편하겠어요!
어떻게 하는 건가요?
Column >=○
AND
Column <=△
조건 2개를
붙이면 됩니다!
참고로 3개 이상도
붙일 수 있어요.
그래도
어려워 보인다...
처음에 한국어로 쓰고,
그걸 SQL로 해서
붙이면 됩니다.
이런 식으로
Column ○ 이상
그리고
Column △ 이하
Column >=○
AND
Column <=△

01 여러 조건을 주자

데이터를 가져올 때에 조건을 지정할 수 있습니다. 여러 조건을 함께 지정함으로써 일치하는 조건을 엄격하게 하거나 반대로 조건에 일치하는 폭을 넓힐 수 있습니다.

01.1 논리 연산자

앞 장에서는 조건을 지정하고 데이터를 가져오는 걸 학습했습니다. 조건은 1개만 지정했으나 2개 이상의 조건을 조합해서 지정할 수도 있습니다.

「○ 이상에 △ 이하」와 같이 두 가지 조건을 조합하기 위해서는 전용 연산자를 사용합니다.

이것을 논리 연산자라고 합니다. 논리 연산이란 1(=TRUE)이나 0(=FALSE)의 논리값끼리를 연산하여 결과를 똑같이 1 또는 0으로 반환하는 것입니다. SQL의 경우는 1과 0 외에 NULL인 값도 더해집니다.

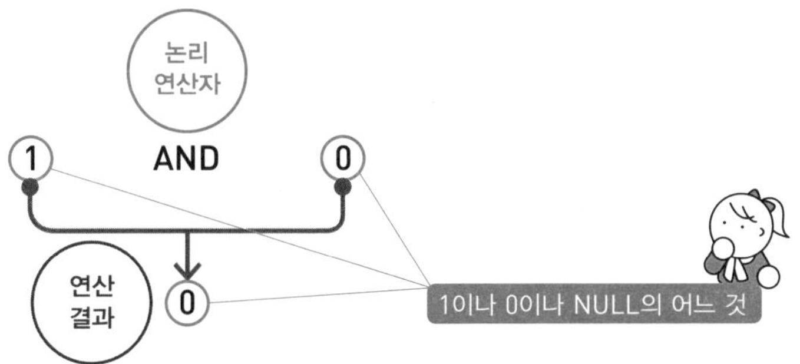

논리 연산자를 다음 표에 정리합니다.

논리 연산자

명칭	연산자	사용법	의미
논리곱	**AND** **&&**	a AND b a && b	a, b 양쪽 1인 경우만 1을 반환한다
논리합	**OR** **||**	a OR b a || b	a, b 중 적어도 어느 한쪽이 1이면 1을 반환한다
부정	**NOT** **!**	NOT a !a	a가 0이면 1, 0 이외는 0을 반환한다
배타적 논리합	**XOR**	a XOR b	a, b 중 어느 한쪽만 1이면 1, 그 외는 0을 반환한다

갑자기 난이도가 올라갔는데요!?

괜찮아요! 바로 적응될 거예요. 차례대로 살펴봅시다.

논리 연산의 결과는 기본적으로 1이나 0의 값을 반환합니다. NULL을 반환하는 건 특수한 경우뿐입니다.

01.2 AND를 사용해보자

먼저 AND(&&)부터 사용해 봅시다. AND도 &&도 기본은 같습니다. 이 책에서는 AND로 통일합니다. AND 연산자의 좌우 조건의 결과가 모두 1이라면 1, 그 밖은 0을 반환합니다.

AND를 사용해서 product 테이블에서 price가 100 이상이고 150 미만의 레코드를 가져옵니다.

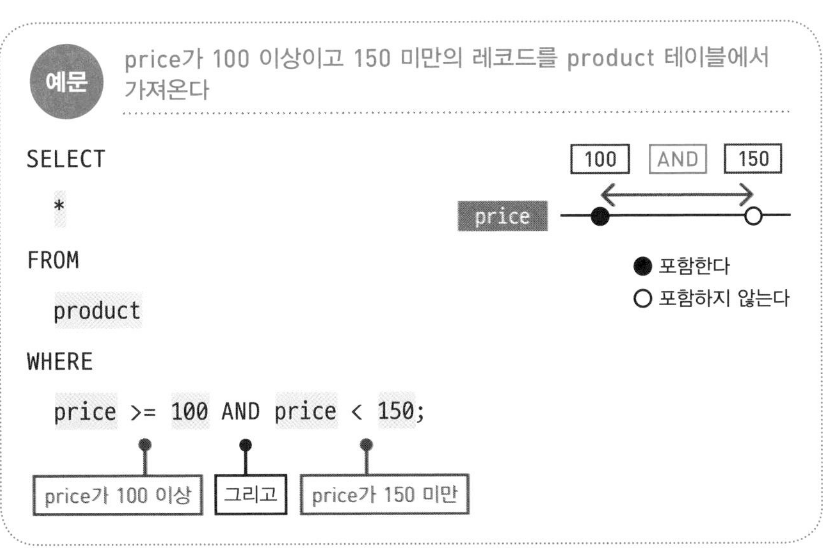

product_id	product_name	stock	price
3	천연 아로마 입욕제	4	120
4	거품 목욕제	23	120
6	100%우유_입욕제	15	140

100 이상 150 미만의 레코드를 가져올 수 있었습니다. 자세한 결과를 분석해 봅시다.

[product]

product_id	product_name	stock	price
1	약용 입욕제	100	70
2	약용 핸드솝	23	700
3	천연 아로마 입욕제	4	120
4	거품 목욕제	23	120
5	비누 딸기100%	10	150
6	100%우유_입욕제	15	140

연산 결과

price >= 100	price < 150	price >= 100 AND price < 150
0	1	0
1	0	0
1	1	1
1	1	1
1	0	0
1	1	1

이 예의 경우, 왼쪽부터 살펴 가다 0이 나온 시점에서 0을 확정합니다.

AND를 사용하면 조건이 엄격해지네요.

조건 「price >= 100」과 조건 「price < 150」의 양쪽이 1인 경우에만 결과는 1입니다. 적어도 한쪽이 0이라면 결과는 0이 됩니다.

조건이 OO 그리고 △△와 같이 「그리고」라는 경우에 AND를 사용합니다. 조건을 적을 때는 익숙하지 않다면 처음에 한국어로 적고 나서 하나씩 SQL로 해 나가면 이해하기 쉽습니다.

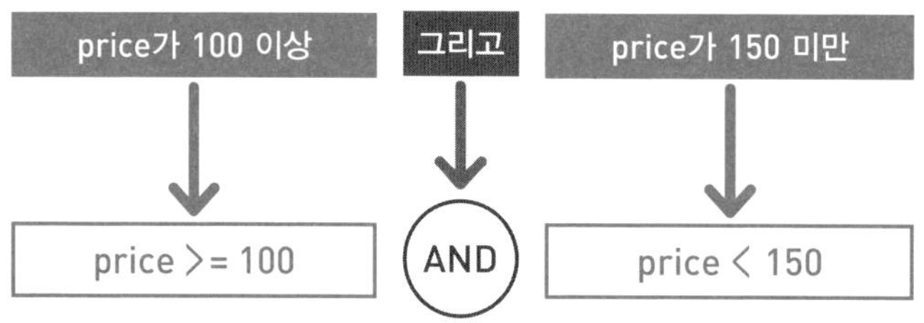

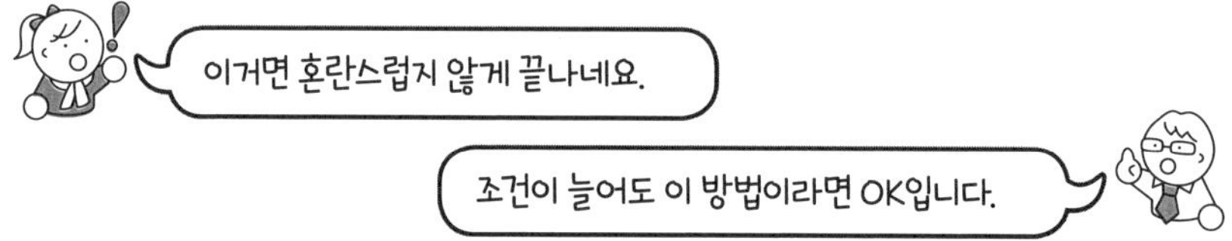

조건은 조금 더 늘릴 수 있습니다. 조건 「price >= 100」과 조건 「price < 150」에 더해서 「stock이 10 이상」인 레코드를 가져옵시다.

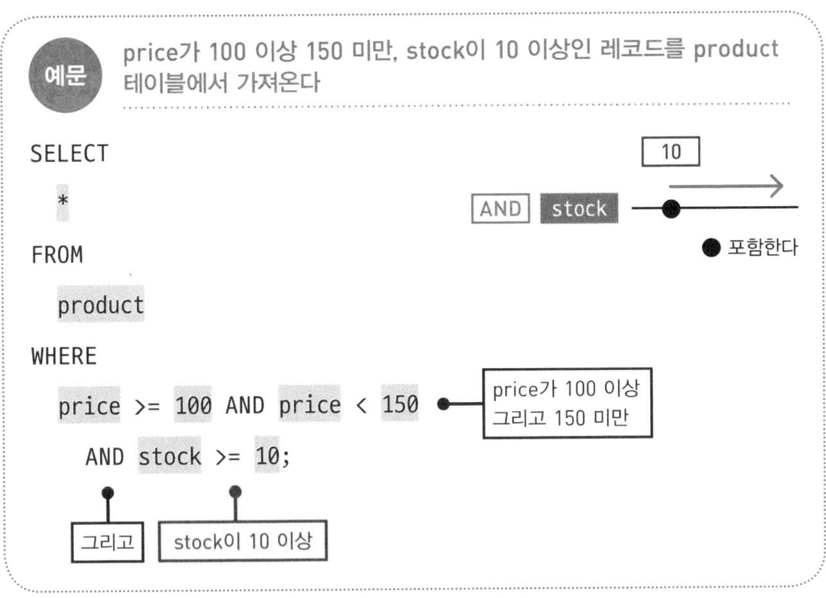

product_id	product_name	stock	price
4	거품 목욕제	23	120
6	100%우유_입욕제	15	140

처음에 「price >= 100 AND price < 150」을 판정합니다. 「price >= 100 AND price < 150」의 판정 결과에 대해서 「AND stock >= 10」을 시행합니다. 같은 연산자로 연결하는 경우는 SQL에 앞에서부터 써 있는 순으로 판정을 시행합니다.

```
price >= 100 AND price < 150 AND stock >= 10
```

판정 결과

전체의 판정 결과

좌우의 값이 모두 NULL이 아닌 경우, AND의 결과는 1이나 0을 반환합니다. NULL이 있는 경우는 「0 AND NULL」은 0, 「1 AND NULL」과 「NULL AND NULL」은 NULL을 반환합니다.

01.3 OR을 사용해보자

다음에 OR(||)을 사용해 봅시다. OR은 OR 연산자의 좌우 조건의 결과가 적어도 어느 한 쪽이 1이라면 1을 반환합니다. 그 밖은 0을 반환합니다.
OR을 사용하여 product 테이블에서 price가 100보다 작거나 또는 150 이상인 레코드를 가져옵시다.

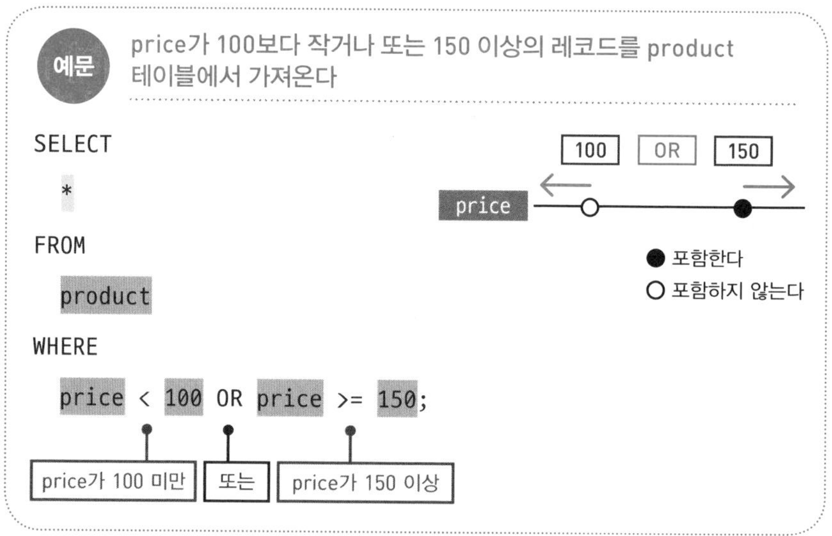

product_id	product_name	stock	price
1	약용 입욕제	100	70
2	약용 핸드솝	23	700
5	비누 딸기100%	10	150

price가 100보다 작거나 또는 150 이상인 레코드를 꺼냈습니다. 자세한 결과를 분석해 봅시다.

[product]

product_id	product_name	stock	price
1	약용 입욕제	100	70
2	약용 핸드솝	23	700
3	천연 아로마 입욕제	4	120
4	거품 목욕제	23	120
5	비누 딸기100%	10	150
6	100%우유_입욕제	15	140

연산 결과

price < 100	price >= 150	price < 100 OR price >= 150
1	0	1
0	1	1
0	0	0
0	0	0
0	1	1
0	0	0

조건 「price < 100」과 조건 「price >= 150」의 적어도 어느 한쪽이 1인 경우, 결과는 1입니다. 즉, 양쪽 0인 경우만, 결과가 0이 됩니다.

조건이 OO 또는 △△와 같이 「또는」인 경우에 OR을 사용합니다.

조건은 조금 더 늘릴 수 있습니다. 「price < 100」 또는 「price >= 150」 또는 「stock이 20 이상」의 레코드를 가져 옵시다.

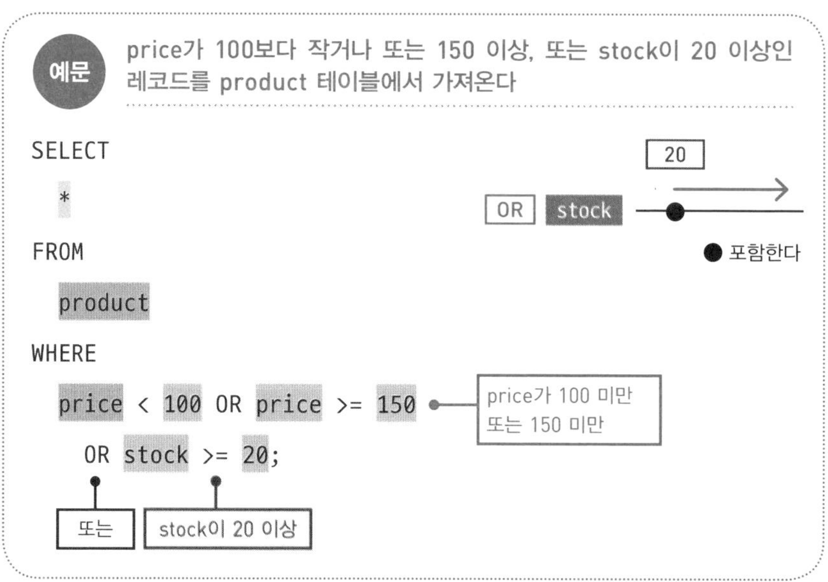

product_id	product_name	stock	price
1	약용 입욕제	100	70
2	약용 핸드솝	23	700
4	거품 목욕제	23	120
5	비누 딸기100%	10	150

이것은 먼저 「price< 100 OR price >= 150」을 판정하고, 그 결과에 대해서 「OR stock >=20」을 시행합니다.

좌우의 값이 모두 NULL이 아닌 경우, OR의 결과는 1이나 0을 반환합니다. NULL이 있는 경우는 「0 OR NULL」과 「NULL OR NULL」은 NULL, 「1 OR NULL」은 1을 반환합니다.

사소한 지식

학습용 테이블의 데이터

조건식은 익숙해지면 바로 술술 사용할 수 있게 됩니다. 여러 가지 조건을 만들어 시험해 봅시다. 학습용 테이블의 데이터가 적으면 확인이 어려워지기 때문에 데이터는 자유롭게 추가 변경해도 됩니다. 다만, 그렇게 할 때는 이 책의 결과와 다르므로 스스로 결과가 맞는지 확인합시다.

01.4 NOT을 사용해보자

NOT(!)은 이어서 적는 조건의 연산 결과나 값이 0이라면 1, 0 이외는 0을 반환합니다.

NOT을 사용해서 customer 테이블에서 membertype_id가 1이 아닌 레코드를 가져옵니다.

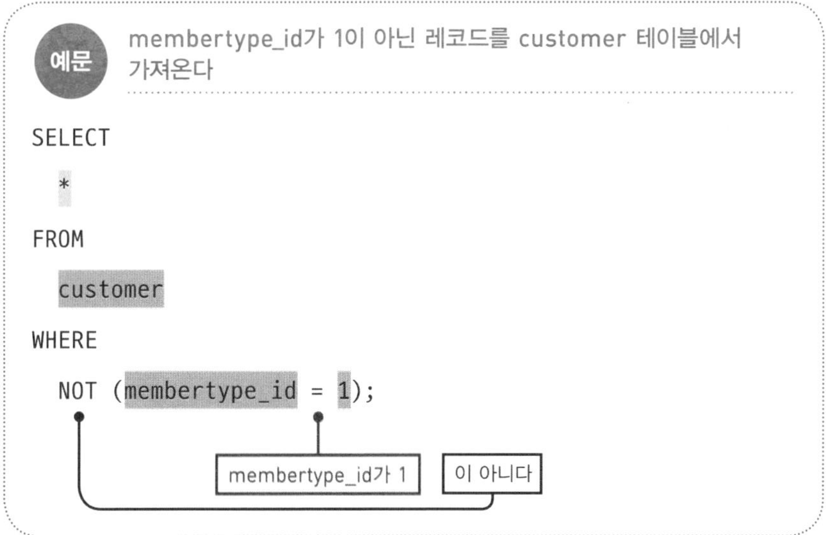

예문 membertype_id가 1이 아닌 레코드를 customer 테이블에서 가져온다

```
SELECT
  *
FROM
  customer
WHERE
  NOT (membertype_id = 1);
```


customer_id	customer_name	birthday	membertype_id
1	김바다	1984-06-24	2
3	박하늘	1976-03-09	2
5	유바다	1993-04-21	2

membertype_id가 1이 아닌 레코드를 가져왔습니다. 자세하게 결과를 분석해 봅시다.

[customer]

customer_id	customer_name	birthday	membertype_id
1	김바다	1984-06-24	2
2	이구름	1990-07-16	1
3	박하늘	1976-03-09	2
4	강산	1991-05-04	1
5	유바다	1993-04-21	2

연산 결과

membertype_id = 1	NOT (membertype_id = 1)
0	1
1	0
0	1
1	0
0	1

「membertype_id = 1」의 연산 결과를 뒤집기만 하면 되네요!

조건 「membertype_id = 1」의 결과가 0인 경우는 1, 「membertype_id = 1」의 결과가 1인 경우는 0을 반환합니다. 조건이 ○○가 아니다 같이 부정하는 경우에 NOT을 사용합니다.

NOT에 이어서 조건식을 적을 경우에는 「NOT (membertype_id = 1)」이라고 조건식을 괄호로 묶으면 실수가 없습니다.

또 NOT NULL의 결과는 NULL이 됩니다.

사소한 지식

괄호

괄호 「()」는 수학에서 사용하는 괄호와 같은 역할을 합니다. 괄호 부분의 계산을 먼저 시행합니다.

사실은 앞의 예에서 괄호를 붙이지 않고 「NOT membertype_id = 1」로 해도 결과는 같습니다. 그러나 NOT 뒤에 괄호를 붙이지 않으면 결과가 달라지는 경우가 있습니다. 이것은 연산자에는 우선 순위가 있기 때문입니다. 연산자의 우선 순위에 대해서는 이 장의 후반에서 설명합니다.

01.5 XOR을 사용해보자

다음에 XOR을 사용해 봅시다. XOR은 배타적 논리합이라 하며 XOR 연산자의 좌우 조건의 결과가 어느 한 쪽만이 1이라면 1, 그 밖은 0을 반환합니다. XOR을 사용하여 product 테이블에서 price가 100 이상 또는 150 미만 중 어느 한쪽만을 만족하는 레코드를 가져옵니다.

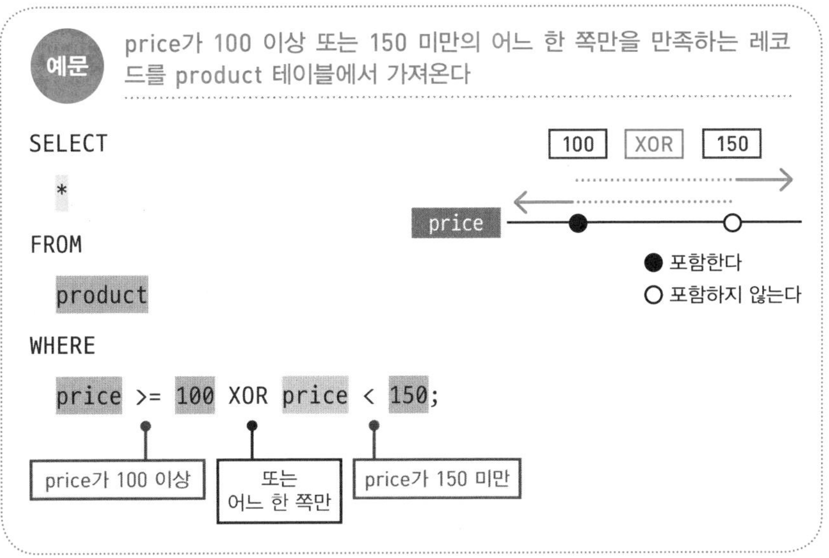

product_id	product_name	stock	price
1	약용 입욕제	100	70
2	약용 핸드솝	23	700
5	비누 딸기100%	10	150

100 이상 또는 150 미만의 어느 한쪽만을 만족하는 레코드를 가져왔습니다. 자세한 결과를 분석해 봅시다.

[product]

product_id	product_name	stock	price
1	약용 입욕제	100	70
2	약용 핸드솝	23	700
3	천연 아로마 입욕제	4	120
4	거품 목욕제	23	120
5	비누 딸기100%	10	150
6	100%우유_입욕제	15	140

연산 결과

price >= 100	price < 150	price >= 100 XOR price < 150
0	1	1
1	0	1
1	1	0
1	1	0
1	0	1
1	1	0

OR인데 양쪽이 1인 경우는 다르다는 거네요.

양쪽이 다르다면 1로 기억합시다.

조건 「price >= 100」과 조건 「price < 150」의 결과가 0과 1 또는 1과 0일 때만 1이 됩니다. 양쪽 1 또는 양쪽 0일 때는 0입니다.

XOR는 어느 쪽의 조건 「밖에」 만족하지 않는 경우, 다른 표현으로 말하면, 어느 쪽의 조건 「만」을 만족하는 경우에 사용합시다.

조건은 조금 더 늘릴 수 있습니다. 조건 「price >= 100」과 조건 「price < 150」에 더해서 stock이 100 이상인 레코드를 가져옵시다.

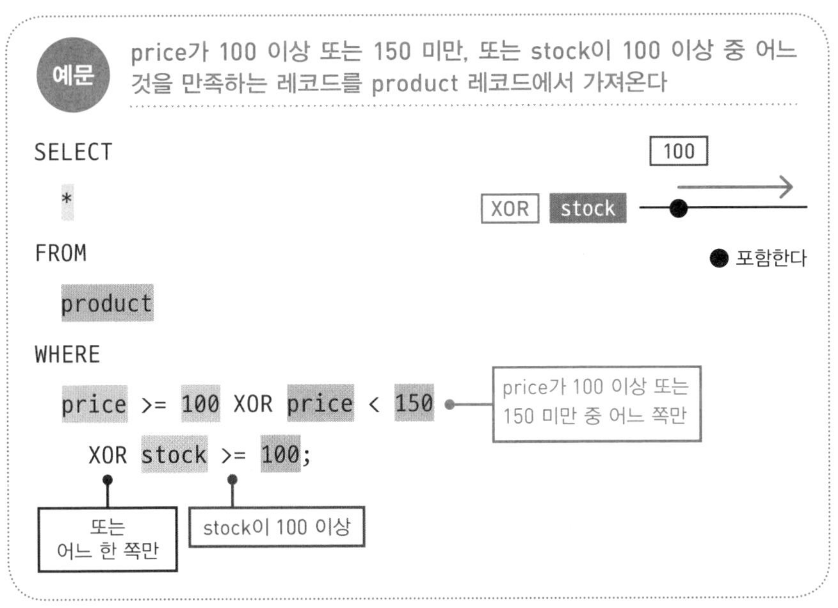

product_id	product_name	stock	price
2	약용 핸드솝	23	700
5	비누 딸기100%	10	150

먼저 「price > = 100 XOR price < 150」을 판정하고 그 결과에 대해 「XOR stock >= 100」을 시행합니다.

또한, NULL에 대한 XOR의 결과는 모두 NULL이 됩니다.

02 자주 사용하는 조건의 조합

논리 연산자를 사용하여 여러 조건을 조합할 수 있다는 것을 배웠습니다. AND와 OR은 WHERE 구의 조건에서 특히 자주 사용하는 연산자입니다. 자주 사용하는 조건의 조합은 다른 연산자로서 사용하기 쉬운 것이 준비되어 있습니다.

02.1 그 밖에 편리한 연산자를 알아보자

「O 이상 그리고 △ 이하」와 같은 조건의 조합은 SQL에서 자주 사용합니다. AND를 사용하는 것이 일반적이지만, 다른 연산자를 사용하여 깔끔하게 적는 방법도 있습니다. 이러한 편리한 연산자를 소개합니다.

편리한 연산자

연산자	사용법	의미
BETWEEN AND	BETWEEN a AND b	a 이상 b 이하의 경우 1을 반환한다
NOT BETWEEN AND	NOT BETWEEN a AND b	a 이상 b 이하가 아닌 경우 1을 반환한다
IN	IN (a, b, c)	a, b, c 중 어느 것에 일치하면 1을 반환한다
NOT IN	NOT IN (a, b, c)	a, b, c 중 어느 것에 일치하지 않으면 1을 반환한다

02.2 BETWEEN 연산자를 사용해보자

「○ 이상 그리고 △ 이하」는 지금 단계에서는 「column > = 0 AND column <= △」로 적는데 이것은 BETWEEN을 사용해서 적을 수 있습니다.

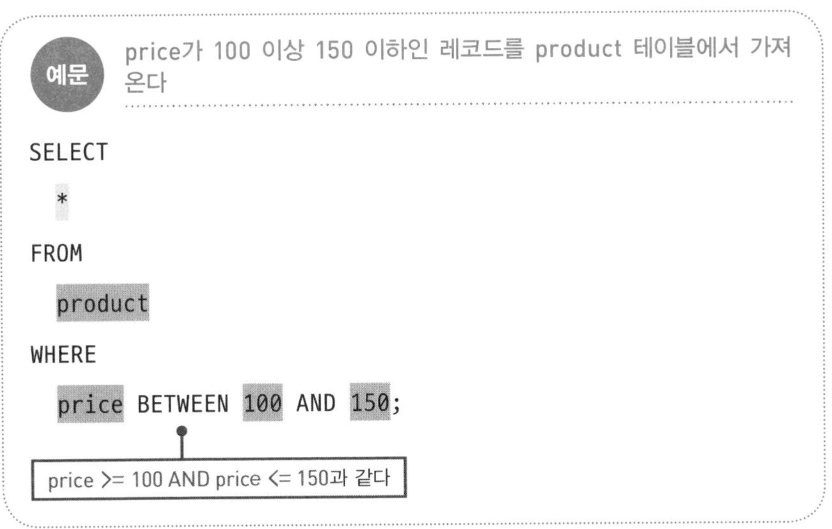

product_id	product_name	stock	price
3	천연 아로마 입욕제	4	120
4	거품 목욕제	23	120
5	비누 딸기100%	10	150
6	100%우유_입욕제	15	140

BETWEEN은 이상, 이하를 나타내므로 AND의 앞뒤에 지정한 값도 포함됩니다. BETWEEN 다음에 「이상」의 값을 적고, AND로 구분하고 이어서 「이하」의 값을 적습니다.

NOT BETWEEN은 판정 결과가 반대가 됩니다.

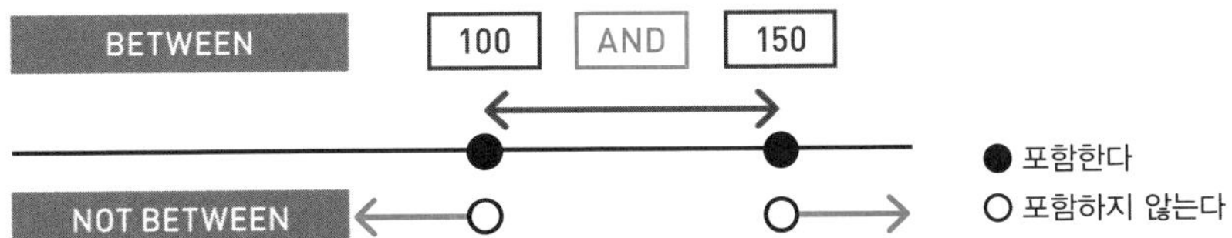

보통의 AND나 BETWEEN AND, 사용하기 쉬운 방법으로 적읍시다.

저는 BETWEEN이 이해하기 쉬워요!

price가 100 이상 150 이하가 「아닌」 레코드를 product 테이블에서 가져온다

```
SELECT
  *
FROM
  product
WHERE
  price NOT BETWEEN 100 AND 150;
```

product_id	product_name	stock	price
1	약용 입욕제	100	70
2	약용 핸드솝	23	700

BETWEEN은 범위를 지정하는 연산자이므로 날짜 지정에도 자주 사용됩니다.

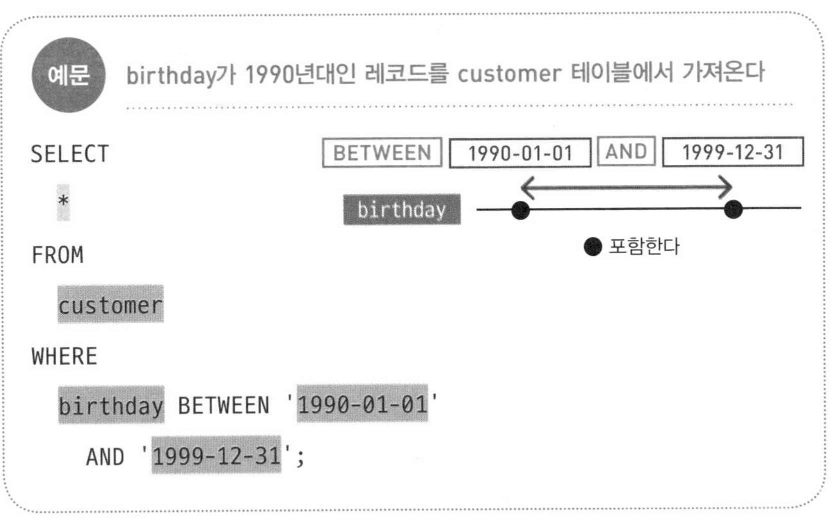

customer_id	customer_name	birthday	membertype_id
2	이구름	1990-07-16	1
4	강산	1991-05-04	1
5	유바다	1993-04-21	2

1990년대이므로 '1990-01-01'에서 '1999-12-31' 사이가 범위가 됩니다. '1990-01-01'과 '1999-12-31'도 범위에 들어갑니다.

02.3 IN 연산자를 사용해보자

여러 값 중 어느 것과 일치하는 걸 조건으로 하는 경우 「column = O OR column = △ OR…」와 같이 여러 개의 OR을 연결해야 합니다. IN을 사용하면 짧고 깔끔하며 이해하기 쉽게 적을 수 있습니다.

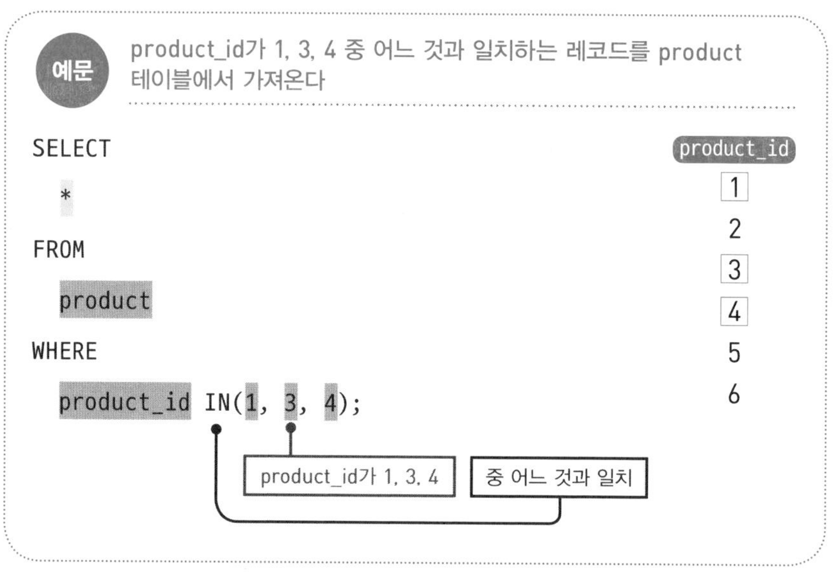

product_id	product_name	stock	price
1	약용 입욕제	100	70
3	천연 아로마 입욕제	4	120
4	거품 목욕제	23	120

IN 다음은 「(1, 3, 4)」라고 일치시키는 값을 콤마로 구분해 리스트 표시합니다. 어딘가에 일치하면 1, 어디에도 일치하지 않으면 0으로 판정됩니다.

IN (1, 3, 4)

product_id_3 ⇒ 1

IN (1, 3, 4)

product_id_5 ⇒ 0

사실은 OR도 IN도 비교하는 수가 많으면 SQL의 처리가 느려집니다. 따라서 사용하는 수는 적당히 합시다.

이번에는 일치하지 않는 레코드를 가져옵니다. 일치하지 않는 경우는 NOT IN을 사용합니다. NOT IN은 IN의 결과를 뒤바꿉니다.

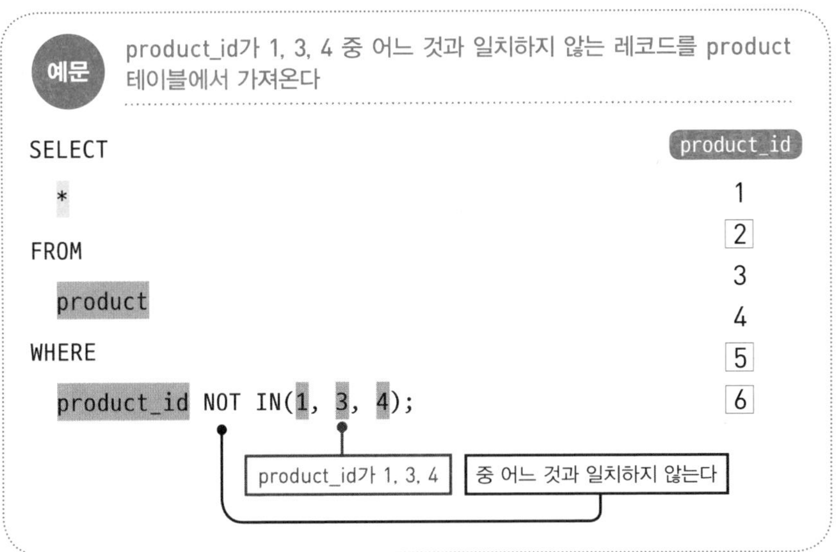

리스트에 열거해 적는 데이터는 문자열도 상관없습니다. 예를 들어, 주소의 시도군청만을 넣은 컬럼 pref가 있다고 합시다. '서울시''경기도''충청도' 중 어느 것에 일치하는 레코드를 가져오는 경우는 「pref IN ('서울시', '경기도', '충청도')」가 됩니다.

IN과 NOT IN 리스트의 내용은 몇 개 있어도 됩니다. 문자열의 경우, 길이가 0인 문자열을 지정할 수도 있습니다. 그러나 어떤 데이터형도 NULL을 지정할 수 없습니다. 결과는 모두 NULL이 됩니다.

03 연산자에는 우선 순위가 있다

연산자를 사용함으로써 원하는 데이터를 가져올 수 있습니다. 그러나 연산자에는 각각 우선 순위가 있으므로 연산자를 여러 개 조합해서 사용하는 경우는 작성법에 주의를 해야 합니다.

03.1 산술 연산자를 사용해보자

연산자의 우선 순위를 설명하기 전에 덧셈, 뺄셈 등의 계산을 행하는 연산자를 소개합니다. 산술 연산을 행하는 연산자를 **산술 연산자**라고 합니다.

산술 연산자

연산자	사용법	의미
+	a + b	a에 b를 더한다
−	a − b	a에서 b를 뺀다
*	a * b	a에 b를 곱한다
/	a / b	a를 b로 나눈다
%	a % b	a를 b로 나눈 나머지
DIV	a DIV b	a를 b로 나눌 때의 정수 부분
MOD	a MOD b	a를 b로 나눈 나머지

product 테이블에서 stock과 price를 곱한 값이 5000 이상이 되면 레코드를 가져옵시다.

조건의 「stock과 price를 곱한 값」이라는 부분은 * 연산자를 사용하여 「stock * price」로 나타냅니다.

「5000 이상」은 「>= 5000」으로 나타냅니다. 2개의 조건을 조합하여 WHERE 구는 「stock * price >= 5000」으로 적습니다.

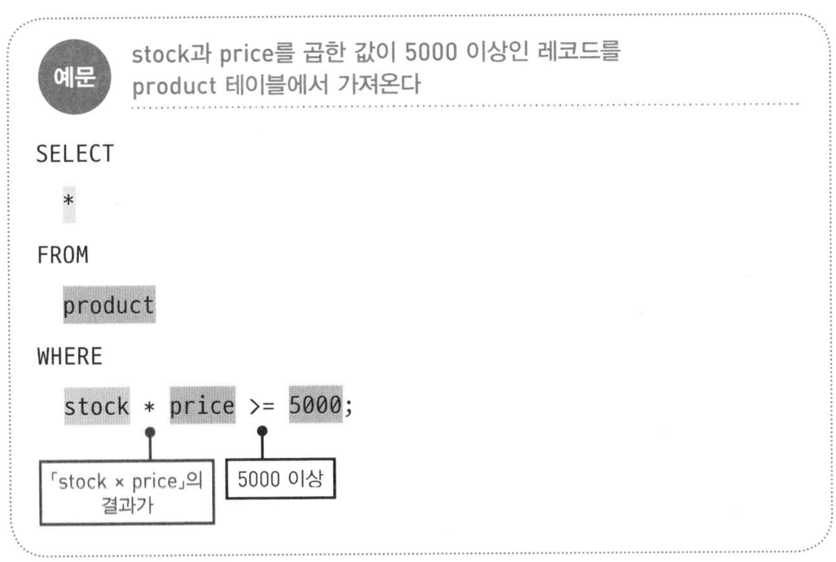

product_id	product_name	stock	price
1	약용 입욕제	100	70
2	약용 핸드솝	23	700

산술 연산자는 WHERE 구 이외에도 사용할 수 있습니다. SELECT 구에서도 자주 사용합니다.

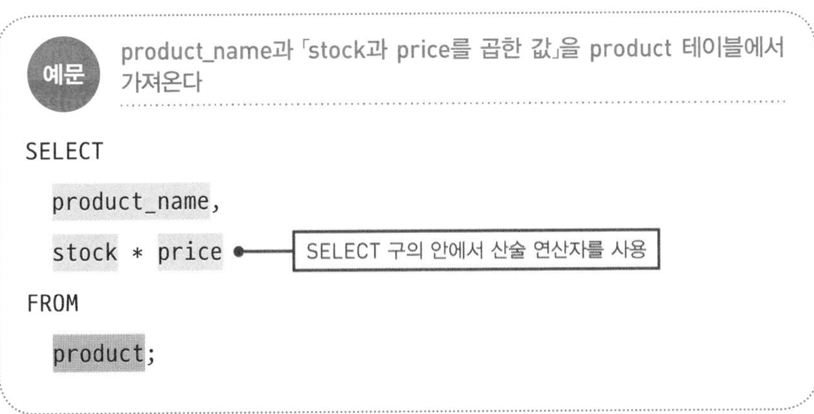

소수나 음수도 산술 연산자를 사용해서 계산할 수 있습니다.

```
SELECT
  1 + 2.5, 5 - 2, 2 * -3, 7 / 2,
  7 % 2, 7 DIV 2, 7 MOD 2;
```

1 + 2.5	5 − 2	2 * −3	7 / 2	7 % 2	7 DIV 2	7 MOD 2
3.5	3	−6	3.5000	1	3	1

같은 나눗셈이라도 「/」의 결과는 소수가 될 때가 있습니다. 「DIV」는 결과의 정수 부분만을 반환합니다. 「%」와 「MOD」는 같은 결과가 됩니다.

NULL의 연산

사칙연산에서 NULL을 대상으로 하면 결과는 전부 NULL이 됩니다. 또한, 나누는 수에 0을 지정한 경우도 결과는 NULL이 됩니다.

03.2 연산자의 우선 순위를 살펴보자

연산자를 몇 가지 소개했는데, 여러 연산자를 동시에 사용할 때는 우선 순위가 발생하고, 우선 순위가 높은 것부터 차례대로 시행합니다.

주요 연산자의 우선 순위는 다음 표와 같습니다.

주요 연산자의 우선 순위

[우선 순위] 

연산자
BINARY
!
*, /, DIV, %, MOD
-, +
= (비교), <=>, >=, >, <=, <, <>, !=, IS, LIKE, IN
BETWEEN, CASE, WHEN, THEN, ELSE
NOT
&&, AND
XOR
||, OR

[우선 순위] 낮다

표에서 같은 행에 있는 연산자는 순위가 같으므로, SQL에 적혀 있는 앞에서부터 순서대로 연산합니다.

 **사소한 지식**

SQL 모드

연산자의 우선 순위의 기본은 표와 같으나, SQL의 동작을 지정하는 SQL 모드에 따라서는 !와 NOT의 순위는 같거나, ||은 OR과는 다른 의미를 가진 경우가 있습니다. SQL 모드는 데이터베이스 전체에서 설정합니다.

 **사소한 지식**

MySQL에서 사용하는 연산자

지면 관계상 이 책에서는 MySQL에서 사용 가능한 연산자의 일부만 소개합니다. 0과 1로만 구성된 비트열의 연산을 시행하는 비트 연산자(~, &, << 등), 할당 연산자(:=) 등은 사용 빈도가 적어 생략합니다.

03.3 연산자를 사용할 때의 규칙

연산자의 우선 순위를 확인해 봅시다.

이해하기 쉬운 것은 산술 연산에서의 우선 순위입니다. 나눗셈 곱셈이 우선이며, 덧셈과 뺄셈은 뒤로 미루고, 괄호로 묶으면 그 쪽을 우선하는 일반적인 계산식 규칙과 같습니다.

```
SELECT
  1 + 2 * 3, (1 + 2) * 3;
```

「1+2*3」은 괄호가 없기 때문에 2*3이 우선이고, 계산 결과는 1+6=7이 됩니다. 「(1+2)*3」은 괄호가 우선되어 계산 결과는 3*3=9가 됩니다.

다음에 AND와 OR 둘 다 사용합니다.

```
SELECT
  *
FROM
  product
WHERE
  price < 130 OR price > 150 AND stock >= 20;
```

product_id	product_name	stock	price
1	약용 입욕제	100	70
2	약용 핸드솝	23	700
3	천연 아로마 입욕제	4	120
4	거품 목욕제	23	120

AND는 OR보다 우선되므로 「price > 150 AND stock >= 20」가 먼저 연산되고, 그 결과를 「price < 130」과 OR로 연산합니다.

따라서 「price < 130 OR price > 150 AND stock > = 20」은 price가 150보다 크고 stock이 20 이상 또는 price가 130보다 작은 레코드를 가져오는 식으로 처리됩니다.

OR 연산에 괄호를 붙여 AND보다 먼저 연산을 시행합니다.

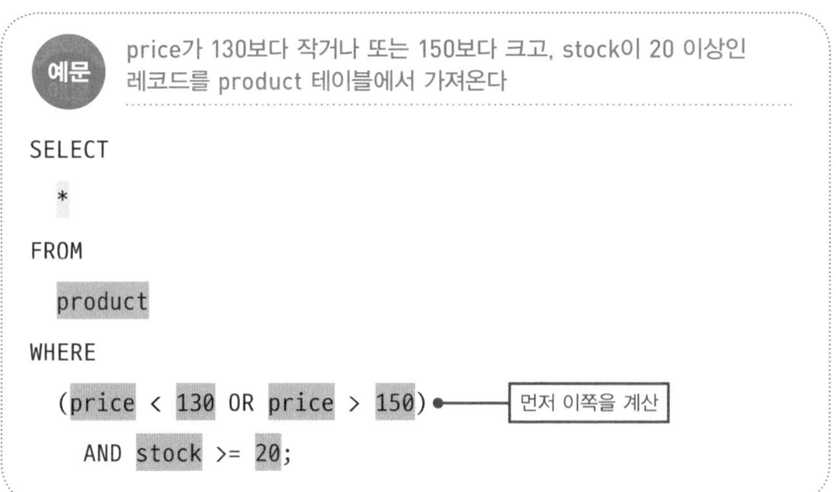

예문 price가 130보다 작거나 또는 150보다 크고, stock이 20 이상인 레코드를 product 테이블에서 가져온다

```
SELECT
  *
FROM
  product
WHERE
  (price < 130 OR price > 150)
    AND stock >= 20;
```


product_id	product_name	stock	price
1	약용 입욕제	100	70
2	약용 핸드솝	23	700
4	거품 목욕제	23	120

연산자의 우선 규칙을 기억합시다.

[연산자의 우선 규칙]

1. ( )가 최우선
2. 우선 순위는 표에 따른다
3. 같은 순위의 경우는 앞에서부터 차례대로 시행한다.

3장 연습문제

문제 1

다음의 student 테이블에 대해서 ❶, ❷, ❸ 각각의 SQL을 실행한 결과는 어떻게 될까요? 적어 봅시다.

[student] ※첫 번째 행은 데이터형

INT	VARCHAR(45)	INT	INT	VARCHAR(2)	DATE
id	student_name	height	weight	blood_type	birthday
1	이민지	160	51	O	1998-08-11
2	김민준	172	65	A	1999-06-08
3	박서연	158	48	B	1997-08-03
4	강예은	161	55	A	1998-01-23
5	김동현	168	62	O	1997-10-08
6	이수민	153	42	AB	1998-07-25

❶

```
SELECT
  id, student_name
FROM
  student
WHERE
  height >= 160 AND weight > 60;
```

❷

```
SELECT
  id, student_name
FROM
  student
WHERE
  height >= 170
    OR weight < 50
    OR blood_type = 'AB';
```

❸
```
SELECT
  id, student_name
FROM
  student
WHERE
  NOT blood_type = 'A';
```

문제 2

문제1의 student 테이블에서 다음 레코드를 꺼내고 싶은 경우에 실행하는 SQL을 적을 때, [   ] 부분에는 무엇이 들어갈지, 또 해당되는 레코드 수는 몇 개인지 대답합시다.

❶ height가 155 이하, 또는 165 이상
```
SELECT
  *
FROM
  student
WHERE
  height <= 155 [          ] height >= 165;
```

❷ blood_type이 O 또는 weight가 60 이상 중 어느 한쪽만
```
SELECT
  *
FROM
  student
WHERE
  blood_type = 'O' [          ] weight >= 60;
```

❸ height가 155 이상 그리고 165 이하, 또는 weight가 50 이상 그리고 65 이하
```
SELECT
  *
FROM
  student
WHERE
  height >= 155 [          ] height <= 165
    [          ] weight >= 50 [          ] weight <= 65;
```

문제 3

다음의 SQL을 지정하는 방법으로 다시 적어 봅시다.

❶

```
SELECT
  *
FROM
  student
WHERE
  birthday < '2000-01-01'
    AND birthday >= '1998-01-01';
```

방법 : BETWEEN을 사용해서 다시 적는다

❷

```
SELECT
  *
FROM
  student
WHERE
  blood_type = 'A' OR blood_type = 'B';
```

방법 : IN을 사용해서 다시 적는다

문제 4

student 테이블의 height는 키(단위 cm), weight는 몸무게(단위 kg) 데이터입니다. 체격지수 BMI 값을 구하는 계산식 「체중(kg)/키(m)의 제곱」을 적을 때, 올바른 방법으로 적은 것은 어떤 것인지 대답합시다.

❶ `weight/height/100*height/100`

❷ `weight/(height/100)*(height/100)`

❸ `weight/((height/100)*(height/100))`

❹ `weight/(height/100)*2`

문제 5

다음의 식의 연산 결과는 어떻게 될까요? 각각 답합시다.

❶ `0 OR 0 AND 1 OR 1`

❷ `(0 OR 0) AND (1 OR 1)`

❸ `20 MOD 5`

❹ `30 DIV 12`

❺ `1+2*3-4*1`

해답

문제 1 해답

❶

id	student_name
2	김민준
5	김동현

❷

id	student_name
2	김민준
3	박서연
6	이수민

❸

id	student_name
1	이민지
3	박서연
5	김동현
6	이수민

문제 2 해답

❶ OR 건수 : 3

❷ XOR 건수 : 2

❸ AND, OR, AND 건수 : 5

문제 3 해답

❶

```
SELECT
  *
FROM
  student
WHERE
  birthday BETWEEN '1998-01-01'
    AND '1999-12-31';
```

❷

```
SELECT
  *
FROM
  student
WHERE
  blood_type IN ('A', 'B');
```

문제 4 해답

❸

문제 5 해답

❶ 1 ❷ 0 ❸ 0 ❹ 2 ❺ 3

데이터를 통합하자

저번 달 집계 데이터가
안 맞아요.
네!?
어디에서 실수를 한 거지?
Excel로
집계했을 때?
A
B
C
1
2
3
데이터를
가져왔을 때?
SELECT ~

SQL로 집계를
할 수 있어요.
정말요!?

데이터를 통합해서
행 수를 세거나
COUNT
SUM
AVG
합계값, 평균값을
낼 수 있어요.
최댓값이나
MAX
최솟값도
MIN

원본 데이터로
집계할 수 있다면
집계 실수가
줄어들겠네요!
데이터베이스
Excel
물론 SQL을
잘못 적으면
안 되겠죠.

01 함수를 사용해서 집계하자

지금까지는 데이터베이스의 데이터를 그대로 가져왔습니다. SQL을 사용하면 데이터를 그대로 가져올 수 있을 뿐만 아니라 데이터를 통합해 집계한 결과를 가져올 수 있습니다.

01.1 데이터를 통합하자

데이터 통합을 학습하기 위해서 먼저 간단한 설문 결과가 들어간 inquiry 테이블을 만듭니다. 컬럼의 내용은 응답 id, 응답자의 시도군청의 pref, 연령대(10대, 20대, …)의 age, 평가(★ 0~5)의 star입니다.

id (INT 형)	pref (VARCHAR(5) 형)	age (TINYINT 형)	star (TINYINT 형)
1	서울시	20	2
2	충청도	30	5
3	경기도	40	3
4	충청도	20	4
5	서울시	30	4
6	서울시	20	1

inquiry 테이블에서 시도군청이 들어간 pref 컬럼 만을 가져오겠습니다.

```
SELECT
  pref
FROM
  inquiry;
```

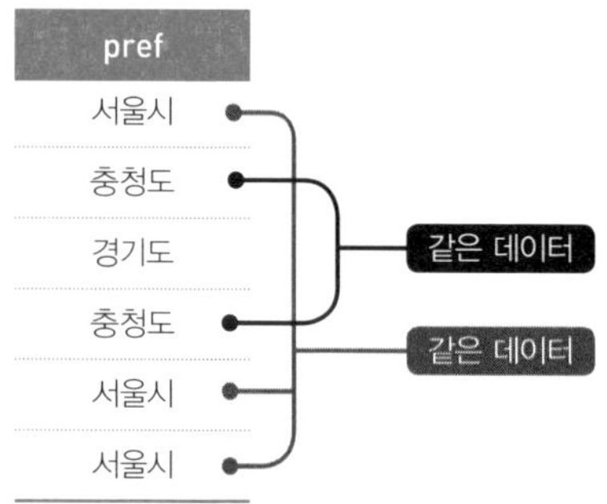

pref 컬럼의 데이터 전체를 가져올 수 있었습니다. 결과를 보면 같은 데이터가 몇 개 존재합니다.

DISTINCT를 사용하면 같은 데이터를 하나로 정리해 표시할 수 있습니다. DISTINCT는 가져온 레코드 중, 중복된 것을 1개로 통합하기 위해서 사용합니다.

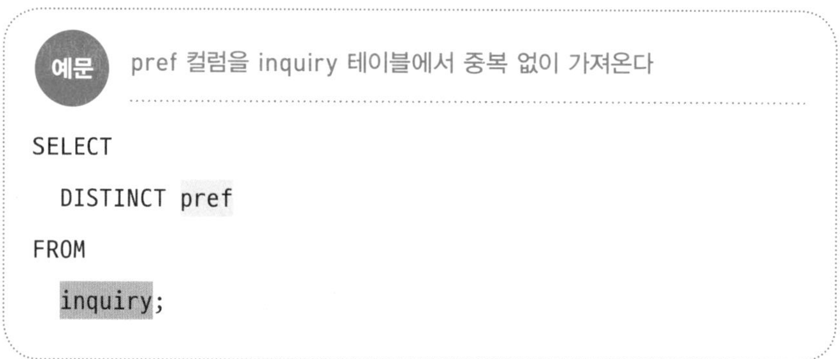

예문 pref 컬럼을 inquiry 테이블에서 중복 없이 가져온다

```
SELECT
  DISTINCT pref
FROM
  inquiry;
```

pref
서울시
충청도
경기도

pref 컬럼에 있는 데이터 중, 중복된 것은 하나로 통합합니다. 컬럼에 어떤 데이터가 있는지 만을 알고 싶은 경우는 컬럼명 앞에 DISTINCT를 붙이면 됩니다.

DISTINCT는 SELECT 구의 안에서 중복 행을 생략하려는 컬럼명의 앞에 적습니다.

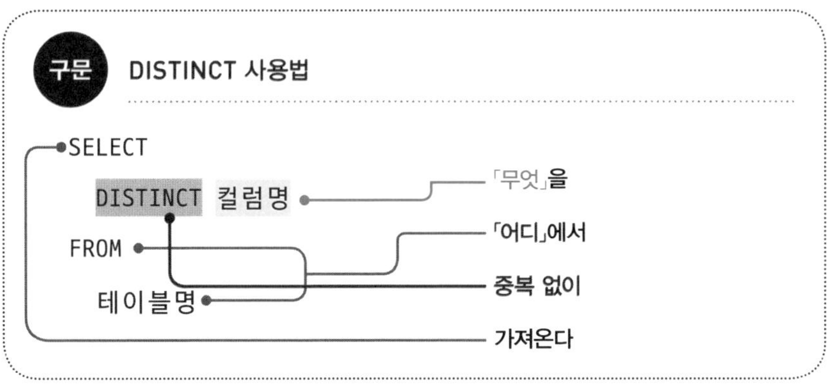

DISTINCT는 SELECT한 결과에 대해서 시행됩니다.

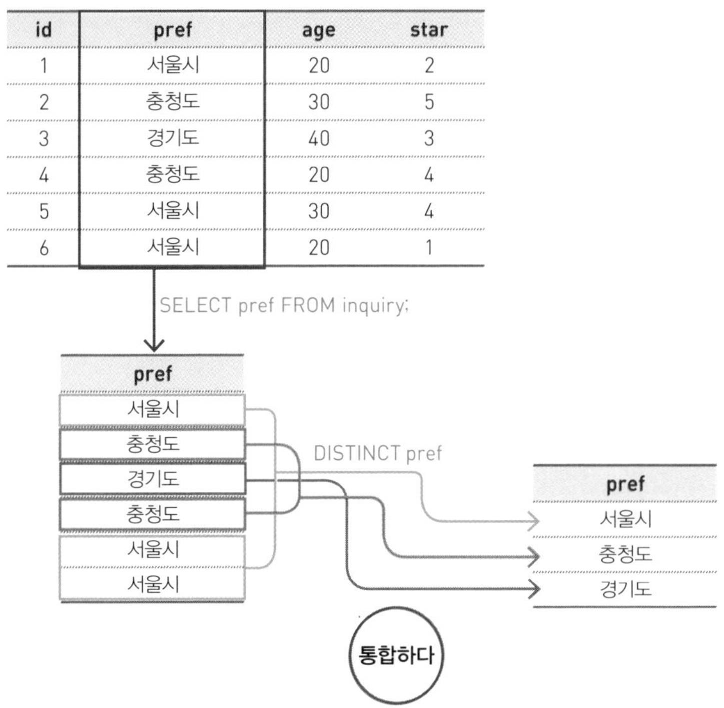

가져오는 컬럼을 여러 개 지정한 경우도 DISTINCT을 지정할 수 있습니다. 지정한 컬럼 전체 내용이 중복되어 있으면 하나로 통합합니다.

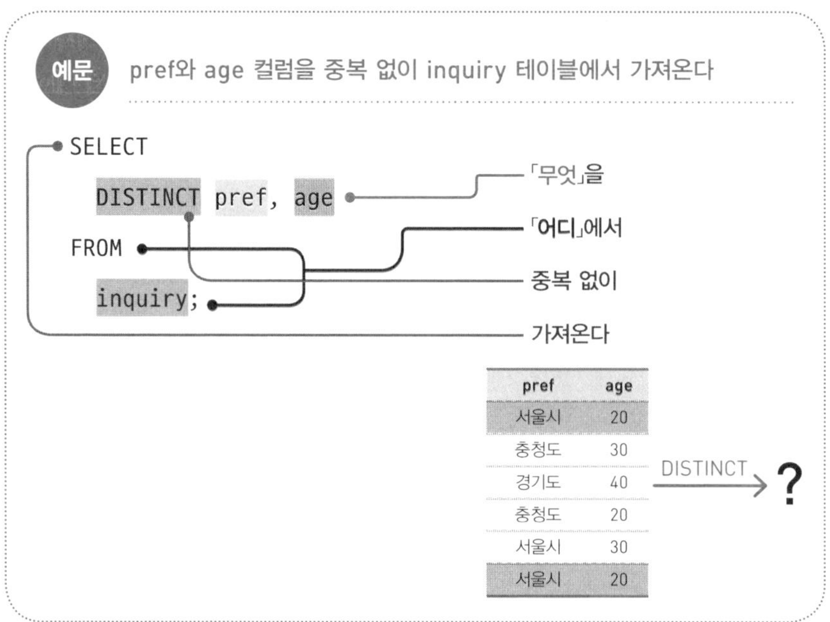

pref	age
서울시	20
충청도	30
경기도	40
충청도	20
서울시	30

이 조합이 2개 있었다

중복되어 있는 레코드는 pref가 '서울시', age가 20인 조합이었습니다. 이 조합이 하나로 통합됐습니다.

01.2 함수란?

가져오는 레코드의 수, 즉 행 수를 알고 싶을 때에 레코드를 전부 SELECT 문으로 가져와서 세는 건 매우 번거롭습니다. COUNT를 사용하면 레코드 수를 가져올 수 있습니다.

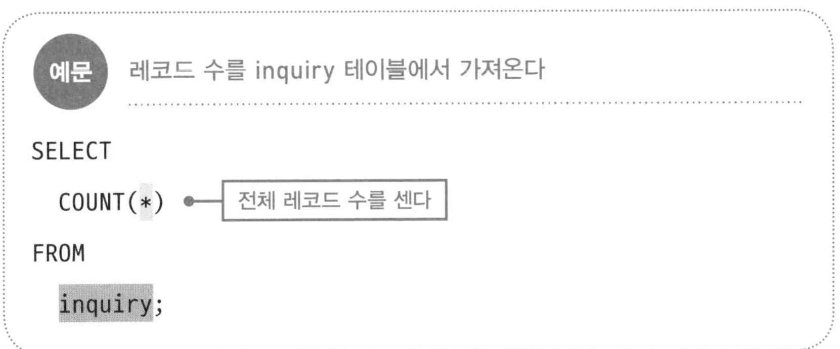

COUNT(*)
6

COUNT는 예약어가 아닙니다. 함수의 하나입니다.

함수는 어떤 값을 넣으면 특정한 처리를 시행해서 그 결과를 내는 것입니다.

함수에 넣는 값을 인수, 함수가 낸 결과를 반환값이라고 합니다.

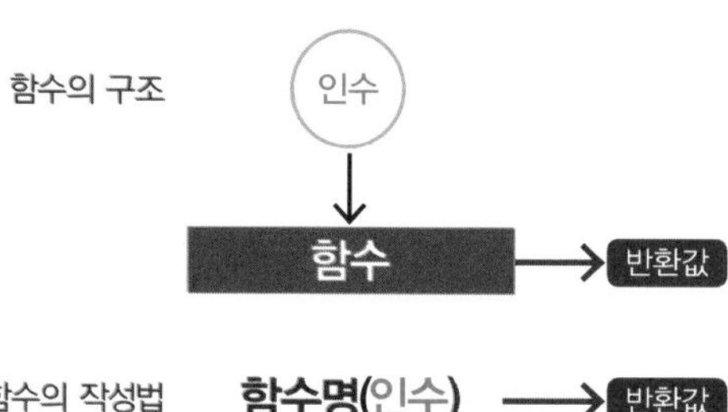

[COUNT 함수] COUNT(*) → 6

id	pref	age	star
1	서울시	20	2
2	충청도	30	5
3	경기도	40	3
4	충청도	20	4
5	서울시	30	4
6	서울시	20	1

6행

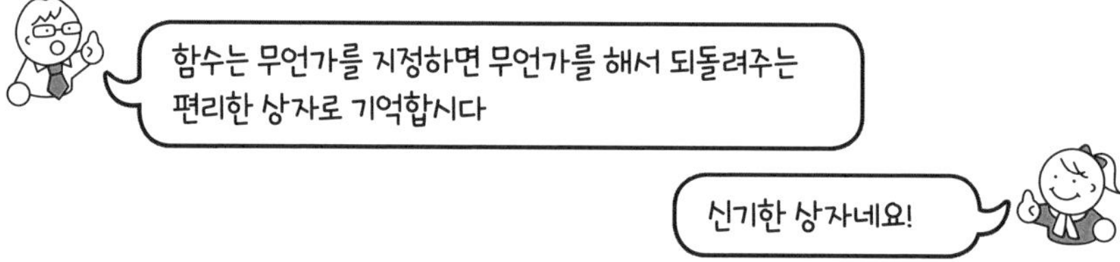

인수에 지정한 값에 따라 다른 값이 되돌아오는 것이 함수입니다. 인수에 무언가를 지정할지, 어떤 값이 되돌아올지는 함수에 의해 결정됩니다.

예를 들면 COUNT 함수의 경우는 COUNT(*)와 인수에 「*」를 지정하면 모든 레코드 수를 세서 반환합니다. COUNT(pref)와 인수에 컬럼명을 지정하면 pref의 값이 NULL이 아닌 레코드 수를 반환합니다.

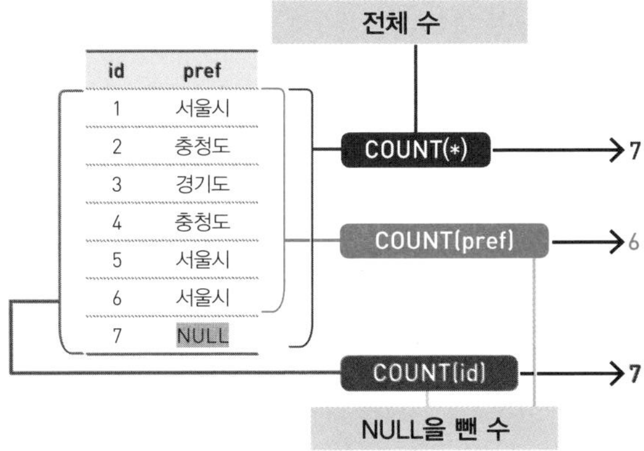

함수를 적을 때, 함수명과 괄호 사이에 공백을 넣어서는 안 됩니다. SQL의 설정에 따라서는 함수명과 괄호 사이에 공백이 있어도 문제가 없는 경우도 있습니다. 괄호 안에는 공백이 있어도 됩니다.

SQL에서 사용할 수 있는 함수는 이 밖에도 있습니다. 앞으로 자주 사용하는 것을 순서대로 설명합니다. 함수의 종류는 매우 많지만 자주 사용하는 것은 정해져 있으므로 걱정하지 않아도 됩니다.

사소한 지식

함수에는 DBMS 의존인 것이 있다

함수는 DBMS의 종류에 따라서 사용할 수 없는 것이 있으므로 주의합시다.
MySQL Workbench에서는 예약어는 하늘색, 함수명은 회색으로 표시됩니다. 함수명을 적을 작정이었는데 회색이 안 된다면 함수명이 틀린 것이므로 수정합시다.

01.3 집약 함수를 사용해보자

COUNT 함수를 사용해 보고, 위화감을 느낀 분 혹시 있지 않았나요? 지금까지는 FROM에 지정한 테이블의 안에 있는 전체 레코드 또는 조건에 일치한 레코드를 가져왔습니다. 가져온 레코드는 대개 여러 행이었습니다. 그러나 COUNT 함수로는 가져오는 데이터는 반드시 1개뿐입니다. COUNT 함수는 **집약 함수** 또는 **집계 함수**라고 부릅니다. 집약 함수는 대상이 되는 데이터의 값을 집약(집계) 하고, 1개의 결과를 반환합니다.

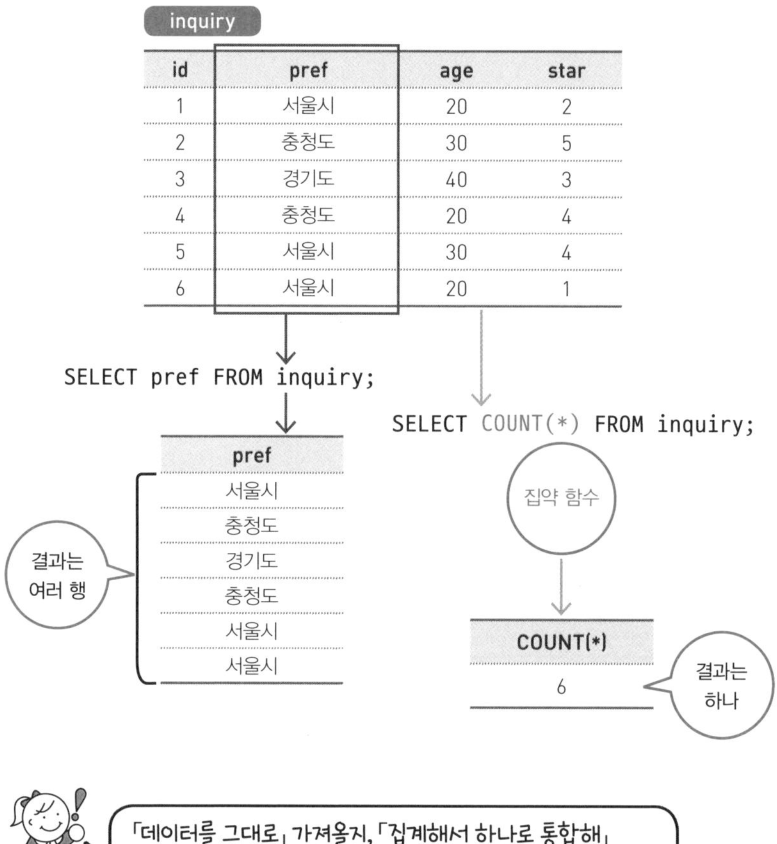

「데이터를 그대로」 가져올지, 「집계해서 하나로 통합해」 가져올지가 위화감의 정체네요.

집약 함수는 COUNT 함수 외에도 있습니다.

집약 함수의 목록

함수명	인수	반환값
COUNT	* 또는 컬럼명	레코드 또는 컬럼 수
SUM	컬럼명	컬럼의 합계값
MAX	컬럼명	컬럼의 최댓값 문자열은 사전순으로 최대, 날짜는 최신순
MIN	컬럼명	컬럼의 최솟값 문자열은 사전순으로 최소, 날짜는 오래된 순
AVG	컬럼명	컬럼의 평균값

COUNT 이외의 집약 함수를 실제로 사용해 봅시다.

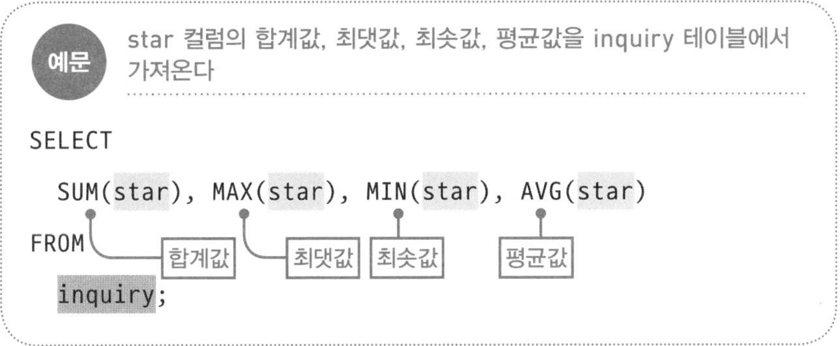

SUM(star)	MAX(star)	MIN(star)	AVG(star)
19	5	1	3.1667

집약 함수의 결과는 1개뿐이므로, 결과는 1행입니다. 같은 결과가 1개가 되는 집약 함수라면 SELECT 구에 함께 적을 수 있습니다.

집약 함수에 AS를 붙여서 결과를 별명으로 표시하거나 SELECT 문에 WHERE 구를 붙여 조건에 일치하는 레코드 만을 집약 함수의 대상으로 할 수도 있습니다.

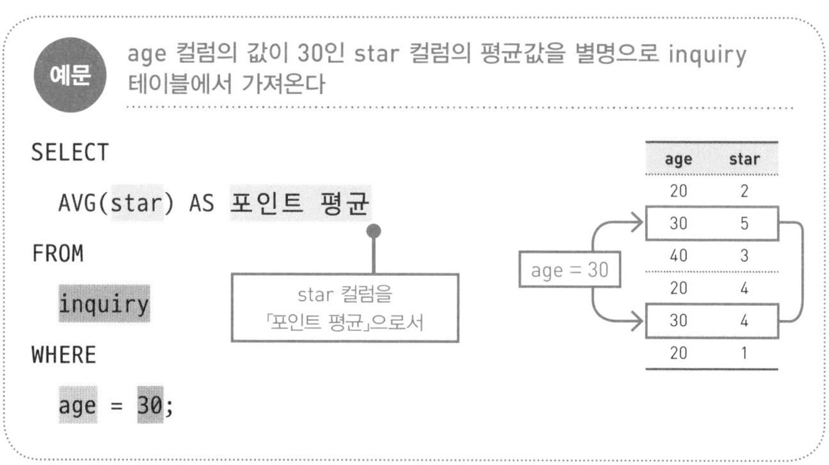

포인트 평균
4.5000

age가 30인 레코드의 star 컬럼의 값은 4와 5입니다. AVG 함수로 4와 5의 평균을 취하므로 4.5가 됩니다.

MAX 함수와 MIN 함수는 문자열과 날짜 컬럼을 지정할 수도 있습니다. 문자열은 사전순으로 나열했을 때에 가장 앞에 오는 것이 최소입니다. 날짜는 가장 오래된 것이 최소가 됩니다.

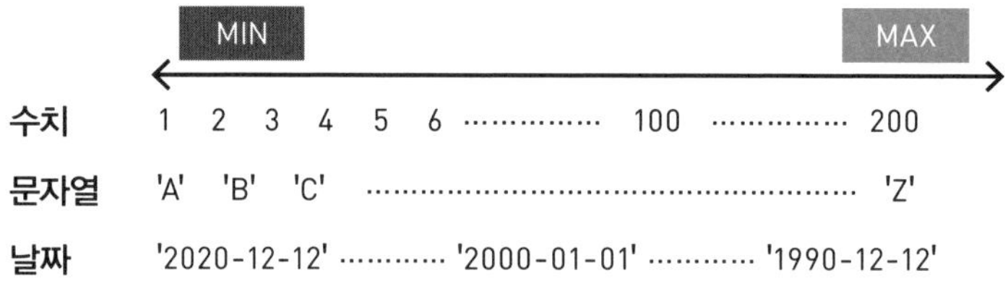

01.4 집약 함수에는 규칙이 있다!

집약 함수는 직접 집계할 수 있어서 편리하지만 사용법에 주의해야 합니다. 주의해야 할 부분을 살펴봅시다.

포인트 1 집약 함수를 적는 곳은 정해져 있다

집약 함수를 적는 곳은 SELECT 구와 이제부터 학습하는 HAVING 구와 ORDER BY 구 3군데뿐입니다.

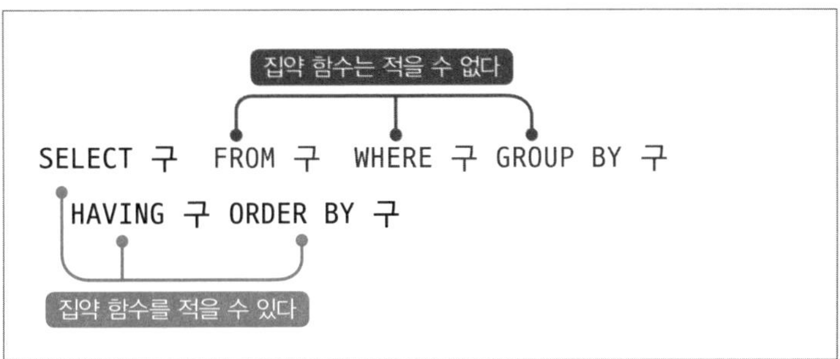

WHERE 구에 집약 함수를 사용한 「AVG(star) < star」 등의 조건을 적을 수 없습니다.

「AVG(star) < star」라고 적었다고 하면 star 값이 전체 평균보다 크다는 의미인 거죠? 자주 사용할 것 같은데...

집약 함수는 WHERE 구에 적을 수 없으므로 「AVG(star) < star」라는 사용법은 안됩니다. 다른 방법을 사용합니다.

포인트 2 1개 값을 반환하는 것만 함께 적을 수 있다

집약 함수를 SELECT 구에 적으면 함께 SELECT 구에 적을 수 있는 건 집약 함수처럼 1개 값을 반환하는 것뿐입니다.

예를 들어, inquiry 테이블에서 age의 최솟값과 star 값을 꺼내고 싶어도 다음과 같이 적을 수 없습니다.

age 컬럼의 최솟값과 star 컬럼의 값을 inquiry 테이블에서 가져온다(실행할 수 없거나 결과가 맞지 않다)

```
SELECT
  MIN(age), star
FROM
  inquiry;
```

MIN(age)만 가져오면 20이라고 나옵니다. star 컬럼은 전부 6개의 레코드가 있지만 다음과 같은 결과는 있을 수 없습니다.

MIN(age)

id	pref	age	star
1	서울시	20	2
2	충청도	30	5
3	경기도	40	3
4	충청도	20	4
5	서울시	30	4
6	서울시	20	1

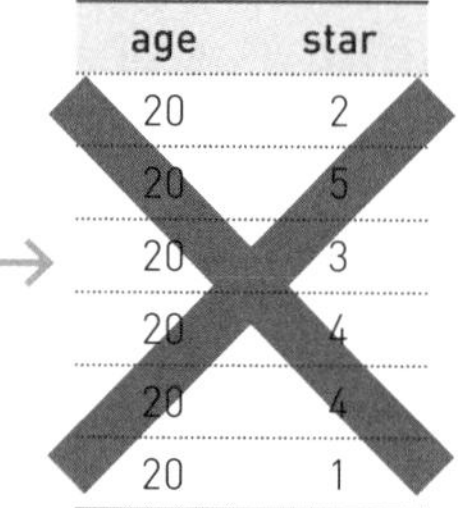

age	star
20	2
20	5
20	3
20	4
20	4
20	1

무심코 적을 것 같은데....

참고로 「SELECT star, MIN(age) ~」라고 반대로 해도 결과는 올바르게 나오지 않습니다.

SELECT 구에서 집약 함수와 함께 적을 수 있는 것은 상수, 집약 함수, DISTINCT, 연산자 등입니다.

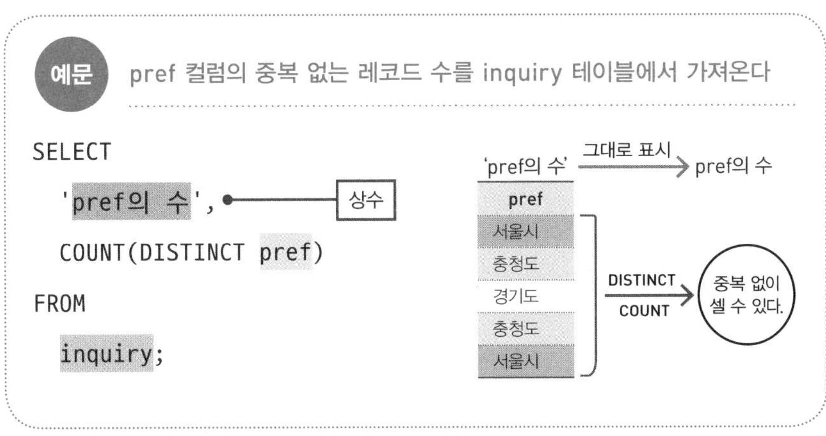


```
SELECT
  'pref의 수',
  COUNT(DISTINCT pref)
FROM
  inquiry;
```

pref의 수	COUNT(DISTINCT pref)
pref의 수	3

상수란 일정한 정해진 값입니다. 수치나 'pref의 수' 등의 문자열을 SELECT 구에 적으면 상수가 되며, 그대로 표시됩니다. 결과의 레코드가 여러 개 있는 경우는 전체 레코드에 같은 상수가 표시됩니다.

포인트 3 NULL에 조심한다

집계하는 컬럼의 안에 NULL이 있는 경우 COUNT(*) 이외는 전부 NULL 값을 무시하고 집계합니다.

inquiry 테이블에 star 값이 NULL인 레코드를 추가해 봅시다.

id	pref	age	star
1	서울시	20	2
2	충청도	30	5
6	서울시	20	1
7	NULL	NULL	NULL

추가

NULL이 있는 경우에 집약 함수를 실행해 봅시다.

COUNT(*)	COUNT(star)	SUM(star)	MAX(star)	MIN(star)	AVG(star)
7	6	19	5	1	3.1667

COUNT(*) 이외에는 NULL 값은 무시됩니다.

만약 star 컬럼의 값 전부가 NULL인 경우는 COUNT(star)만은 0, 그 밖은 전부 NULL이 반환됩니다.

star 컬럼의 값이 전부 NULL인 경우

COUNT(*)	COUNT(star)	SUM(star)	MAX(star)	MIN(star)	AVG(star)
0	NULL	NULL	NULL	NULL	NULL

NULL이 있어도 그다지 문제는 없어 보이지만, 결과에 영향을 주는 경우도 있습니다.

평균값의 계산은 NULL 항목을 무시하는 것과 하지 않는 것에서 결과가 다릅니다.

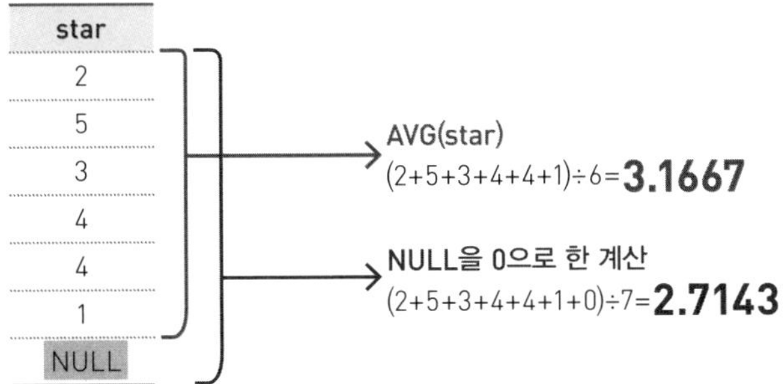

NULL을 무시하지 않고 계산하고자 하는 경우는 NULL을 0으로 해서 계산하는 등의 대체 방법을 취함으로써 문제를 해결할 수 있습니다. NULL을 0으로 해서 계산하는 방법은 제6장에서 소개합니다.

02 데이터를 그룹화하자

특정 컬럼에서 같은 값을 가진 레코드를 그룹화해서 취급할 수 있습니다. 지금까지 테이블 전체에서 사용한 집약 함수를 그룹마다 통합으로 사용하면 그룹마다 집계를 할 수 있습니다.

02.1 그룹화해 보자

집약 함수는 테이블의 레코드 전체 또는 WHERE 구의 조건에 들어맞는 레코드에 대해서 집계를 시행할 수 있었습니다.

레코드 전체를 특정 컬럼의 내용마다 그룹으로 나눔으로써, 나눈 그룹마다 통합해 집계할 수 있습니다.

예를 들어, 어떤 테이블을 column2 컬럼의 내용으로 그룹을 나누고, column1 컬럼에 대해 집약 함수를 사용하려면 다음과 같습니다.

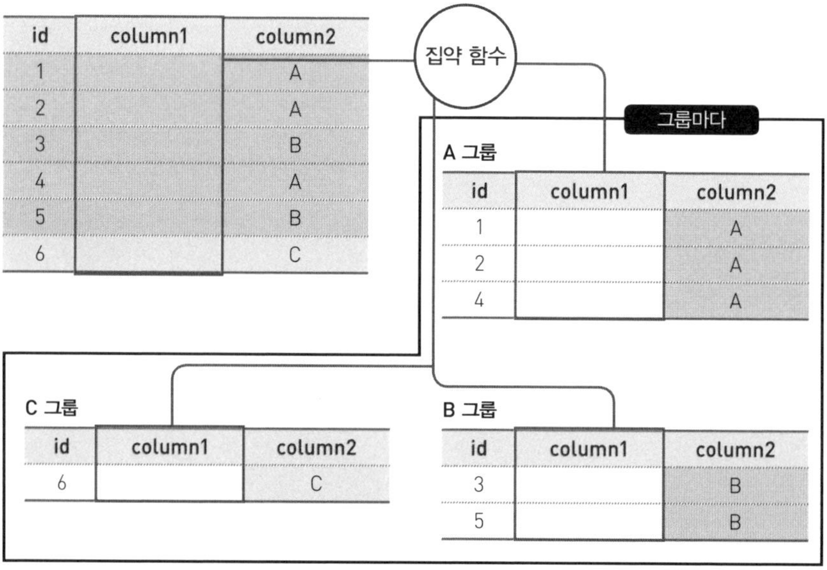

id	column1	column2
1		A
2		A
3		B
4		A
5		B
6		C

집약 함수

그룹마다

A 그룹

id	column1	column2
1		A
2		A
4		A

C 그룹

id	column1	column2
6		C

B 그룹

id	column1	column2
3		B
5		B

inquiry 테이블의 pref 컬럼에 있는 데이터는 현재 3종류입니다.

pref
경기도
서울시
충청도

pref의 데이터 '경기도' '서울시' '충청도'마다 레코드를 통합해서 각각의 그룹마다 star의 평균값을 꺼냅니다. 레코드를 그룹마다 통합하려면 **GROUP BY 구**를 사용해서 레코드를 **그룹화**합니다.

```
SELECT
  pref, AVG(star)
FROM
  inquiry
GROUP BY
  pref;
```

pref	AGV(star)
경기도	3.0000
서울시	2.3333
충청도	4.5000

SELECT 구의 「AVG(star)」는 그룹마다의 star 평균값을 집계하고 반환합니다. 그룹화는 다음과 같이 시행됩니다.

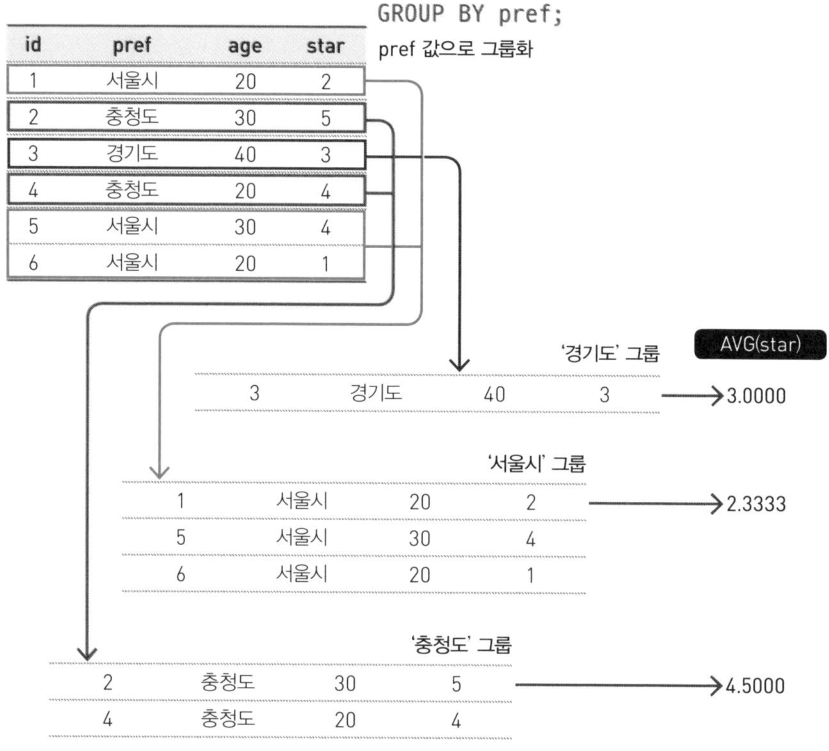

GROUP BY 구는 FROM 구의 뒤에 적습니다. GROUP BY에 이어서 어떤 컬럼의 데이터를 그룹화할지를 지정합니다. 그룹화하는 컬럼명은 데이터를 그룹별로 집약하기 위한 키워드가 되므로 집약 키라고 부릅니다.

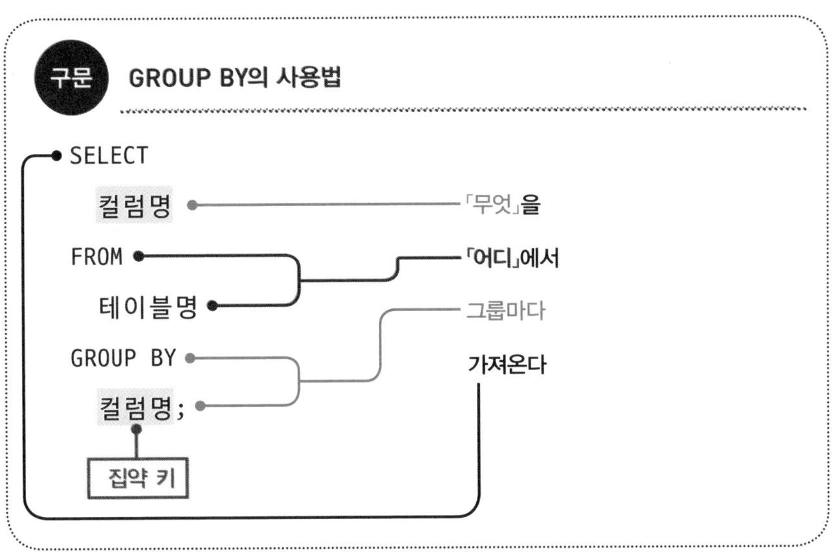

GROUP BY 구가 「GROUP BY pref」였다면, pref 컬럼이 집약 키가 됩니다. 집약 키가 되는 컬럼의 값에 NULL이 있던 경우, NULL도 그룹의 1개가 됩니다.

id	pref	age	star
1	서울시	20	2
6	서울시	20	1
7	NULL	NULL	NULL

추가

```
SELECT
  pref
FROM
  inquiry
GROUP BY
  pref;
```

pref
NULL
경기도
서울시
충청도

NULL도 그룹의 1개로서 그룹화됩니다.

또한 여기에서 추가한 pref이 NULL인 레코드는 삭제해 둡시다.

02.2 SELECT 구에는 무엇을 지정할 수 있는가?

그룹화는 여러 레코드를 그룹마다 통합하는 것입니다. SELECT 문에서 1개의 그룹에 대한 결과는 1행이 됩니다. 1개의 그룹에 대한 결과가 여러 개가 되는 데이터를 가져올 수는 없습니다.

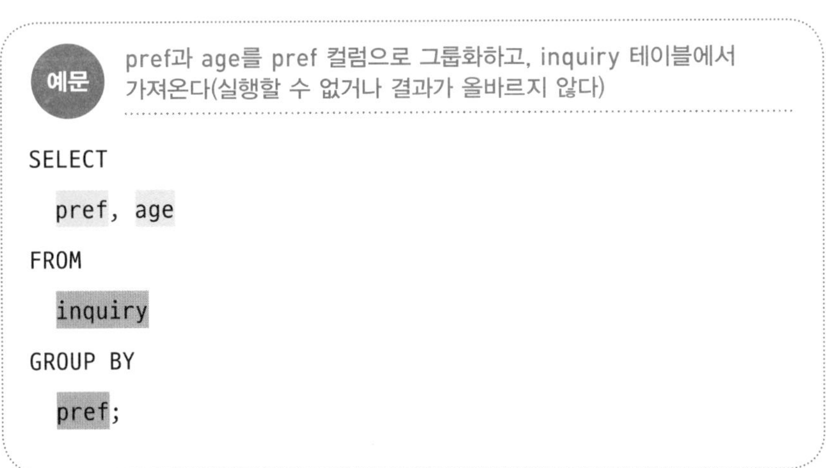

예문 pref과 age를 pref 컬럼으로 그룹화하고, inquiry 테이블에서 가져온다(실행할 수 없거나 결과가 올바르지 않다)

```
SELECT
  pref, age
FROM
  inquiry
GROUP BY
  pref;
```

위의 SQL 문의 실행 결과가 다음과 같이 될 수 없습니다.

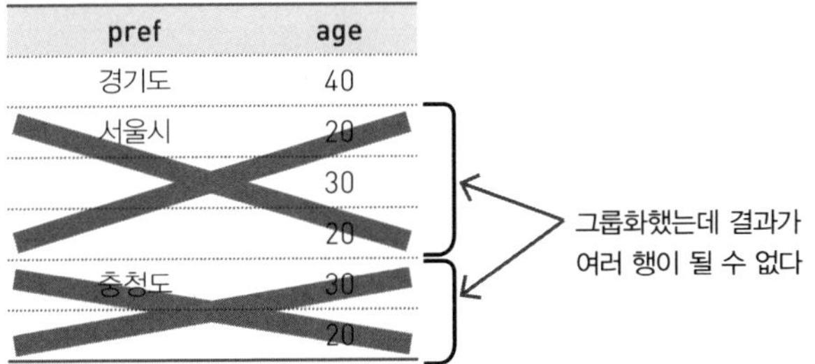

pref	age
경기도	40
서울시	20
	30
	20
충청도	30
	20

그룹화를 시행했을 때, SELECT 구에 지정할 수 있는 것은 다음의 3가지입니다. 전부 1개의 값을 반환하는 것입니다.

- 상수
- 집약 함수
- 집약 키의 컬럼명

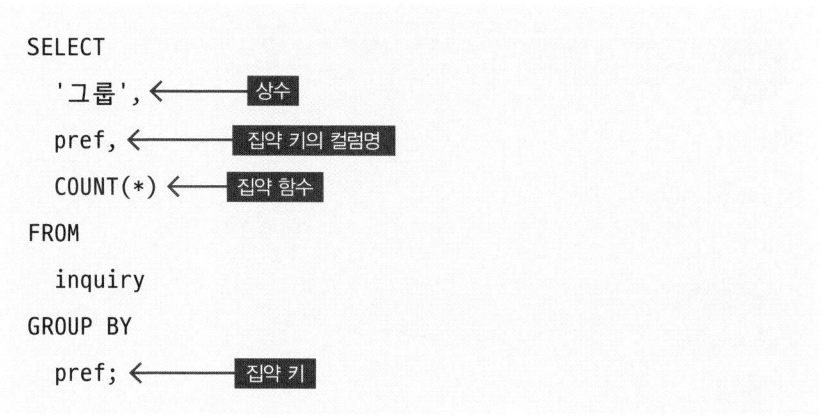

그룹	pref	COUNT(*)
그룹	경기도	1
그룹	서울시	3
그룹	충청도	2

컬럼명에서 SELECT 구에 적을 수 있는 것은 집약 키의 컬럼명 뿐입니다. 집약 키가 pref일 때 star 등 다른 컬럼명 자체를 SELECT 구에 적을 수 없습니다. 다만 AVG(star)처럼 1개의 값을 반환하는 집약 함수의 인수로서 집약 키 이외의 컬럼명을 지정할 수 있습니다.

02.3 여러 집약 키를 지정해보자

그룹화하기 위한 집약 키에는 그룹 분류를 시행하고자 하는 컬럼명을 지정합니다. 만약 여러 컬럼의 조합으로 그룹화를 시행하고자 하는 경우는 어떻게 하면 좋을까요? 그럴 때는 그룹 분류를 시행하고자 하는 컬럼명을 여러 개 지정하면 됩니다.

집약 키는 1개뿐 아니라 여러 개 지정할 수도 있습니다. 집약 키를 여러 개 지정하는 경우는 콤마로 구분해 적습니다.

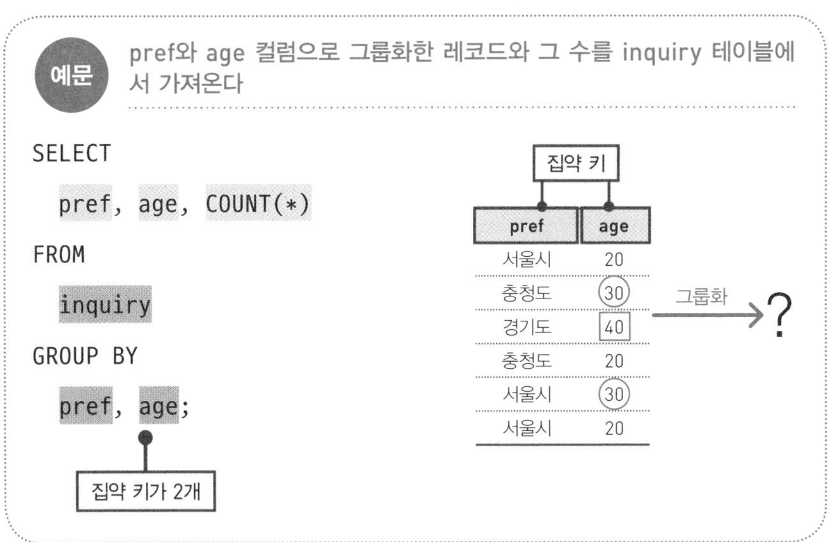

pref	age	COUNT(*)
경기도	40	1
서울시	20	2
서울시	30	1
충청도	20	1
충청도	30	1

GROUP BY 구가 있는 경우 SELECT 구에 적을 수 있는 것은 집약 키의 컬럼명뿐입니다. 따라서 집약 키가 여러 개 있으면 SELECT 구에도 집약 키로 된 여러 개의 컬럼명을 적을 수 있습니다.

집약 키가 여러 개 있는 경우의 구조를 확인해 봅시다. 지정한 집약 키 중 먼저 적은 집약 키부터 차례대로 그룹화해 나갑니다.

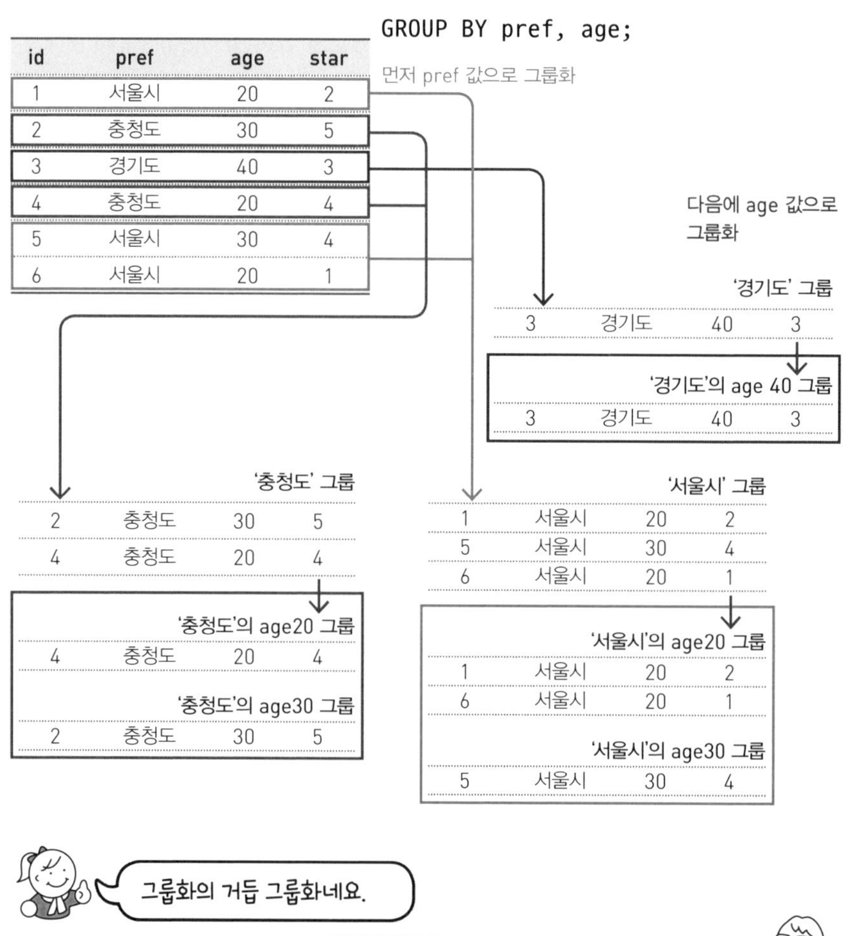

지정한 집약 키는 전부 1세트에 1개의 그룹으로서 다룹니다.

02.4 GROUP BY는 언제 시행될까?

GROUP BY 구가 있는 SELECT 문에도 WHERE 구를 지정할 수 있습니다.

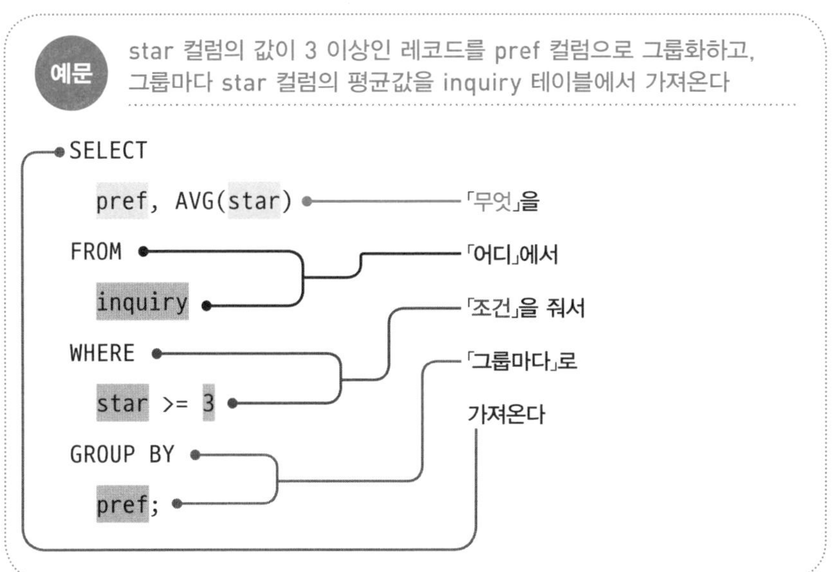

pref	AGV(star)
경기도	3.0000
서울시	4.0000
충청도	4.5000

WHERE 구가 있는 경우, 먼저 WHERE 구에서 레코드를 축소합니다. 그 후에 GROUP BY로 그룹화를 시행합니다.

id	pref	age	star
1	서울시	20	2
2	충청도	30	5
3	경기도	40	3
4	충청도	20	4
5	서울시	30	4
6	서울시	20	1

star >= 3의 테이블을 추출

id	pref	age	star
2	충청도	30	5
3	경기도	40	3
4	충청도	20	4
5	서울시	30	4

pref으로 그룹화

3	경기도	40	3
5	서울시	30	4
2	충청도	30	5
4	충청도	20	4

먼저 WHERE 구에 의해 레코드가 축소됐습니다. 축소된 레코드에 대해서 그룹화를 실시합니다.

GROUP BY 구보다 먼저 WHERE 구가 실행되는 것을 기억합시다.

03 그룹에 조건을 주자

레코드를 그룹마다 통합할 때, 그룹에 대해 조건을 주려면 어떻게 해야 할까요? 여기에서는 그룹에 대한 조건의 작성법과 각각의 구의 실행 순서를 학습합니다.

03.1 그룹에 조건을 주자

WHERE 구에 적는 조건은 모든 레코드에 대한 조건입니다. GROUP BY 구보다 먼저 WHERE 구가 실행되므로 그룹에 대한 조건을 WHERE 구에 지정할 수 없습니다.

그룹에 대해서 조건을 줄 때는 HAVING 구를 사용합니다.

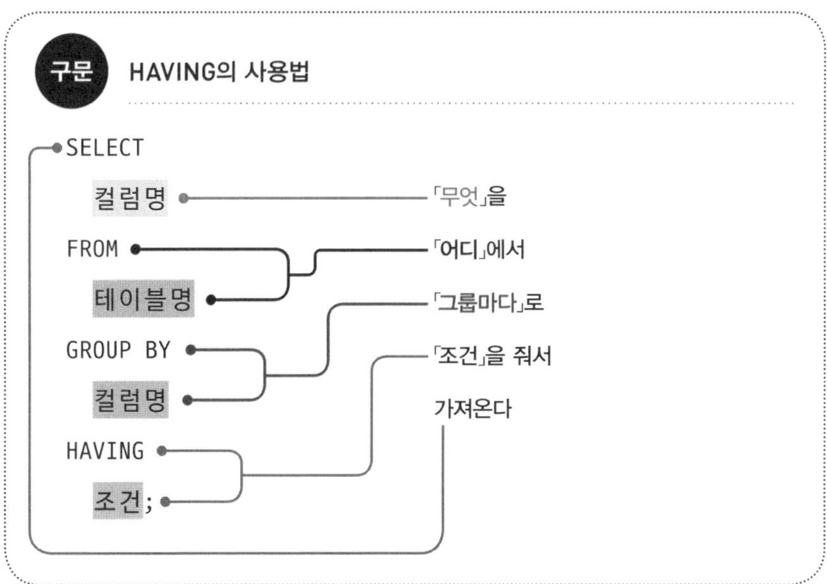

HAVING 구는 GROUP BY 구의 다음에 이어서 적습니다. HAVING 구에서는 HAVING 다음에 이어서 그룹에 대해 조건을 적습니다.

inquiry 테이블을 pref 컬럼에서 그룹화했을 때, 그룹의 레코드 수가 2 이상인 그룹만 가져오고, 그룹화한 pref 값과 레코드 수를 표시해 봅시다.

```
SELECT
  pref, COUNT(*)
FROM
  inquiry
GROUP BY
  pref
HAVING
  COUNT(*) >= 2;
```

pref	COUNT(*)
서울시	3
충청도	2

그룹화를 시행하면 집약 함수는 그룹마다 시행합니다. SELECT 구에 있는 COUNT(*)도, HAVING 구에 있는 COUNT(*)도, 그룹에 대한 집약 결과를 구합니다. 레코드 전체에 대한 COUNT(*)는 아니기 때문에 주의합시다. '경기도' 그룹의 COUNT(*)는 1이므로, HAVING 구의 조건에 들어맞지 않습니다. 따라서 결과는 '서울시'와 '충청도' 2그룹뿐입니다.

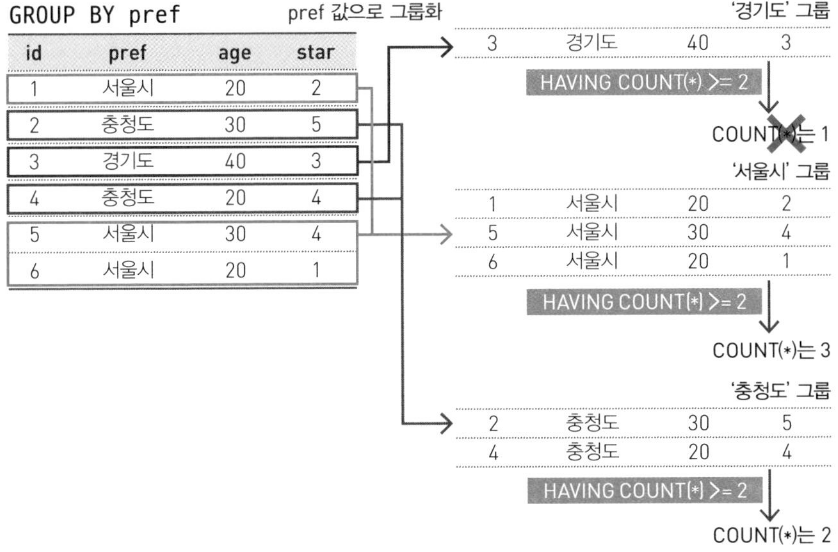

HAVING 구에 적을 수 있는 것은 그룹화를 시행했을 때에 SELECT 구에 적을 수 있는 것과 같습니다.

- 상수
- 집약 함수
- 집약 키의 컬럼명

나머지는 비교 연산자나 산술 연산자 등입니다.
예를 들어 star 컬럼은 집약 키가 아니기 때문에 집약 함수의 인수로서 「HAVING AVG(star) >= 3」은 지정할 수 있으나, 「HAVING star >= 3」으로 할 수는 없습니다. HAVING은 어디까지나 그룹에 대한 조건을 지정하는 것입니다.

03.2 WHERE과 HAVING의 차이

HAVING 구는 그룹에 대해서 조건을 주는 경우에 사용합니다. WHERE 구는 그룹화를 시행하기 전의 레코드 전체에 대한 조건입니다.

- WHERE 구는 레코드에 대한 조건
- HAVING 구는 그룹에 대한 조건

WHERE 구와 HAVING 구는 완전히 다른 것이므로 같은 SELECT 문 안에서 함께 사용할 수 있습니다.

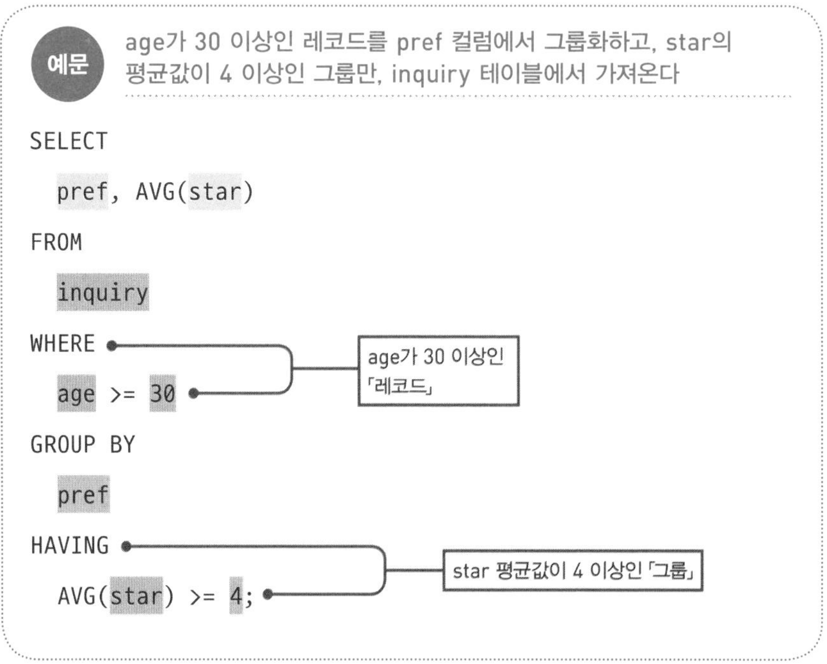

pref	AVG(star)
서울시	4.0000
충청도	5.0000

다음으로 「pref가 '서울시' 이외」라는 조건에 대해서 생각합시다.
「pref가 '서울시' 이외」라는 조건을 주는 것은 HAVING 구에도 WHERE 구에도 모두 사용할 수 있습니다.

예문 「pref가 '서울시' 이외」를 조건으로서 pref 컬럼에서 그룹화하고 inquiry 테이블에서 가져온다

● WHERE 구에 조건을 지정한 경우

```
SELECT
  pref
FROM
  inquiry
WHERE
  pref != '서울시'
GROUP BY
  pref;
```

● HAVING 구에 조건을 지정한 경우

```
SELECT
  pref
FROM
  inquiry
GROUP BY
  pref
HAVING
  pref != '서울시';
```

pref
경기도
충청도

양쪽 모두 같은 결과입니다. 그럼 도대체 어느 것이 좋은 것일까요?

03.3 SQL에는 구마다 실행 순서가 있다

어느 쪽이든 사용할 수 있고 결과가 같은 조건이라면 HAVING과 WHERE 중 어느 쪽을 사용해도 될 것 같습니다. 그러나 레코드 수가 많아진 경우, 어느 쪽을 사용하는지에 따라 처리 속도가 다를 수 있습니다.

지금까지 SELECT 문에서 사용하는 구를 몇 가지 학습했습니다. 사실은 SELECT 문은 구마다 정해진 순서로 실행합니다.

적는 건 SELECT 구부터 시작하는데 실행 순서는 완전히 다릅니다.

적는 순서와 실행 순서를 비교해 봅시다.

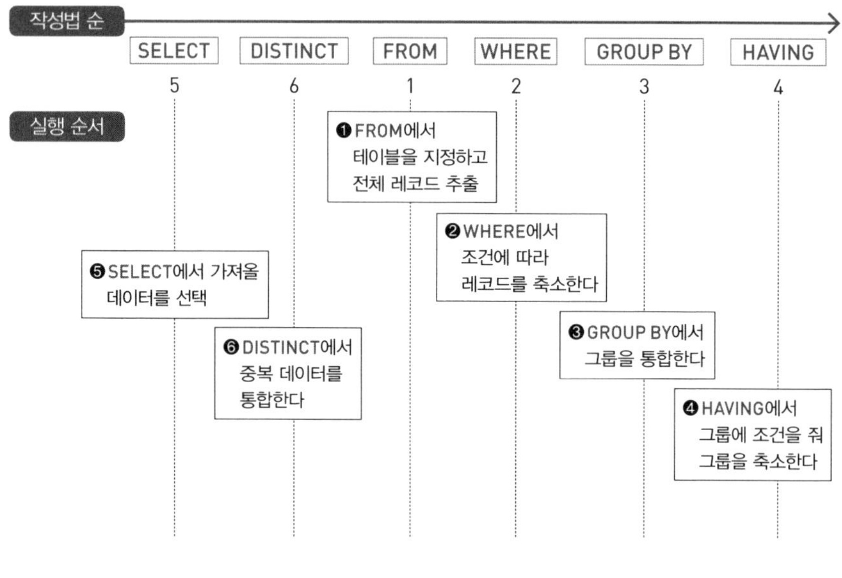

이게 SELECT 문에서 사용하는 구의 전부인가요?

아직 있습니다. 나오면 또 설명하겠습니다만, 여기서는 주된 흐름을 기억합시다.

흐름을 그림으로 나타내면 다음과 같습니다.

순서를 보면 HAVING 구보다 WHERE 구가 먼저 실행됩니다. WHERE 구에서 먼저 레코드 수를 축소함으로써 다음의 GROUP BY 구에서 그룹화의 대상이 되는 레코드 수가 줄어듭니다.

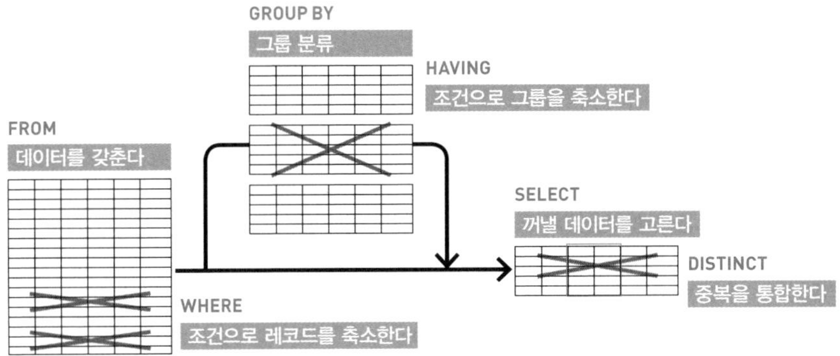

「pref != '서울시'」라는 조건을 WHERE 구가 아닌 HAVING 구에 적으면 GROUP BY 구는 많은 레코드 수인 채로 처리하게 됩니다.

FROM inquiry

id	pref	age	star
1	서울시	20	2
2	충청도	30	5
3	경기도	40	3
4	충청도	20	4
5	서울시	30	4
6	서울시	20	1

GROUP BY pref

3	경기도	40	3
1	서울시	20	2
5	서울시	30	4
6	서울시	20	1
2	충청도	30	5
4	충청도	20	4

HAVING pref != '서울시';

3	경기도	40	3
2	충청도	30	5
4	충청도	20	4

WHERE pref != '서울시'

id	pref	age	star
2	충청도	30	5
3	경기도	40	3
4	충청도	20	4

GROUP BY pref ;

3	경기도	40	3
2	충청도	30	5
4	충청도	20	4

학습용 데이터베이스에서 사용하는 테이블은 대부분 레코드 수가 적기 때문에 실감하기 어렵지만, 레코드 수가 매우 많아지면 SELECT 문은 실행에 시간이 걸립니다. SELECT 문을 적을 때는 되도록 먼저 대상이 되는 레코드 수를 줄여 두는 것이 핵심입니다.

처리 시간을 우선한다? 의미를 우선한다?

처리 시간을 생각하면 확실히 먼저 레코드 수를 줄여 두는 것은 중요하지만, 무조건은 아닙니다. 「'서울시'가 아닌 레코드를 추출해서 그룹화」와 「'서울시'가 아닌 그룹을 추출」에서는 뉘앙스가 다릅니다. 처리 효율도 중요하지만 우선은 어떤 데이터를 가져올지, 무엇을 할지를 생각해서 SELECT 문을 적는 걸 몸에 익힙시다.

pref에서 그룹화한 값을 표시할 때 AS를 사용하여 컬럼에 별명을 붙입니다.

pref 컬럼을 그룹화하고, 별명을 붙여서 inquiry 테이블에서 가져온다 (원래대로라면 실행할 수 없다)

```
SELECT
  pref AS 시도군청
FROM
  inquiry
GROUP BY
  시도군청;
```

SELECT 구보다 먼저 GROUP BY 구가 실행되기 때문에 SELECT 구에서 설정된 pref의 별명 '시도군청'은 GROUP BY 구를 실행하는 시점에서는 「어떻게 된 일이지?」가 될 것입니다.

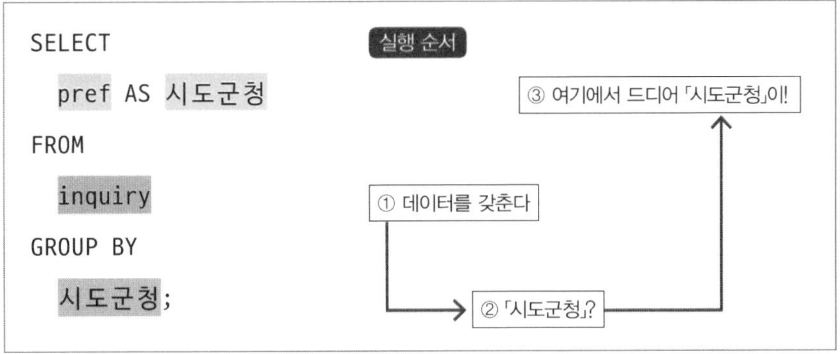

DBMS의 종류에 따라서는 문제없이 실행할 수 있지만, 원래는 오류가 나는 작성법입니다. SELECT 문의 실행 순서를 이해하고 문제가 있는 작성법은 하지 않도록 유의합시다.

사소한 지식

SQL의 문법 오류

GROUP BY 구에서 지정한 집약 키 이외의 컬럼명을 SELECT 구에 적어도 오류가 나지 않는 경우가 있습니다. 그 대신 결과는 이상하게 됩니다. 툴을 이용하면 문법에 치명적인 실수가 없는 경우 오류 표시를 하지 않습니다. 오류 표시가 나오지 않았다고 해서 항상 올바른 결과를 얻을 수 있는 건 아니므로 주의합시다.

4장 연습문제

문제 1

다음의 menu 테이블에 대해서 ❶, ❷, ❸ 각각의 SELECT를 실행한 결과를 답합시다.

[menu] ※첫 번째 행은 데이터형

INT	VARCHAR(20)	VARCHAR(10)	INT
id	menu_name	category	price
1	페스카토레	FOOD	1200
2	제노바페스토	FOOD	1100
3	커피	DRINK	500
4	젤라토	SWEETS	400
5	스파게티	FOOD	900
6	티라미수	SWEETS	500
7	카르보나라	FOOD	1200
8	오렌지주스	DRINK	600
9	홍차	DRINK	500

❶

```
SELECT
  DISTINCT category
FROM
  menu;
```

❷

```
SELECT
  DISTINCT category, price
FROM
  menu;
```

❸

```
SELECT
  category
FROM
  menu
GROUP BY
  category;
```

문제 2

문제1의 menu 테이블에서 ❶~❺의 내용을 추출하는 SELECT 문은 어떻게 될지 적어 봅시다. SELECT 구에는 각각 집약 함수를 이용합니다.

❶ 테이블 전체의 행 수

❷ category로 그룹화한 경우의 category의 값과 category마다 price의 최댓값

❸ category로 그룹화한 경우의 category의 값과 category마다 price의 평균값

❹ category로 그룹화한 경우의 category의 값과 category마다 price의 최댓값과 최솟값을 더하고 2로 나눈 값

❺ AVG 함수를 사용하지 않는 작성법으로 테이블 전체의 price의 평균값 (SUM 함수와 COUNT 함수를 사용)

문제 3

문제1의 menu 테이블에 대해서 SELECT 문을 실행합니다. ❶~❹의 SELECT 문의 [　　　] 부분에 적을 수 있는 항목을 전부 고릅시다. [　　　] 부분에는 각각 1개의 항목이 들어갑니다.

[항목] menu_name, category, price, COUNT(*),
category = 'FOOD', COUNT(*) > 2

❶

```
SELECT
  menu_name
FROM
  menu
WHERE
  [        ];
```

❷

```
SELECT
  [          ] ;
FROM
  menu
GROUP BY
  category;
```

❸

```
SELECT
  category, price
FROM
  menu
GROUP BY
  category, [          ] ;
```

❹

```
SELECT
  category
FROM
  menu
GROUP BY
  category
HAVING
  [          ] ;
```

해답

문제 1 해답

※ 레코드의 순서는 관계없는 걸로 합니다.

❶

category
FOOD
DRINK
SWEETS

❷

category	price
FOOD	1200
FOOD	1100
DRINK	500
SWEETS	400
FOOD	900
SWEETS	500
DRINK	600

❸

category
DRINK
FOOD
SWEETS

문제 2 해답

❶

```
SELECT
    COUNT(*)
 FROM
    menu;
```

❷

```
SELECT
  category, MAX(price)
FROM
  menu
GROUP BY
  category;
```

❸

```
SELECT
  category, AVG(price)
FROM
  menu
GROUP BY
  category;
```

❹

```
SELECT
   category,
   (MAX(price) + MIN(price)) / 2
FROM
   menu
GROUP BY
   category;
```

❺

```
SELECT
  SUM(price) / COUNT(*)
FROM
  menu;
```

※ COUNT(*)는 COUNT(price)로도 가능

문제 3 해답

❶ category = 'FOOD'

❷ category와 COUNT(*)

❸ price

❹ category = 'FOOD'와 COUNT(*) > 2

5장

레코드를 정렬해서 가져오자

SELECT 문으로 가져온 데이터는 ID순이네요.
ID
1
2
3
아닙니다.
어쩌다 그렇습니다.
네? 그래도 ID순으로 나열되어 있는데요?
그러니까 우연인 것입니다.
ID 컬럼이 없는 테이블도 있습니다.
그렇다면 어떻게?
정렬을 지정하면 됩니다.
ORDER BY column1 ASC
정렬로!
이 컬럼에서
오름차순으로
column1
2
3
1
column1
1
2
3
1
2
3
오름차순
내림차순
도 지정할 수 있습니다.
이런 건 빨리 배우고 싶었는데...
푹
정렬은 매우 힘들어요.
컴퓨터가
필요할 때만 사용합시다.

01 레코드를 정렬하자

SELECT 문에서 가져온 레코드는 ID 컬럼의 순이나 레코드를 추가한 순으로 나열되어 있는 것처럼 보이지만 사실은 정렬 순이 정해져 있는 것은 아닙니다. 정렬 순을 지정해서 확실하게 정렬을 시행하는 방법을 배웁니다.

01.1 레코드를 정렬해보자

가져온 레코드를 정렬해서 표시할 수 있습니다. 정렬에는 ORDER BY를 사용합니다.

product 테이블의 전체 컬럼을 product_id의 오름차순으로 정렬해서 가져옵시다. ORDER BY 구를 붙이지 않아도 product_id의 순서로 되어있는 경우가 많지만, 이것은 확실하게 보증된 정렬 순은 아닙니다. ORDER BY 구를 붙임으로써 확실하게 정렬이 이뤄집니다.

product 테이블의 전체 컬럼을 product_id의 오름차순으로 정렬해 가져온다

```
SELECT
  *
FROM
  product
ORDER BY
  product_id ASC;
```

product_id	product_name	stock	price
1	약용 입욕제	100	70
2	약용 핸드솝	23	700
3	천연 아로마 입욕제	4	120
4	거품 목욕제	23	120
5	비누 딸기100%	10	150
6	100%우유_입욕제	15	140

오름차순으로 정렬

product_id	product_name	stock	price
1	약용 입욕제	100	70
2	약용 핸드솝	23	700
3	천연 아로마 입욕제	4	120
4	거품 목욕제	23	120
5	비누 딸기100%	10	150
6	100%우유_입욕제	15	140

ORDER BY 구가 아니어도 같은 결과네요.

그래서 그것은 「우연」입니다. 정렬 순을 확실하게 하고 싶으면 ORDER BY 구를 사용합시다.

ORDER BY 구는 지금까지 배운 SELECT 문의 안에서 사용하는 구 중에서는 가장 마지막에 적습니다. ORDER BY에 이어서 어떤 컬럼 순으로 정렬하고 싶은지 컬럼명을 지정합니다. 또한 그 후에 정렬 순을 지정합니다. 정렬 순은 ASC와 DESC 두 종류입니다.

문자열이면 사전 순, 날짜면 오래된 날짜부터 최신 날짜로의 순이 오름차순입니다. 내림차순은 그 반대입니다.

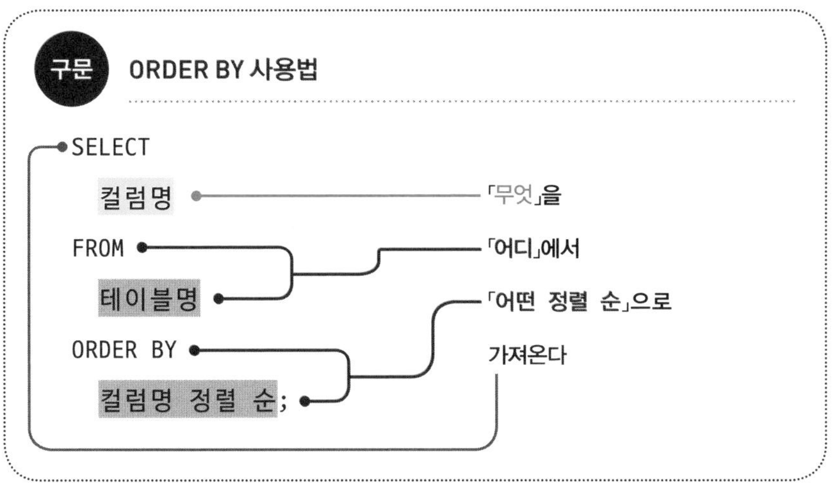

정렬 순은 생략할 수 있습니다. 생략한 경우는 자동으로 정렬 순은 ASC가 됩니다.

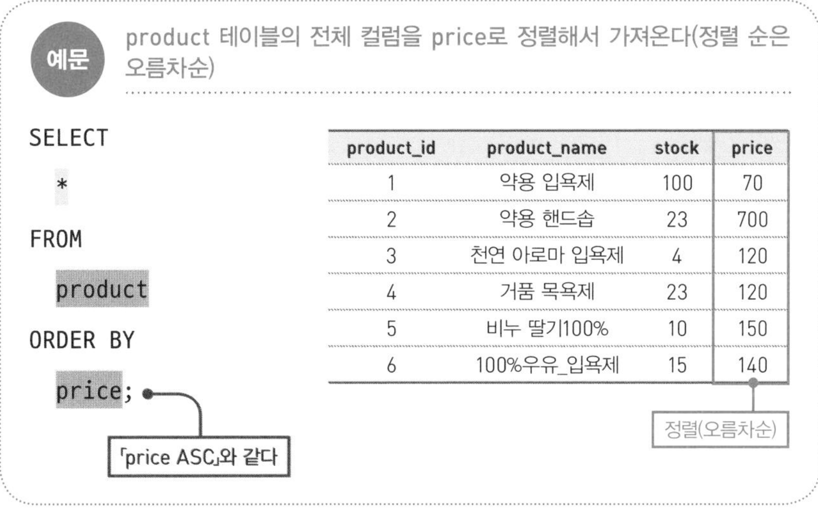

product_id	product_name	stock	price
1	약용 입욕제	100	70
2	약용 핸드솝	23	700
3	천연 아로마 입욕제	4	120
4	거품 목욕제	23	120
5	비누 딸기100%	10	150
6	100%우유_입욕제	15	140

product_id	product_name	stock	price
1	약용 입욕제	100	70
3	천연 아로마 입욕제	4	120
4	거품 목욕제	23	120
6	100%우유_입욕제	15	140
5	비누 딸기100%	10	150
2	약용 핸드솝	23	700

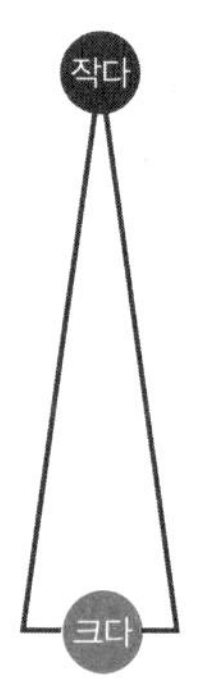

DESC를 지정하면 내림차순으로 정렬합니다.

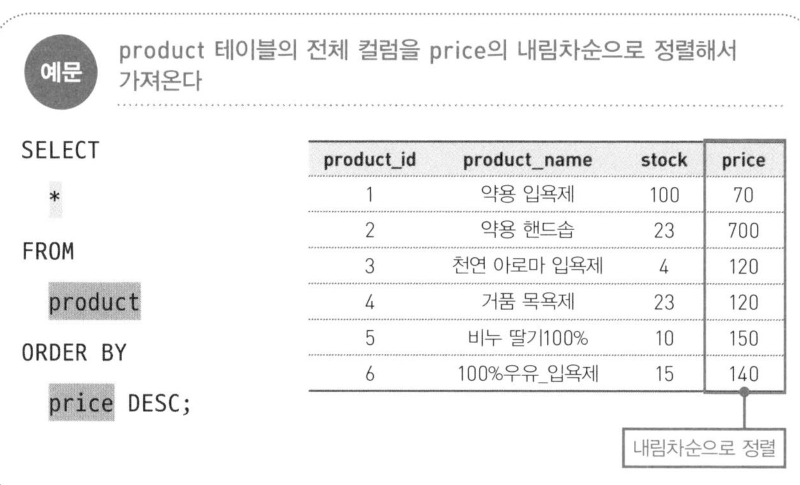

예문 product 테이블의 전체 컬럼을 price의 내림차순으로 정렬해서 가져온다

```
SELECT
  *
FROM
  product
ORDER BY
  price DESC;
```

product_id	product_name	stock	price
1	약용 입욕제	100	70
2	약용 핸드솝	23	700
3	천연 아로마 입욕제	4	120
4	거품 목욕제	23	120
5	비누 딸기100%	10	150
6	100%우유_입욕제	15	140

product_id	product_name	stock	price
2	약용 핸드솝	23	700
5	비누 딸기100%	10	150
6	100%우유_입욕제	15	140
3	천연 아로마 입욕제	4	120
4	거품 목욕제	23	120
1	약용 입욕제	100	70

ASC는 오름차순, DESC는 내림차순으로 정렬하는 걸 확인하세요.

01.2 같은 순위의 레코드는 어떻게 될까?

정렬하는 기준이 되는 컬럼의 내용이 같은 경우는 어떻게 될까요?

price
70
120
120
140

어느 것이 먼저? 다음?

같은 순위 부분의 순서는 정해져 있지 않습니다. 같은 순위의 것을 거듭 정렬하려면 ORDER BY 구의 안에 정렬을 위한 컬럼명을 여러 개 지정합니다. 여러 컬럼명은 콤마로 구분해서 적습니다. 앞에서부터 적힌 순으로 정렬을 실시합니다.

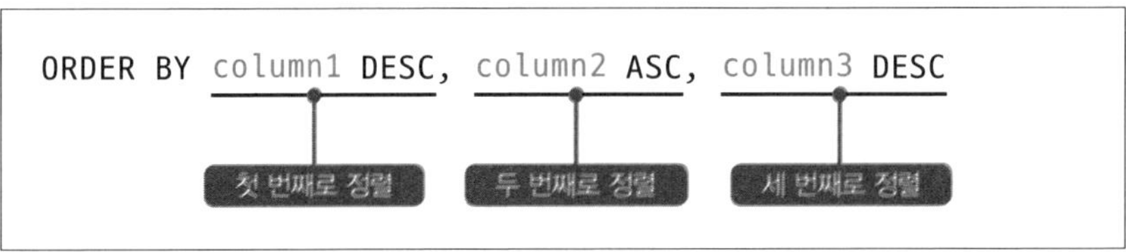

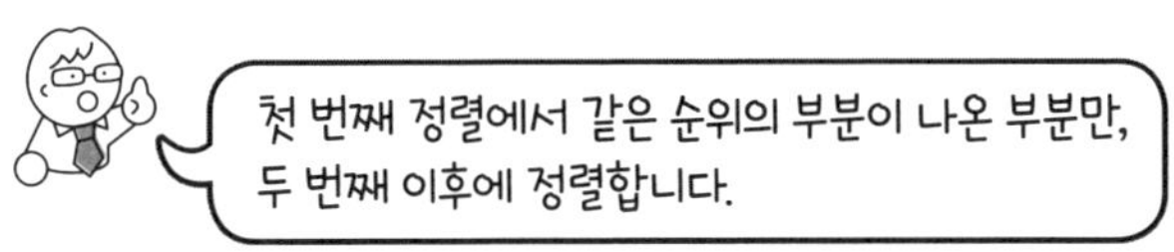

처음에 column1에서 내림차순으로 정렬하고 그 안에서 같은 순위인 것이 있으면 같은 순위의 부분은 column2에서 오름차순으로 정렬합니다. column2에서도 같은 순위가 있으면 column3에서 내림차순으로 정렬합니다.

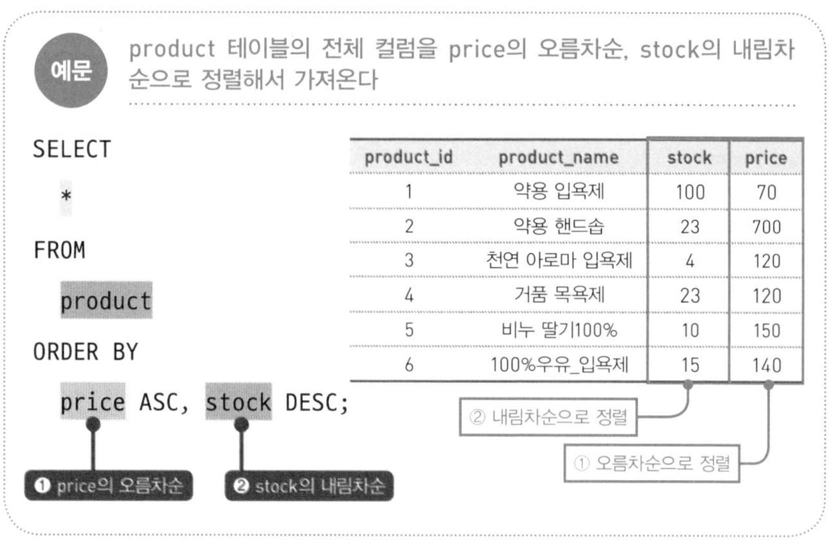

예문 product 테이블의 전체 컬럼을 price의 오름차순, stock의 내림차순으로 정렬해서 가져온다

```
SELECT
  *
FROM
  product
ORDER BY
  price ASC, stock DESC;
```

product_id	product_name	stock	price
1	약용 입욕제	100	70
2	약용 핸드솝	23	700
3	천연 아로마 입욕제	4	120
4	거품 목욕제	23	120
5	비누 딸기100%	10	150
6	100%우유_입욕제	15	140

product_id	product_name	stock	price
1	약용 입욕제	100	70
4	거품 목욕제	23	120
3	천연 아로마 입욕제	4	120
6	100%우유_입욕제	15	140
5	비누 딸기100%	10	150
2	약용 핸드솝	23	700

먼저 price에서 정렬을 시행합니다. price의 오름차순에는 120이 두 개 있습니다. 다음 stock의 정렬에서 price가 같은 값의 레코드를 stock의 내림차순으로 정렬합니다.

01.3 ORDER BY 구에는 무엇을 지정할 수 있을까?

정렬을 하는 것을 소트라고 부릅니다. ORDER BY에 이어서 적는 컬럼명은 정렬의 기준이 되는 것이기 때문에 정렬 키(소트 키)라고 불립니다.

정렬 키에는 SELECT 구에 없는 것도 지정할 수 있습니다.

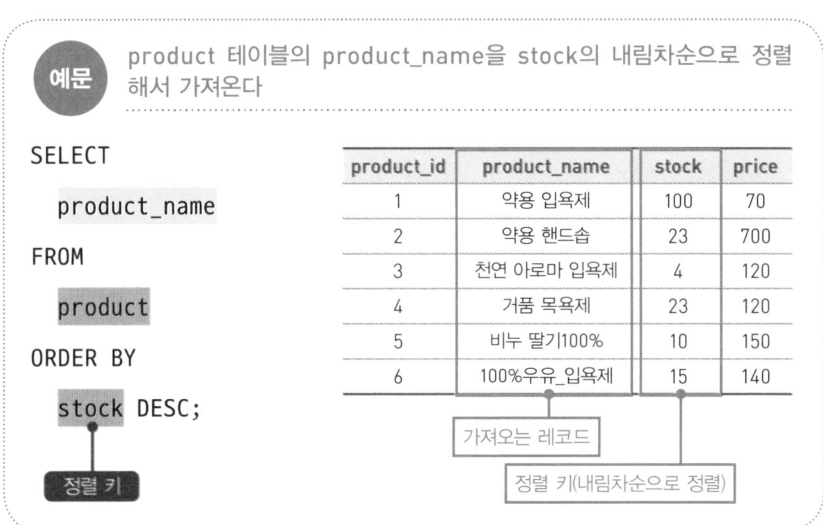

예문 product 테이블의 product_name을 stock의 내림차순으로 정렬해서 가져온다

```
SELECT
  product_name
FROM
  product
ORDER BY
  stock DESC;
```

product_id	product_name	stock	price
1	약용 입욕제	100	70
2	약용 핸드솝	23	700
3	천연 아로마 입욕제	4	120
4	거품 목욕제	23	120
5	비누 딸기100%	10	150
6	100%우유_입욕제	15	140

product_name
약용 입욕제
약용 핸드솝
거품 목욕제
100%우유_입욕제
비누 딸기100%
천연 아로마 입욕제

정렬 키 stock은 SELECT 구에서 지정하지 않습니다. 그래도 제대로 정렬을 실시할 수 있었습니다.

정렬 키에는 SELECT 구에서 지정한 컬럼의 정렬 순의 수치를 지정할 수 있습니다. 앞에서부터 세서 1번째면 1, 2번째면 2라는 식입니다.

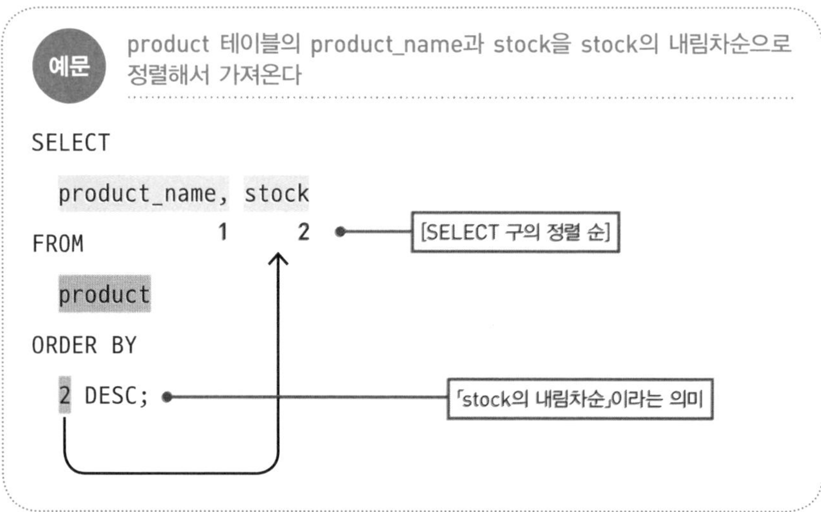

SELECT 구에서 앞에서부터 2번째에 지정하고 있는 것은 stock 컬럼이므로 stock의 내림차순으로 정렬됩니다.

SELECT 구가 「*」인 경우는 테이블의 모든 컬럼을 가져오므로 stock을 정렬 키로 하고 싶은 경우는 「ORDER BY 3」이라고 지정합니다.

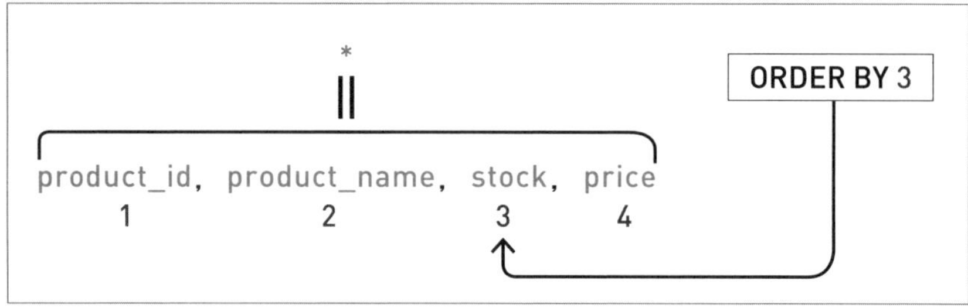

정렬 키에는 이 밖에 연산자, 함수도 사용할 수 있습니다.

stock * price 값으로 정렬합시다.

```
SELECT
  product_name, stock * price
FROM
  product
ORDER BY
  stock * price; ← stock * price의 오름차순
```

product_name	stock * price
천연 아로마 입욕제	480
비누 딸기100%	1500
100%우유_입욕제	2100
거품 목욕제	2760
약용 입욕제	7000
약용 핸드솝	16100

01.4 WHERE 구나 GROUP BY 구와 함께 사용할 수 있다?

ORDER BY 구는 WHERE 구나 GROUP BY 구가 있는 SELECT 문에서도 문제없이 사용할 수 있습니다. WHERE 구나 GROUP BY 구가 있어도 정렬을 위한 ORDER BY 구는 지금까지 학습한 구 중에서는 가장 마지막에 적는 규칙입니다.

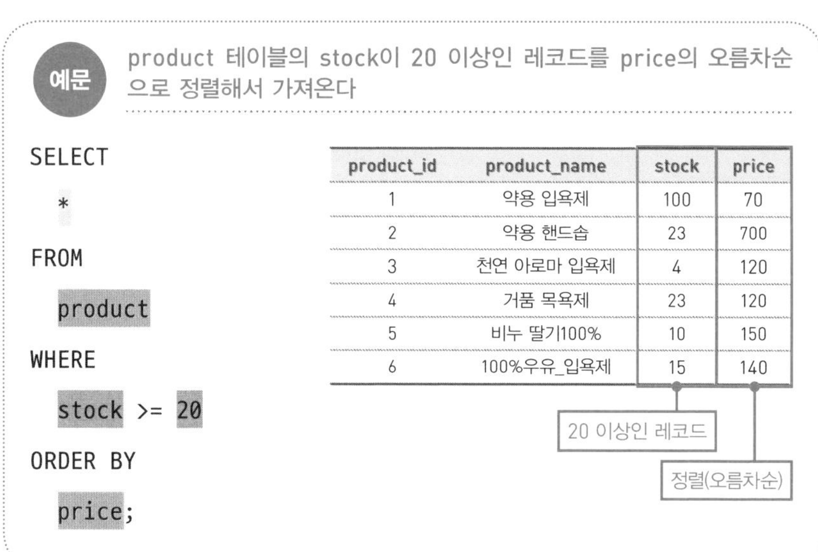

예문 product 테이블의 stock이 20 이상인 레코드를 price의 오름차순으로 정렬해서 가져온다

```
SELECT
  *
FROM
  product
WHERE
  stock >= 20
ORDER BY
  price;
```

product_id	product_name	stock	price
1	약용 입욕제	100	70
2	약용 핸드솝	23	700
3	천연 아로마 입욕제	4	120
4	거품 목욕제	23	120
5	비누 딸기100%	10	150
6	100%우유_입욕제	15	140

WHERE stock >= 20

product_id	product_name	stock	price
1	약용 입욕제	100	70
2	약용 핸드솝	23	700
4	거품 목욕제	23	120

ORDER BY price

product_id	product_name	stock	price
1	약용 입욕제	100	70
4	거품 목욕제	23	120
2	약용 핸드솝	23	700

WHERE 구의 조건에 일치하는 레코드는 3개뿐입니다. WHERE 구의 조건에 일치하는 3개의 레코드에 대해 정렬을 시행하고 있습니다.

이번에는 GROUP BY와 ORDER BY를 함께 사용합시다. 제4장에서 사용한 inquiry 테이블을 pref로 그룹화하고 집약 함수 COUNT로 정렬합니다.

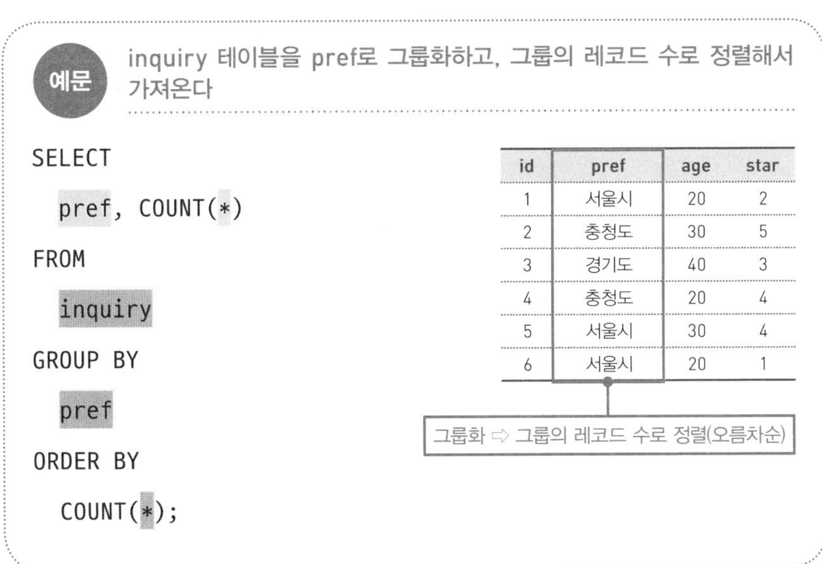

예문 inquiry 테이블을 pref로 그룹화하고, 그룹의 레코드 수로 정렬해서 가져온다

```
SELECT
  pref, COUNT(*)
FROM
  inquiry
GROUP BY
  pref
ORDER BY
  COUNT(*);
```

id	pref	age	star
1	서울시	20	2
2	충청도	30	5
3	경기도	40	3
4	충청도	20	4
5	서울시	30	4
6	서울시	20	1

GROUP BY pref

pref	COUNT(*)
서울시	3
충청도	2
경기도	1

ORDER BY COUNT(*)

pref	COUNT(*)
경기도	1
충청도	2
서울시	3

ORDER BY 구가 있는 SELECT 문에서 GROUP BY 구도 함께 사용할 수 있고 게다가 정렬 키로 집약 함수를 지정할 수 있었습니다.

02 ORDER BY 구의 주의점

정렬은 편리한 기능이지만 사용할 때는 주의해야 합니다. ORDER BY 구를 사용할 때에 주의해야 할 점과 정렬을 시행할 때에 알아 두면 좋은 것을 소개합니다.

02.1 NULL은 어떻게 될까?

정렬 키의 컬럼 값에 NULL이 있는 경우, 정렬의 결과 NULL은 어떤 순서가 될까요? 시험해 봅시다.

product 테이블에 price가 NULL인 레코드를 추가합니다.

product_id	product_name	stock	price
1	약용 입욕제	100	70
6	100%우유_입욕제	15	140
7	천연 쑥 비누	1	NULL

추가

예문 product 테이블의 전체 컬럼을 price의 오름차순으로 정렬해서 가져온다

```
SELECT
  *
FROM
  product
ORDER BY
  price ASC;
```

product_id	product_name	stock	price
1	약용 입욕제	100	70
2	약용 핸드솝	23	700
3	천연 아로마 입욕제	4	120
4	거품 목욕제	23	120
5	비누 딸기100%	10	150
6	100%우유_입욕제	15	140
7	천연 쑥 비누	1	NULL

오름차순으로 정렬

product_id	product_name	stock	price
7	천연 쑥 비누	1	NULL
1	약용 입욕제	100	70
3	천연 아로마 입욕제	4	120
4	거품 목욕제	23	120
6	100%우유_입욕제	15	140
5	비누 딸기100%	10	150
2	약용 핸드솝	23	700

price가 NULL인 레코드는 가장 처음이 되었습니다.

그러나 처리계에 따라서는 NULL인 레코드는 마지막이 되는 경우도 있습니다.

product_id	product_name	stock	price
1	약용 입욕제	100	70
3	천연 아로마 입욕제	4	120
4	거품 목욕제	23	120
6	100%우유_입욕제	15	140
5	비누 딸기100%	10	150
2	약용 핸드솝	23	700
7	천연 쑥 비누	1	NULL

NULL은 마지막에 있는 것이 좋을 것 같은데요...

NULL은 오름차순으로 처음에 오는 경우가 많아요.

ORDER BY 구의 정렬에서 NULL의 값을 처음이나 마지막으로 의도해서 가져올 때는 NULL 값을 0이나 마이너스 값, 반대로 매우 큰 값으로 바꿔 둡니다. 그 방법은 다음 장에서 소개합니다.

NULL인 값을 마지막에 가져오려면 다음의 방법도 유효합니다.

```
SELECT
  *
FROM
  product
ORDER BY
  price IS NULL ASC, price ASC;
```

IS NULL은 값이 NULL이면 1을 반환하는 연산자입니다. 정렬하는 컬럼의 값이 NULL이 아니면 IS NULL의 결과는 0, NULL이면 결과는 1을 반환합니다. 따라서 「ORDER BY price IS NULL」로 처음에 price 값이 NULL이 아닌 레코드가 정렬, 그 후에 price 값이 NULL인 레코드가 정렬됩니다. 처음의 정렬이 끝난 시점에서 NULL인 컬럼은 마지막에 통합됩니다.
다음에 price 값으로 거듭 정렬함으로써 NULL을 마지막으로 해서 price의 오름차순으로 정렬할 수 있습니다.
product 테이블에 추가한 레코드는 삭제해 둡시다.

02.2 조금 바뀐 정렬을 해보자

02.1에서 시행한 NULL을 마지막에 통합하는 방법처럼 ORDER BY 구에 조건을 지정함으로써 특정 레코드를 처음이나 마지막에 가져올 수가 있습니다.
product 테이블 중에서 price 값이 정확히 150인 레코드를 처음에 정렬하고 싶은 경우는 OEDER BY 구에 「price = 150 DESC」라는 조건을 적습니다.

```
SELECT
  *
FROM
  product
ORDER BY
  price = 150 DESC;
```

product_id	product_name	stock	price	price = 150
5	비누 딸기100%	10	150	**1**
1	약용 입욕제	100	70	0
2	약용 핸드솝	23	700	0
3	천연 아로마 입욕제	4	120	0
4	거품 목욕제	23	120	0
6	100%우유_입욕제	15	140	0

price = 150의 판정 결과는 표와 같습니다. 판정 결과를 DESC으로 내림차순 지정하고 있으므로 판정 결과가 1인 것이 처음에 오는 것과 같은 구조입니다.

다음에 price가 140 이상인 것을 처음에 표시하고 거듭 price의 오름차순으로 정렬합니다.

```
SELECT
  *
FROM
  product
ORDER BY
  price >= 140 DESC, price ASC;
```

product_id	product_name	stock	price		price >= 140
6	100%우유_입욕제	15	140	1	1
5	비누 딸기100%	10	150	1	1
2	약용 핸드솝	23	700	1	1
1	약용 입욕제	100	70	0	0
3	천연 아로마 입욕제	4	120	0	0
4	거품 목욕제	23	120	0	0

거듭 price에서 오름차순으로 정렬

처음에 「price >= 140」의 판정 결과를 DESC로 내림차순으로 지정하고 있으므로 판정 결과가 1인 레코드가 처음에 표시됩니다. 또한 「price >= 140」의 판정 결과로 같은 순위의 레코드를 price의 오름차순으로 정렬한 것이 최종적인 정렬 순이 됩니다.

ORDER BY 구에 조건을 지정함으로써 표시 순을 자유롭게 구사할 수 있습니다.

그 밖에도 앞으로 나오는 함수나 조건 분류의 구문에서도 표시 순서를 지정할 수 있습니다.

02.3 ORDER BY 구의 실행 순서

ORDER BY 구는 지금까지 나온 구 중에서 가장 마지막에 적는데, 실행 순서도 현재로서는 가장 마지막입니다.

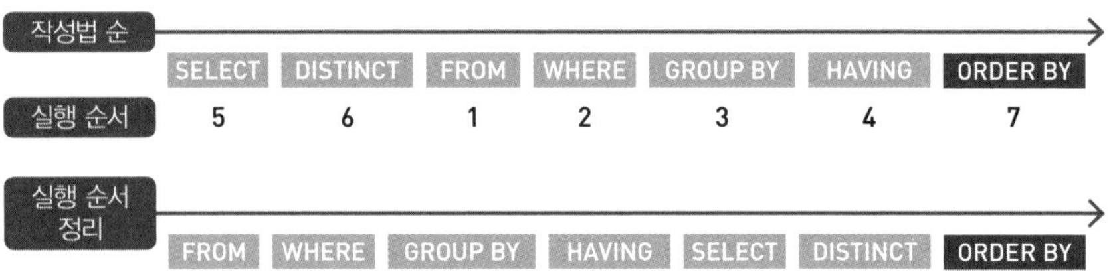

ORDER BY 구는 SELECT 구의 다음에 실행되므로 SELECT 구에서 설정한 AS의 별명을 문제없이 ORDER BY 구에서 사용할 수 있습니다.

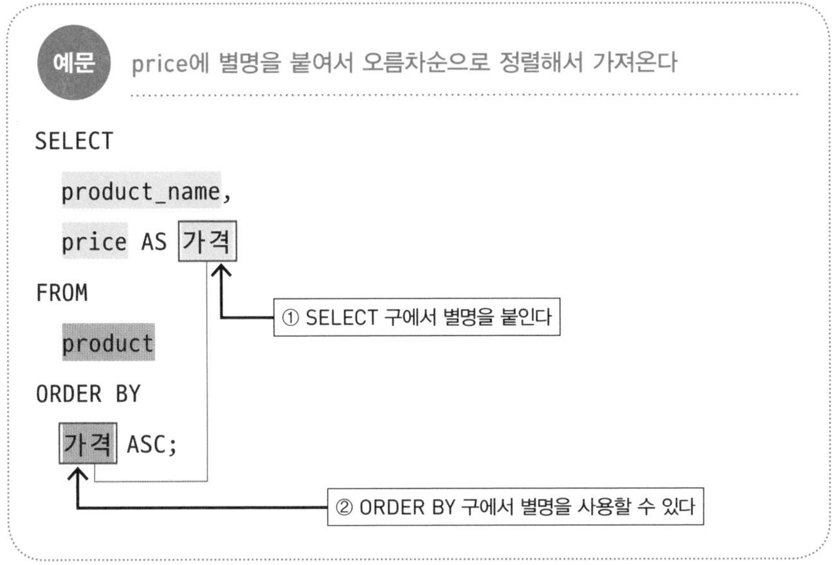

product_name	가격
약용 입욕제	70
천연 아로마 입욕제	120
거품 목욕제	120
100%우유_입욕제	140
비누 딸기100%	150
약용 핸드솝	700

먼저 SELECT 구에 별명이 설정되어 있으므로 그 다음에 실행되는 ORDER BY 구에서 별명을 지정해도 문제없이 이용할 수 있습니다.

다만, 다음과 같이 별명을 싱글 쿼테이션이나 더블 쿼테이션으로 감싸서 적으면 제대로 정렬을 시행해주지 않습니다.

```
SELECT
  product_name,
  price AS '가격'
FROM
  product
ORDER BY
  '가격' ASC;
```

ORDER BY 구에 별명을 지정할 때는 싱글 쿼테이션이나 더블 쿼테이션으로 감싸지 않고, 그대로 적읍시다.

SELECT 구에서는 무엇을 하고 있나요?

SELECT 구의 다음에 ORDER BY 구를 시행한다면 SELECT 구에 지정하지 않는 컬럼명을 ORDER BY 구에서 지정해도 되는 건가? 라고 생각할 수 있습니다.
SELECT 구에서는 컬럼을 표시할지 말지를 정하거나 함수를 실행하고 있는 것뿐으로 SELECT 구에서 지정하지 않은 컬럼을 잘라버리는 것은 아닙니다.

product_id	product_name	stock	price
1	약용 입욕제	100	70
2	약용 핸드솝	23	700
3	천연 아로마 입욕제	4	120
4	거품 목욕제	23	120
5	비누 딸기100%	10	150
6	100%우유_입욕제	15	140

product_id	product_name	stock	price
3	천연 아로마 입욕제	4	120
5	비누 딸기100%	10	150
6	100%우유_입욕제	15	140
2	약용 핸드솝	23	700
4	거품 목욕제	23	120
1	약용 입욕제	100	70

stock으로 정렬

SELECT 구에서는 컬럼을 표시할지 말지를 정하고 있는 것뿐이므로 SELECT 구에 없는 컬럼을 ORDER BY 구에서 사용할 수 있습니다.

02.4 사전 순

문자열의 크기 비교나 정렬에서 정렬 순은 「기본적으로 사전 순」이라고 설명해 왔습니다. 이것은 매우 대략적인 표현입니다. 실제는 정렬할 때에 어떤 순서가 되는지 테이블마다, 컬럼마다 설정되어 있습니다. 이를 **대조 순서**라고 합니다.

다음과 같은 테이블을 만듭니다. 테이블명은 search2로 합니다.

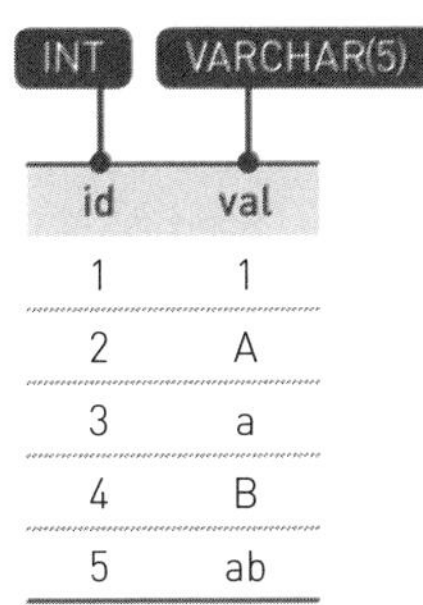

id	val
1	1
2	A
3	a
4	B
5	ab

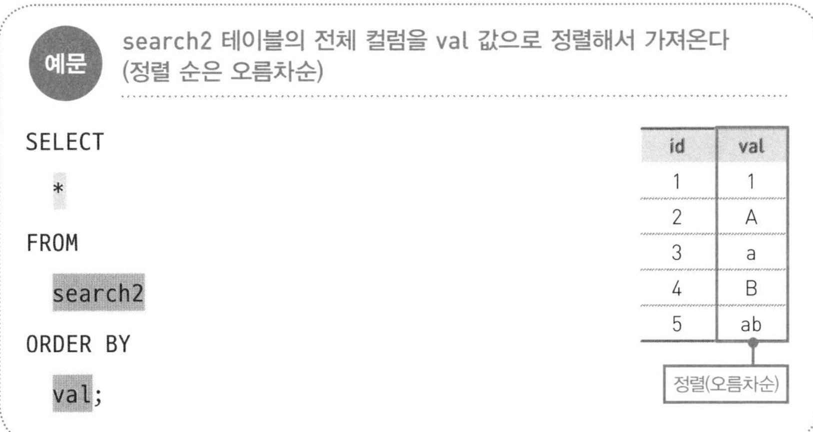


```
SELECT
  *
FROM
  search2
ORDER BY
  val;
```

id	val
1	1
2	A
3	a
4	B
5	ab

먼저 일반적으로 테이블을 만들면 대조 순서는 utf8_general_ci로 되어 있을 것입니다. 그 밖에 대조 순서 utf8_bin과 utf8_unicode_ci로 변경하여 정렬해 보겠습니다.

대조 순서 utf8_general_ci

id	val
1	1
2	A
3	a
5	ab
4	B

대조 순서 utf8_bin

id	val
1	1
2	A
4	B
3	a
5	ab

대조 순서 utf8_unicode_ci

id	val
1	1
2	A
3	a
5	ab
4	B

전부 미묘하게 다르네요

여러 가지 섞여 있는 문자열의 정렬 결과는 자신의 예상대로 될 거라고는 기대하지 말 것!

훑어보면 대문자 소문자를 구별하거나 하지 않거나 하는 차이가 나오고 있습니다.

생각했던 순서와 달라! 라는 것은 이 대조 순서의 차이 때문입니다.

대조 순서의 설정은 특별한 SQL을 실행해서 할 수 있으나, 이 책에서는 설명하지 않습니다.

02.5 인덱스

ORDER BY 구에 의한 정렬은 컴퓨터에 부하가 걸리고 처리 시간도 걸리기 때문에 정렬해야 할 때만 사용하도록 합시다. 그렇다고 해도 실제 정렬은 편리하므로 자주 사용하게 됩니다.

그러나 인덱스를 사용함으로써 다소 빠른 정렬을 시행할 수 있게 됩니다. 인덱스란 책의 마지막에 붙어있는 「색인」과 같은 것입니다.

「ORDER BY」를 찾는다

색인은 목적하는 것을 찾을 때에 자주 사용하죠.

연상이 잘 안 될 수도 있으나, 데이터베이스에서는 정렬에도 도움을 줍니다.

인덱스를 사용함으로써 빨리 목적의 정보를 찾을 수 있습니다.

데이터베이스의 인덱스는 각각의 컬럼에 대해서 만듭니다.

product 테이블의 product_name에 인덱스를 만듭니다.

product_name의 인덱스는 product_name 값이 순서대로 정렬되어 있고, 대응하는 product_id의 위치를 바로 알 수 있는 구조로 되어 있습니다.

product_name의 인덱스

「비누 딸기 100%」를 찾는다

product_name	product_id
100%우유_입욕제	6
거품 목욕제	4
천연 아로마 입욕제	3
비누 딸기100%	5
약용 핸드솝	2
약용 입욕제	1

product_id	product_name	stock	price
1	약용 입욕제	100	70
2	약용 핸드솝	23	700
3	천연 아로마 입욕제	4	120
4	거품 목욕제	23	120
5	비누 딸기100%	10	150
6	100%우유_입욕제	15	140

「product_name = '비누 딸기100%'」를 WHERE 구에서 지정했을 때, product_name의 인덱스로부터 '비누 딸기100%'의 값을 찾습니다. 인덱스는 product_name 값으로 순서대로 정렬되어 있으므로 빨리 찾을 수 있습니다. 또한 ORDER BY 구에서 정렬을 시행할 때, 정렬 키로 지정한 컬럼에 인덱스가 있으면 이미 정렬되어 있는 인덱스의 정보를 의지하면 되므로 정렬은 빨리 할 수 있습니다.

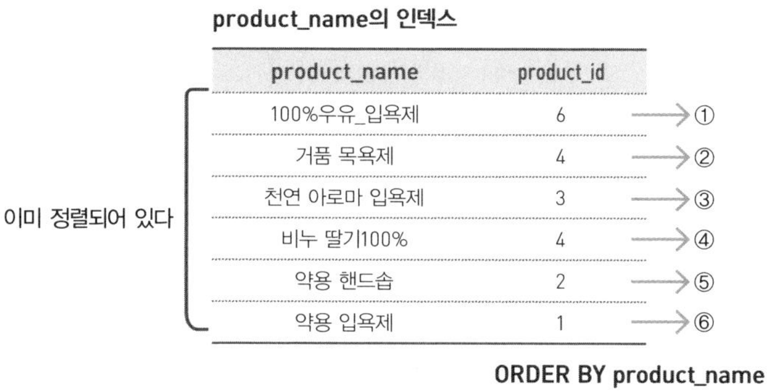

product_name의 인덱스

이미 정렬되어 있다

product_name	product_id	
100%우유_입욕제	6	→ ①
거품 목욕제	4	→ ②
천연 아로마 입욕제	3	→ ③
비누 딸기100%	4	→ ④
약용 핸드솝	2	→ ⑤
약용 입욕제	1	→ ⑥

ORDER BY product_name

언뜻 보면 편리한 인덱스지만, 모든 컬럼에 인덱스를 붙이면 그것은 그것대로 여러 가지 문제가 발생합니다. 정렬이나 검색에서 자주 사용하는 컬럼에 인덱스를 붙이는 것이 효율적입니다.
인덱스를 만드는 것은 특별한 SQL을 실행함으로써 할 수 있지만, 이 책에서는 설명하지 않습니다.

기본 키와 인덱스

대부분의 테이블에서는 기본 키(주 키, Primary key)라는 설정이 붙은 컬럼이 존재합니다. 기본 키 컬럼은 절대로 다른 레코드의 필드 값과 같지 않은 값을 가집니다. product 테이블이라면 product_id가 기본 키입니다.

product 테이블의 정보

이것이 기본 키(PrimaryKey)

Column Name	Datatype	PK	NN	UQ	B
product_id	INT	☑	☑	☐	☐
product_name	VARCHAR(20)	☐	☐	☐	☐
stock	INT	☐	☐	☐	☐
price	DECIMAL(10,0)	☐	☐	☐	☐
		☐	☐	☐	☐

보통은 기본 키의 컬럼에 대해서 인덱스가 자동으로 만들어집니다. 따라서 기본 키의 컬럼을 ORDER BY 구나 WHERE 구에 사용할 때는 처리가 늦어질 걱정이 적다는 것입니다.

03 레코드를 O행 가져오자

지금까지는 테이블에 있는 전체 레코드나 조건에 맞는 레코드를 전부 가져왔습니다. 전체 레코드가 아닌 지정한 조건만큼 선택해서 가져올 수 있습니다.

03.1 레코드를 O행 가져와!

가져온 레코드 중, 첫 O행만 원하는 경우는 LIMIT를 사용해서 행 수를 지정합니다.

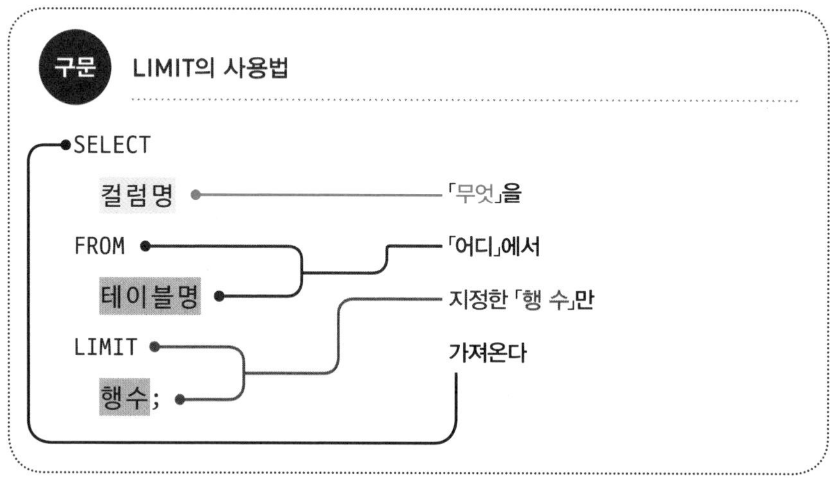

LIMIT는 SELECT 문의 마지막에 적습니다. LIMIT 구를 붙이는 것은 대개 정렬을 시행한 경우이므로 ORDER BY 구도 붙여서 시험해 봅시다.

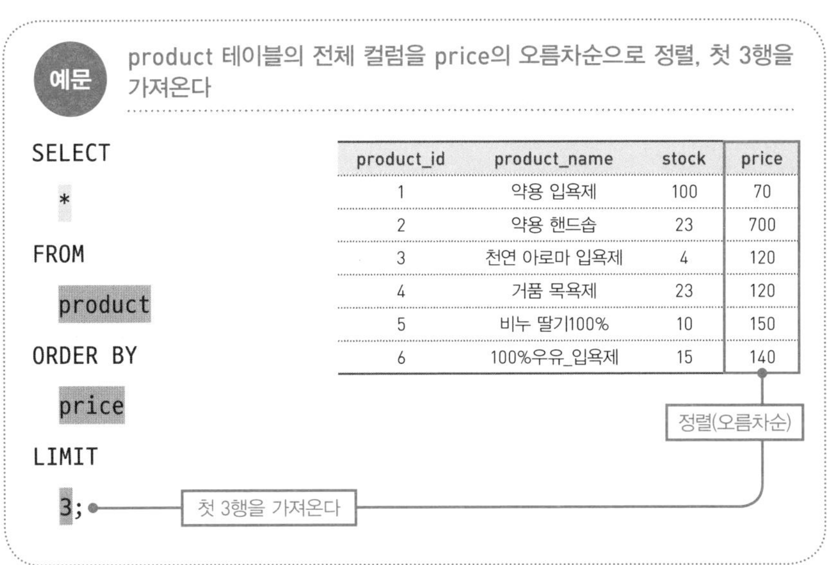

ORDER BY price

product_id	product_name	stock	price
1	약용 입욕제	100	70
3	천연 아로마 입욕제	4	120
4	거품 목욕제	23	120
6	100%우유_입욕제	15	140
5	비누 딸기100%	10	150
2	약용 핸드솝	23	700

LIMIT 3

product_id	product_name	stock	price
1	약용 입욕제	100	70
3	천연 아로마 입욕제	4	120
4	거품 목욕제	23	120

첫 3행

price의 오름차순 결과에서 첫 3행만 표시되었습니다.

MySQL Workbench에서의 LIMIT와 결과의 스크롤

MySQL Workbench에서는 LIMIT 구를 툴에 있는 리스트에서 지정할 수 있습니다.
「Limit to 10 rows」라면 「LIMIT 10」으로 지정한 것입니다.
하지만 실행하는 SELECT 문의 안에 「LIMIT 20」이라고 지정해 있으면 그것이 우선시됩니다.
「Don't Limit」는 LIMIT 지정이 없는 상태입니다.

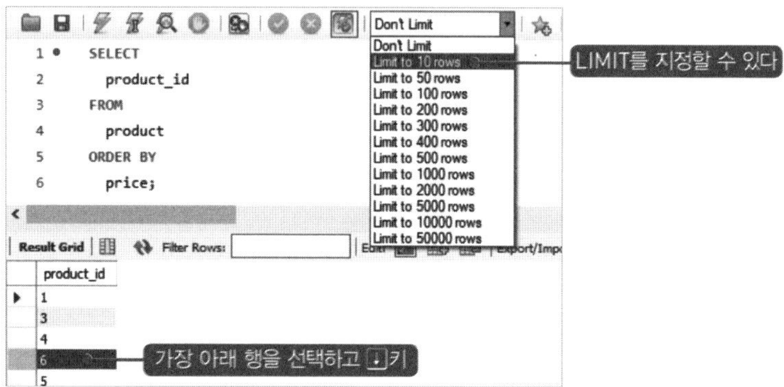

결과 표시 화면의 오른쪽에 스크롤바가 나오지 않을 때가 있습니다. 이렇게 되면 결과의 행 수가 많은 경우는 아래쪽을 볼 수 없게 됩니다.
이 경우 가장 아래 행 어딘가의 컬럼을 선택하고 ↓키를 누르면 아래도 볼 수 있게 됩니다.
돌아갈 때는 ↑키입니다.

03.2 레코드를 △에서 ○행 가져와!

LIMIT 구를 사용해서 가져오는 레코드 수를 지정하면 정렬한 첫 레코드에서부터 지정한 조건만큼 가져옵니다. 처음부터가 아닌 중간의 행 수에서부터 가져오려면 LIMIT 구에 이어 OFFSET을 사용합니다. OFFSET에 이어서 시작하는 위치를 지정합니다. 처음부터의 경우는 0을 지정합니다.

product_id	product_name	stock	price	OFFSET
1	약용 입욕제	100	70	← 0
3	천연 아로마 입욕제	4	120	← 1
4	거품 목욕제	23	120	← 2
6	100%우유_입욕제	15	140	← 3
5	비누 딸기100%	10	150	← 4
2	약용 핸드솝	23	700	← 5

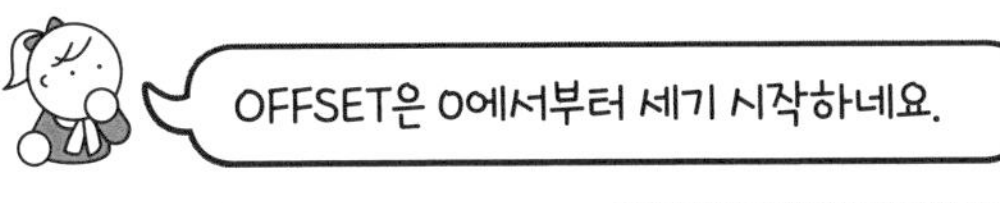

1번째 행부터 취하고 싶은 경우는 「OFFSET 0」입니다. 행 수를 그대로 지정해서 「OFFSET 1」은 아니기 때문에 주의합시다. OFFSET에 이어서 지정하는 위치는 「시작하고 싶은 행수 – 1」로 기억합니다.

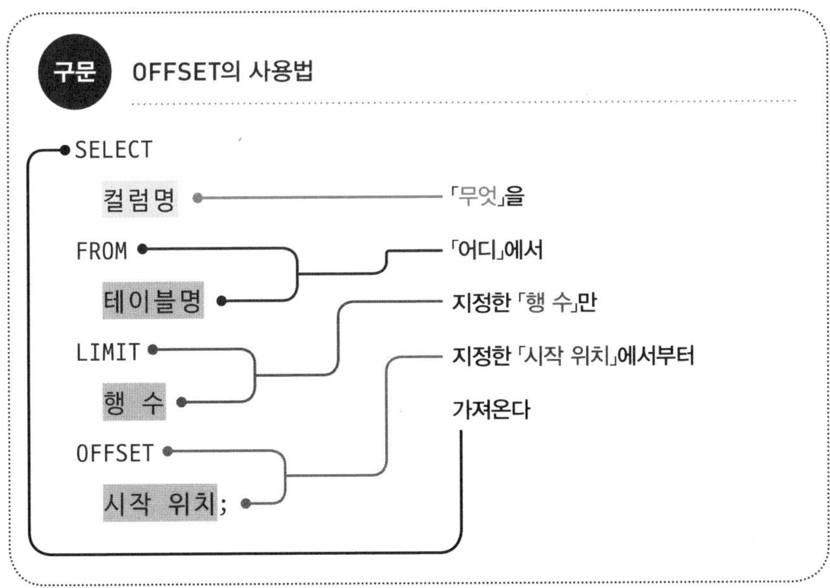

시작 위치를 지정해서 레코드를 가져옵시다.

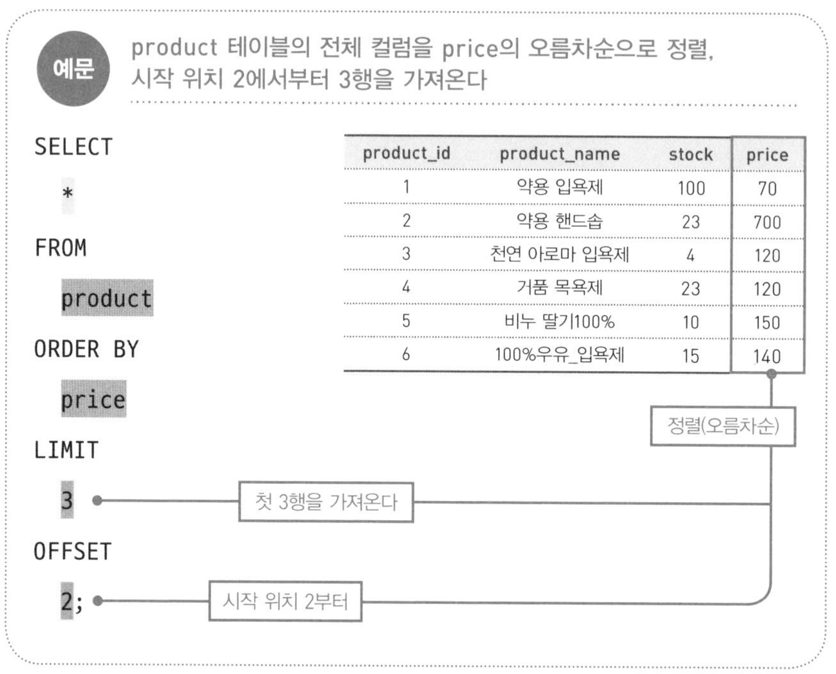

ORDER BY price

product_id	product_name	stock	price
1	약용 입욕제	100	70
3	천연 아로마 입욕제	4	120
4	거품 목욕제	23	120
6	100%우유_입욕제	15	140
5	비누 딸기100%	10	150
2	약용 핸드솝	23	700

OFFSET 2

LIMIT 3

product_id	product_name	stock	price
4	거품 목욕제	23	120
6	100%우유_입욕제	15	140
5	비누 딸기100%	10	150

「OFFSET 2」이므로 price에서 오름차순으로 정렬한 결과 중, 처음부터 3번째 행의 위치에서 3행을 가져옵니다.

OFFSET 구를 붙이지 않고 LIMIT 구의 안에 시작 위치를 지정하는 방법도 있습니다. LIMIT 구의 안에 시작 위치를 지정하려면 LIMIT 구의 처음에 시작 위치를 적고 이어서 콤마로 구분해서 가져오는 행 수를 지정합니다. OFFSET 구를 붙였을 때와 가져오는 행 수와 시작 위치의 정렬이 반대가 되므로 주의해야 합니다.

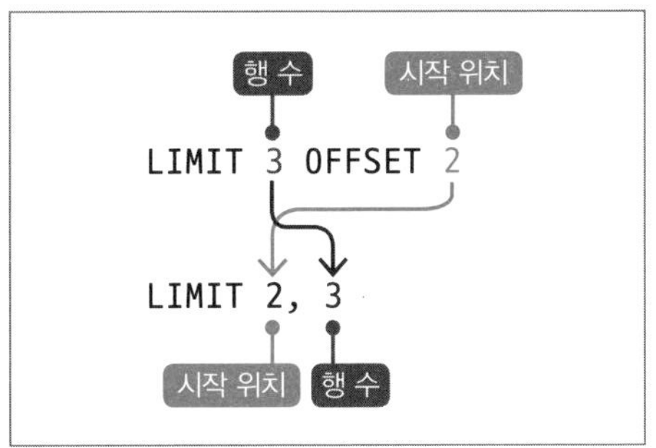

적는 순서가 반대가 되네요. 까다롭네....

OFFSET 구를 사용한 쪽이 알기 쉬울 것입니다.

5장 레코드를 정렬해서 가져오자

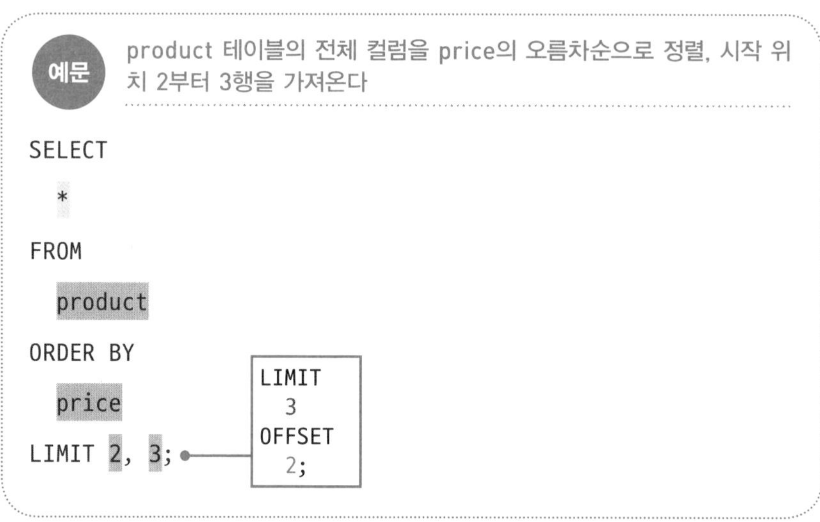

예문 product 테이블의 전체 컬럼을 price의 오름차순으로 정렬, 시작 위치 2부터 3행을 가져온다

```
SELECT
  *
FROM
  product
ORDER BY
  price
LIMIT 2, 3;
```

```
LIMIT
  3
OFFSET
  2;
```

OFFSET 구를 사용했을 때와 같은 결과가 됩니다.

시작 위치가 0일 때는 세 가지 방법이 있습니다.

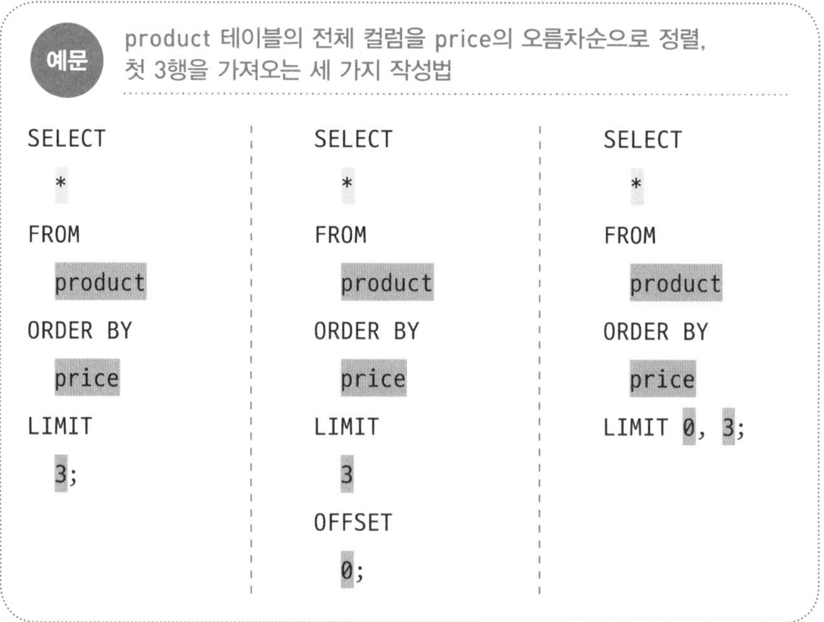

예문 product 테이블의 전체 컬럼을 price의 오름차순으로 정렬, 첫 3행을 가져오는 세 가지 작성법

```
SELECT
  *
FROM
  product
ORDER BY
  price
LIMIT
  3;
```

```
SELECT
  *
FROM
  product
ORDER BY
  price
LIMIT
  3
OFFSET
  0;
```

```
SELECT
  *
FROM
  product
ORDER BY
  price
LIMIT 0, 3;
```

무엇을 사용할지는 개인의 자유입니다.

주의

LIMIT 구와 OFFSET 구는 다른 데이터베이스에서는 사용할 수 없다

LIMIT 구와 OFFSET 구는 표준 SQL에는 없기 때문에 현재의 MySQL과 PosetSQL 이외의 데이터베이스에서는 사용할 수 없습니다. 다른 데이터베이스에서는 각각의 준비되어 있는 LIMIT와 비슷한 기능을 이용합시다.

03.3 LIMIT 구와 OFFSET 구의 실행 순서

LIMIT 구와 OFFSET 구는 SELECT 문 중에서 가장 마지막에 적습니다. OFFSET 구보다 뒤에 쓰는 구는 없습니다. 실행 순서는 가장 마지막에 OFFSET 구, LIMIT 구입니다.

작성법 순서

SELECT | DISTINCT | FROM | WHERE | GROUP BY | HAVING | ORDER BY | LIMIT | OFFSET

실행 순서

FROM | WHERE | GROUP BY | HAVING | SELECT | DISTINCT | ORDER BY | OFFSET | LIMIT

SELECT 구와 DISTINCT 구까지로 레코드와 표시하는 컬럼을 결정한 다음에 ORDER BY 구에서 정렬을 시행하고, 또한 LIMIT 구와 OFFSET 구에서 가져오는 레코드의 행 수를 제한합니다.

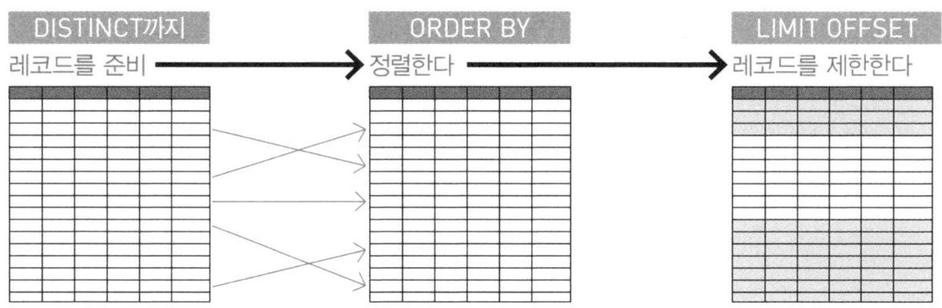

「실행 순서」는 여러 번 설명이 나왔네요.

실행 순서를 이해해 두면 실수 없는 SELECT 문을 적을 수 있고,
실행 결과도 빨라집니다. 일석이조입니다!

5장 연습문제

문제 1

다음의 book 테이블에 대해서 ❶, ❷ 각각의 SQL을 실행한 결과, 가장 처음에 표시된 레코드의 id를 답합시다.
또한, ❸의 SQL을 실행한 결과는 어떻게 될까요? 적어봅시다.

[book] ※ 1번째 행은 데이터형

INT	VARCHAR(45)	VARCHAR(45)	INT	DATE
id	book_name	publisher	price	release_date
1	이탈리아어 입문	세계사	1200	2019-11-12
2	프랑스어 입문	세계사	1200	2019-11-14
3	어서오세요! 프랑스어	언어사	980	2019-11-15
4	독일어 관용구집	언어사	800	2019-11-15
5	Chao! 이탈리아어	세계사	2300	2019-12-01
6	즐거운 이탈리아어	글로벌	1500	2019-12-23

❶

```
SELECT
  *
FROM
  book
ORDER BY
  price DESC;
```

❷

```
SELECT
  *
FROM
  book
ORDER BY
  release_date;
```

5장 레코드를 정렬해서 가져오자

❸

```
SELECT
  *
FROM
  book
ORDER BY
  price ASC, release_date DESC;
```

문제 2

학번과 국어, 수학, 영어 성적을 1레코드로 하는 성적 테이블이 있습니다. 학번은 VARCHAR 형, 성적은 모두 INT 형입니다. ❶~❸ 각각의 내용을 구하는 SELECT 문을 적어 봅시다.

❶ 학번과 성적(국어, 수학, 영어)의 합계 점수를 성적의 합계 점수가 높은 순서대로 표시한다. 성적의 합계 점수는 별명 「합계 점수」로 한다.

❷ 학번과 영어와 수학 성적을 영어 성적이 80점 이상인 사람만 수학 성적이 낮은 순서부터 표시한다.

❸ 학번과 국어 성적을 국어 성적이 높은 순으로 3명 표시한다.

문제 3

검색 결과가 많을 때 앞에서부터 10건씩 페이징을 하기 위해서 테이블에서 레코드를 가져옵니다.

1페이지째→ 1번째 건부터 10번째 건까지
2페이지째→ 11번째 건부터 20번째 건까지

4페이지째에 표시하는 레코드를 가져올 때의 LIMIT 구의 작성법으로 ❶~❹에는 무엇이 들어갈지 답해봅시다.

[LIMIT 구만의 작성법]

LIMIT [❶] , [❷]

[OFFSET 구만 사용한 작성법]

LIMIT [❸] OFFSET [❹]

해답

문제 1 해답

❶ 5

❷ 1

❸

id	book_name	publisher	price	release_date
4	독일어 관용구집	언어사	800	2019-11-15
3	어서오세요! 프랑스어	언어사	980	2019-11-15
2	프랑스어 입문	세계사	1200	2019-11-14
1	이탈리아어 입문	세계사	1200	2019-11-12
6	즐거운 이탈리아어	글로벌	1500	2019-12-23
5	Chao! 이탈리아어	세계사	2300	2019-12-01

문제 2 해답

※ 각각의 SELECT 구는 특정한 순서가 없음

❶

```
SELECT
  학번,
  국어 + 수학 + 영어 as 합계 점수
FROM
  성적
ORDER BY
  합계 점수 DESC;
```

❷

```
SELECT
  학번, 수학, 영어
FROM
  성적
WHERE
  영어 >= 80
ORDER BY
  수학 ASC;
```

※ 다음의 3가지 작성법 중 어느 하나

❸

```
SELECT
  학번, 국어
FROM
  성적
ORDER BY
  국어 DESC
LIMIT
  3;
```

```
SELECT
  학번, 국어
FROM
  성적
ORDER BY
  국어 DESC
LIMIT
  3
OFFSET
  0;
```

```
SELECT
  학번, 국어
FROM
  성적
ORDER BY
  국어 DESC
LIMIT 0, 3;
```

문제 3 해답

❶ 30 ❷ 10 ❸ 10 ❹ 30

6장

데이터를 편집하자

Excel 작업 중
저 혹시...
SELECT 문에서
조건 분류같은거 할 수
있나요?
할 수 있습니다.
Excel로 말하면
IF 비슷한 거요.
조건 분류는 CASE나 IF 함수를
사용합니다.
CASE
WHEN ○○ THEN △△
○○의 경우
WHEN ▼▼ THEN ■■
▼▼의 경우
ELSE ××
기타
END
IF (○○, △△, □□)
만약 ○○이면 △△
○○이 아니라면 □□
Excel과 SQL에서
사용하는 것이 비슷하네요.
SUM 함수가 같은 이름
MAX AVG
그러니까 조건 분류도
할 수 있겠네요!
SQL에도 익숙해진 것 같으니
NULL 대책도
학습합시다.
NULL
기다렸어요!

01 CASE로 조건 분류를 하자

지금까지는 SELECT 문으로 표시하는 것은 데이터베이스에 들어 있는 데이터 그 자체나 데이터를 연산자, 집약 함수로 계산한 값이었습니다. 각 레코드의 데이터를 바탕으로 조건 분류를 해서 전혀 다른 값의 데이터를 표시할 수 있습니다.

01.1 CASE로 조건 분류해보자

SELECT 문 안에서 「어떤 경우에는 ○○, 그 밖의 경우에는 △△」와 같이 처리의 조건 분류를 할 수 있습니다.

조건 분류에는 CASE를 사용합니다.

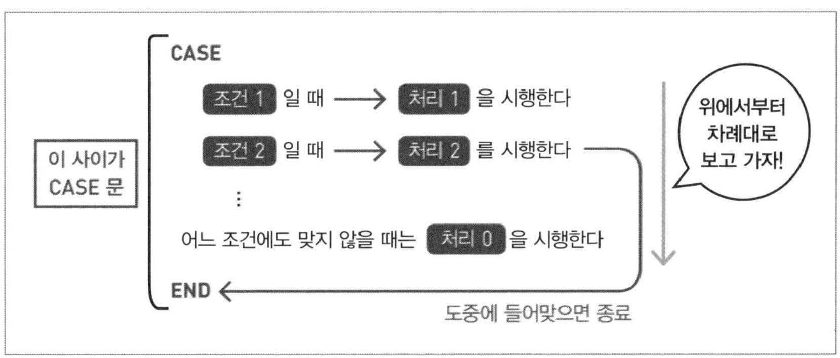

CASE는 위에서부터 차례대로 조건을 살펴가며, 들어맞은 경우의 처리를 시행합니다. 「○○의 경우~~」와 같은 조건과 처리를 여러 개 나열해 적는 것이 특징입니다.

CASE의 자세한 작성법은 다음과 같습니다

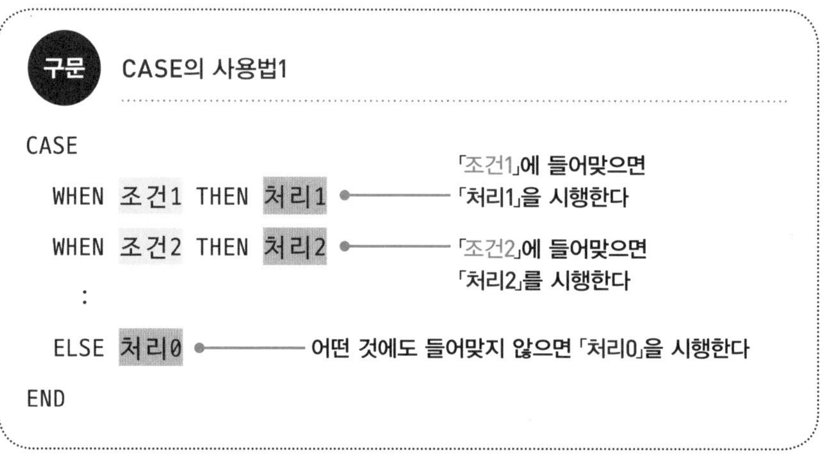

CASE는 위에서부터 순서대로 차례차례로 체크해 나가는 느낌입니다.

체크에 들어맞은 그 시점에서 종료네요.

CASE에서 END까지가 1개의 CASE 문입니다.

첫 조건에 들어맞으면 그것에 이어지는 THEN에 적혀 있는 처리를 시행합니다. 들어맞지 않으면 다음의 WHEN 조건을 판정합니다. WHEN은 여러 개 적을 수 있습니다. 마지막 ELSE에는 어느 것에도 들어맞지 않은 경우의 처리를 적습니다. ELSE는 없어도 상관없습니다.

01.2 CASE를 사용해보자

CASE는 이해하기 어렵기 때문에 실제로 사용하면서 이해해 나갑시다.
어떤 상품의 배송 정보가 담긴 delivery 테이블을 만듭니다.
상품의 배송지 고객명 customer와 주문 개수 quantity, 요청 배송 시간대 delivery_time을 기록한 것입니다. 배송 시간대는 코드로 표시되는데 자세한 내용은 뒤에 설명합니다.

delivery 테이블

delivery_id (INT 형)	customer (VARCHAR(20) 형)	quantity (INT 형)	delivery_time (INT 형)
1	A사	5	1
2	B사	3	3
3	C사	2	2
4	D사	8	NULL
5	E사	12	1

배송료의 계산은 주문 개수로 정합니다.

배송 요금표

개수	배송료
3개까지	₩1000
4~7개	₩1200
8~10개	₩1500
11개 이상	₩2000

배송료를 레코드마다 계산합니다.
quantity가 3 이하면 1000, quantity가 7 이하면 1200, quantity가 10 이하면 1500, 그 밖이면 2000을 반환하는 CASE 문을 적습니다.
CASE 문은 길기 때문에 결과 표시를 생각해서 별명을 붙입시다. CASE 문의 마지막을 나타내는 END 뒤에 「CASE ~ END AS delivery_fee」라고

AS 구에 별명을 붙입니다.

```
SELECT
  customer, quantity,
  CASE
    WHEN quantity <= 3 THEN 1000
    WHEN quantity <= 7 THEN 1200
    WHEN quantity <= 10 THEN 1500
    ELSE 2000
  END AS delivery_fee
FROM
  delivery;
```

customer	quantity	delivery_fee
A사	5	1200
B사	3	1000
C사	2	1000
D사	8	1500
E사	12	2000

예를 들어 A사의 레코드는 quantity가 5이므로 첫 「WHEN quantity <= 3」에는 들어맞지 않습니다. 다음의 「WHEN quantity <= 7」에 들어맞으므로 1200을 반환합니다. 그 시점에서 CASE 문이 종료됩니다.

주의

조건 분류는 적는 순서에 주의!

앞의 SQL 문에서는 조건과 그 처리의 대응 세 가지를 적었습니다.

```
WHEN quantity <= 3 THEN 1000
WHEN quantity <= 7 THEN 1200
WHEN quantity <= 10 THEN 1500
```

이 순서는 매우 중요합니다. 무심코

```
WHEN quantity <= 10 THEN 1500  ← 10개 이하는 전부 이곳을 실행
WHEN quantity <= 7 THEN 1200   | 다른 판정은 시행하지 않는다
WHEN quantity <= 3 THEN 1000   ↓
```

라고 적으면 quantity가 10 이하일 경우 모두 1500으로 판정됩니다. quantity가 5든 3이든 첫 WHEN 구에 대응하는 THEN 구가 실행되며 나머지 판정은 진행되지 않습니다.
조건 분류를 적는 순서에는 충분히 신경을 씁시다.

CASE에서 ELSE까지는 길기 때문에 전체를 ()로 감싸면 보기 쉬워집니다.

```
SELECT
  customer, quantity,
  (CASE ~ END) AS delivery_fee
FROM
  delivery;
```

이해하기 쉽도록 적당히 줄바꿈을 넣고 있는데, 「CASE WHEN ~」라고 이어서 써도 됩니다. CASE 문을 구성하는 요소끼리는 1개 이상의 공백 또는 줄바꿈으로 구분되어 있으면 괜찮습니다.

01.3 또 하나의 CASE 문

CASE 문에는 또 하나의 작성법이 있습니다. CASE 바로 뒤에 평가하는 컬럼명을 적고, WHEN 뒤에는 조건 대신에 값을 적습니다. 컬럼과 값이 일치하면 처리를 시행합니다.

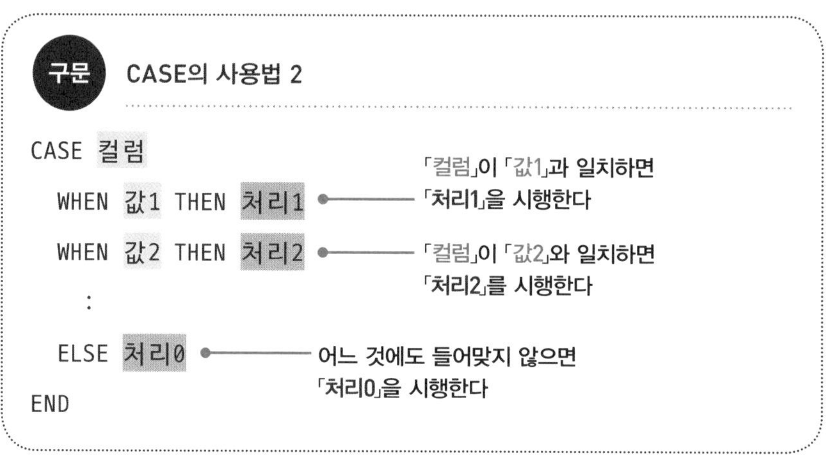

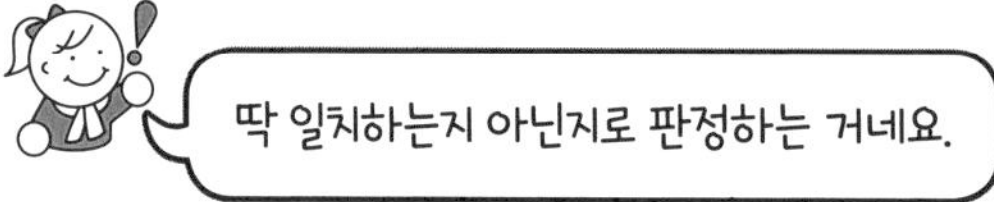

값의 부분은 물론 문자열이나 날짜로도 상관없습니다.

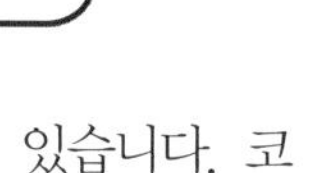

delivery_time의 컬럼은 배송 시간대를 나타내는 코드로 되어 있습니다. 코드와 내용은 다음과 같습니다.

delivery_time : 배송 시간대 대응표

배송 시간대 코드	내용
1	오전
2	오후
3	야간

희망하는 배송 시간대를 대응표의 내용으로 표시해 봅시다.

```
SELECT
  customer,
  CASE delivery_time
    WHEN 1 THEN '오전'
    WHEN 2 THEN '오후'
    WHEN 3 THEN '야간'
    ELSE '지정 없음'
  END AS delivery_time2
FROM
  delivery;
```

customer	delivery_time2
A사	오전
B사	야간
C사	오후
D사	지정 없음
E사	오전

WHEN 다음의 값 부분은 문자열, 날짜의 경우는 싱글 쿼테이션, 더블 쿼테이션으로 감쌉니다.

```
CASE holiday ●── DATE 형 컬럼
  WHEN '2020-01-01' THEN '정월'
  WHEN '2020-01-13' THEN '성인의 날'
    :    DATE 형 데이터
END
```

02 IF로 조건 분류를 하자

CASE로 조건 분류를 할 수 있었습니다. 조건 분류에는 이 밖에도 IF를 사용해서 적을 수 있습니다. IF쪽이 익숙한 분도 있을 거라 생각합니다. 어느 쪽을 사용할지는 자유입니다.

02.1 IF로 조건 분류해보자

처리의 조건 분류는 IF 함수를 사용해서도 적을 수 있습니다.

IF 함수는 인수를 3개 적습니다. 첫 번째 인수에 조건을 적고, 조건이 TRUE인 경우에는 무엇을 반환할지, FALSE인 경우는 무엇을 반환할지를 콤마로 구분해서 적습니다.

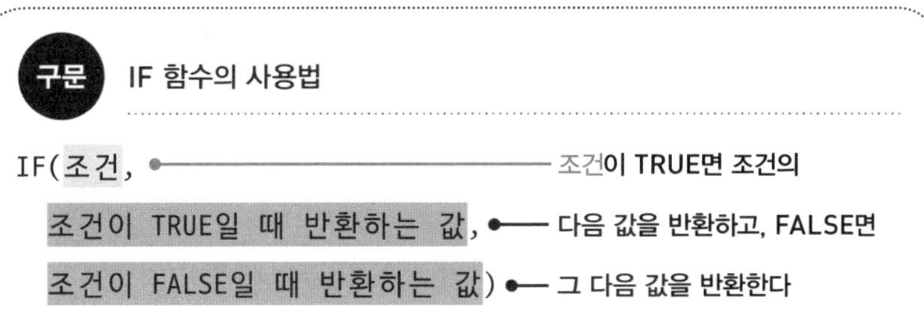

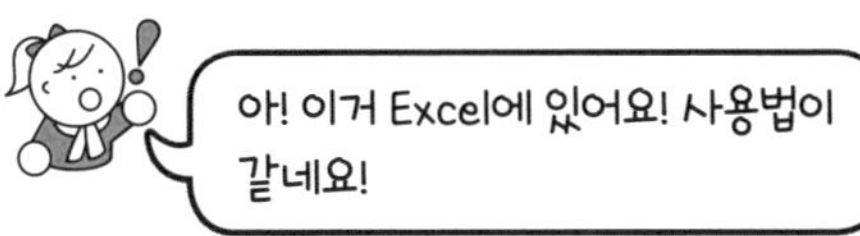

지금까지 나온 함수는 대개 인수를 1개만 가졌는데 인수가 없는 것, 여러 인수를 가진 것도 있습니다.

함수명( )

함수명(1번째 인수, 2번째 인수, 3번째 인수)

인수가 여러 개 있는 경우는 앞에서부터 순서대로 1번째 인수, 2번째 인수라고 부릅니다. IF 함수는 3번째 인수까지 지정하는 함수입니다.

02.2 IF 함수를 사용해보자

IF 함수를 실제로 사용해 봅시다.

delivery 테이블의 데이터에서 quantity(주문 개수)가 5보다 많으면 덤을 줍니다. 덤을 주면 '있음', 덤을 주지 않으면 '없음'을 표시해 봅시다.

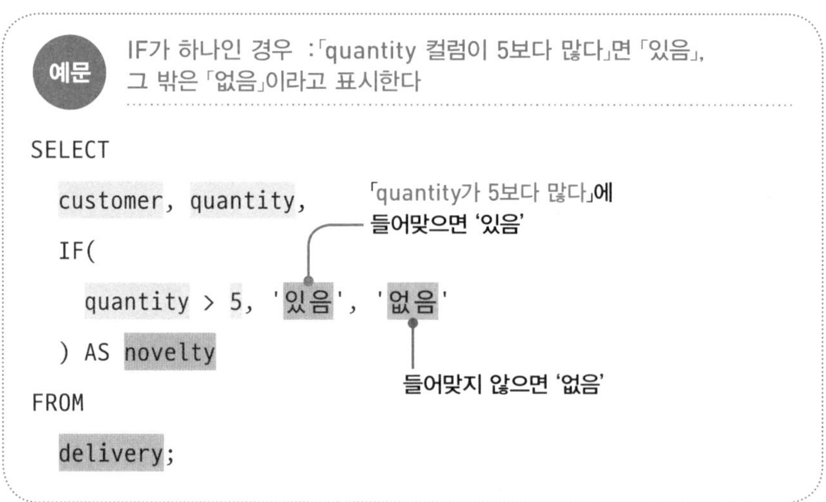

IF 구문은 길기 때문에 AS로 별명을 붙입니다.

customer	quantity	novelty
A사	5	없음
B사	3	없음
C사	2	없음
D사	8	있음
E사	12	있음

02.3 IF 안에 IF를 적으면?!

IF 함수의 안에 다시 IF 함수를 적어서 더욱 자세하게 조건 분류를 할 수 있습니다.

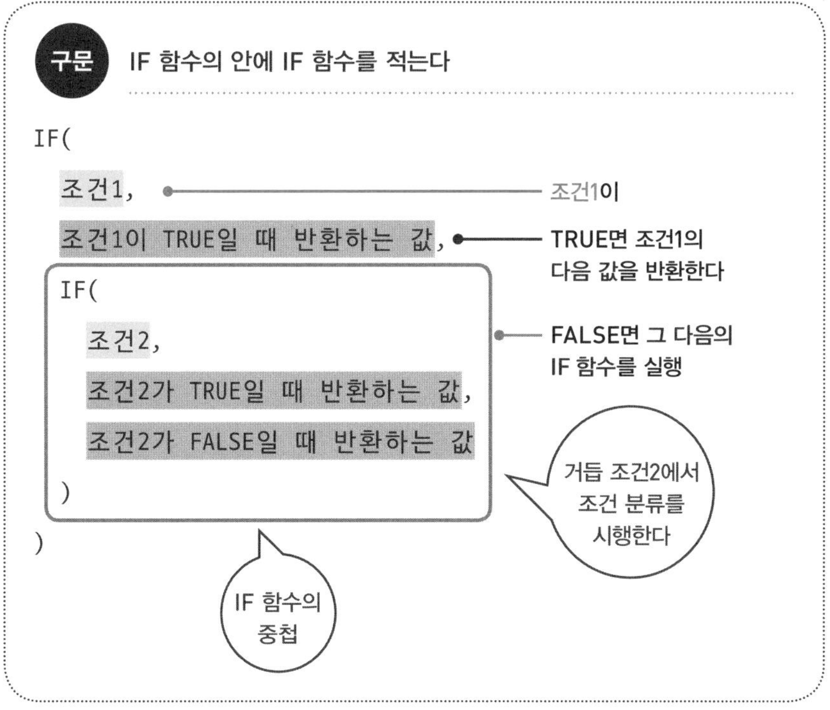

이처럼 함수나 구문 안에 같거나 또는 다른 함수, 구문을 넣는 걸 중첩(nest)이라고 합니다.

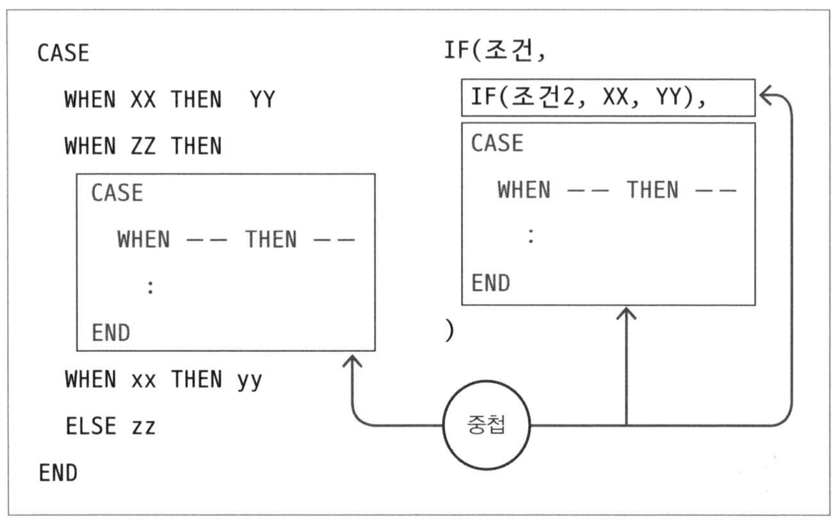

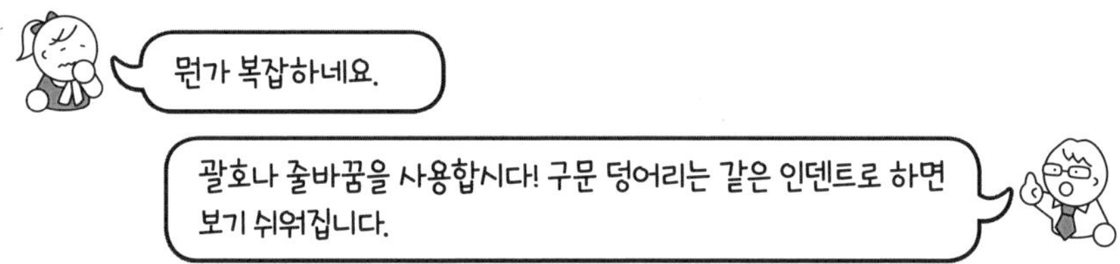

IF 함수의 중첩을 사용해 봅시다.

quantity(주문 개수)가 5보다 많으면 덤을 주므로 '있음'으로 표시합니다. 덤을 주지 않는 경우에도 quantity(주문 개수)가 3보다 많으면 '다음 번 할인'으로, 그 밖이면 '없음'으로 표시합니다.

IF가 여러 개 있는 경우 : 「quantity 값이 5보다 많다」면 「있음」, 그 외에서 「3보다 많다」면 「다음 번 할인」, 그 외는 「없음」이라고 표시한다

```
SELECT
  customer, quantity,
  IF(
    quantity > 5, '있음',
    IF(
      quantity > 3, '다음 번 할인',
      '없음'
    )
  ) AS novelty
FROM
  delivery;
```

「quantity가 5보다 많다」에 들어맞으면 '있음'

들어맞지 않는 경우에 「quantity가 3보다 많다」에 들어맞으면 '다음 번 할인'

들어맞지 않는 경우 '없음'

customer	quantity	novelty
A사	5	다음 번 할인
B사	3	없음
C사	2	없음
D사	8	있음
E사	12	있음

사소한 지식

IF 함수는 MySQL 자체의 함수입니다. 이 장부터 함수를 많이 소개하고 있는데, 데이터베이스의 종류에 따라 사용할 수 있는 함수와 사용할 수 없는 함수가 있습니다.
이 책에서는 MySQL에서의 학습을 전제로 하고 있으므로 일일이 다른 데이터베이스에서 사용할 수 있는지 없는지는 설명하지 않습니다. 다른 데이터베이스에서 사용할 때는 사용할 수 있는지 여부를 확인합시다.

02.4 조건 분류는 어디에서 하지?

CASE 문, IF 함수는 WHERE 구나 ORDER BY 구에서도 사용할 수 있습니다. 시험해 봅시다.

delivery 테이블에서 정렬 순을 delivery_time의 「2」「3」「1」「그 밖(NULL)」('오후' '야간' '오전' '지정 없음')순으로 표시합니다.

```
SELECT
  *
FROM
  delivery
ORDER BY
  CASE delivery_time
    WHEN 1 then 3
    WHEN 2 then 1
    WHEN 3 then 2
    ELSE 4
  END;
```

delivery_id	customer	quantity	delivery_time
3	C사	2	2
2	B사	3	3
1	A사	5	1
5	E사	12	1
4	D사	8	NULL

이런 사용법이 가능하네요!

CASE를 SELECT 구에 적어서 그 값을 정렬 대상으로 할 수도 있습니다.

delivery_time이 2, 3, 1, NULL의 순으로 정렬되었습니다.

delivery_time의 값 2, 3, 1, NULL이 각각 CASE에서 대응하는 값 1, 2, 3, 4로 변환되었기 때문입니다.

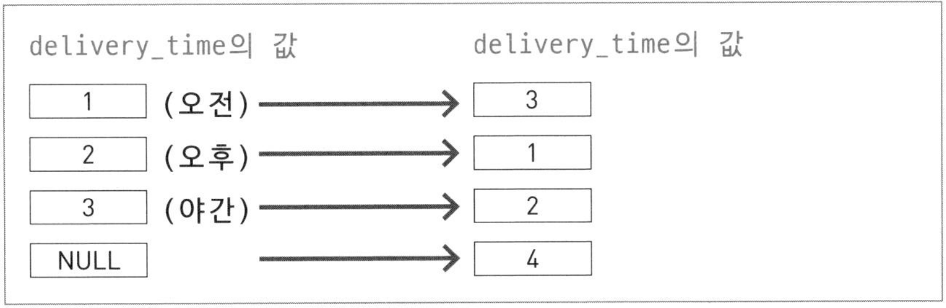

정렬은 delivery_time의 값이 아니라 CASE로 변환한 값에서 시행되었습니다. 이처럼 ORDER BY 구에서 조건 분류를 시행하면 정렬 순을 자유롭게 설정할 수 있습니다.

WHERE 구에서 조건 분류를 사용하면 조건을 분기할 수 있습니다.

조건으로 비교하는 값을 CASE로 조건 분류하거나 비교하는 컬럼을 변경할 수도 있습니다.

id가 INT 형, release_date와 regist_date가 DATE 형인 테이블 newinfo가 있습니다. id의 값에 따라 날짜와 비교하는 조건의 컬럼을 바꿉니다.

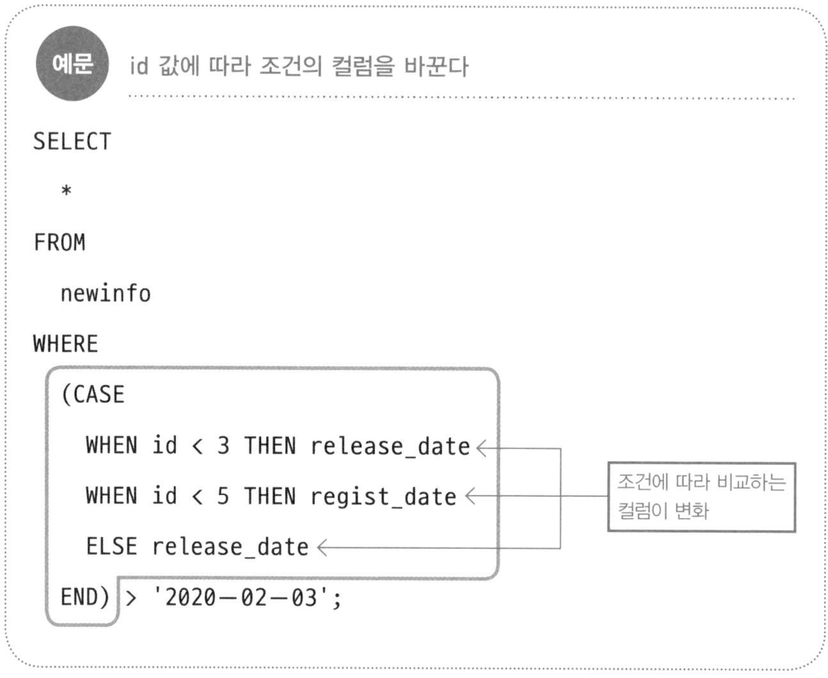
예문 id 값에 따라 조건의 컬럼을 바꾼다

```
SELECT
  *
FROM
  newinfo
WHERE
  (CASE
    WHEN id < 3 THEN release_date
    WHEN id < 5 THEN regist_date
    ELSE release_date
  END) > '2020-02-03';
```


CASE에서 반환하는 값은 보통의 수치나 문자열 외에 컬럼명도 지정할 수 있다는 걸 기억해 둡시다.

03 NULL 대응은 어떻게 하지?

지금까지 배운 것 중에서는 조금 곤란한 존재가 NULL인데, 올바르게 대응을 한다면 반대로 편리하게 이용할 수도 있습니다. NULL의 대응 방법을 배웁시다.

03.1 NULL을 어떻게 해주길 바라!

NULL은 조금 성가신 값입니다. NULL을 연산하면 결과는 NULL이 되어 버리고, 정렬을 하면 맨 앞이나 뒤가 되고 맙니다.

NULL을 예를 들어 0 등 다른 값으로 자동으로 변환함으로써 문제를 해결할 수 있습니다.

NULL을 다른 값으로 변환하기 위해서는 CASE 문이나 IF 함수를 사용해도 되는데 다른 함수를 이용하면 더 간단하게 적을 수 있습니다.

먼저 `COALESCE` 함수를 소개합니다. COALESCE는 코어레스라고 읽는 경우가 많습니다.

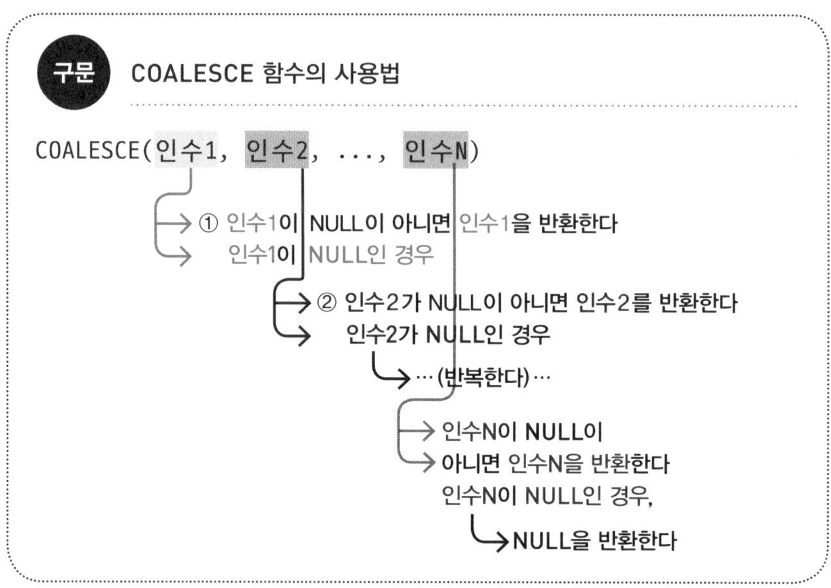

COALESCE 함수는 여러 개의 인수를 가집니다. 인수의 왼쪽부터 순서대로 처음에 NULL이 아닌 값이 나오면 그것을 반환합니다. 모두 NULL이었던 경우는 NULL을 반환합니다. 바꿔 놓는 값은 수치로도 문자열로도 OK입니다.

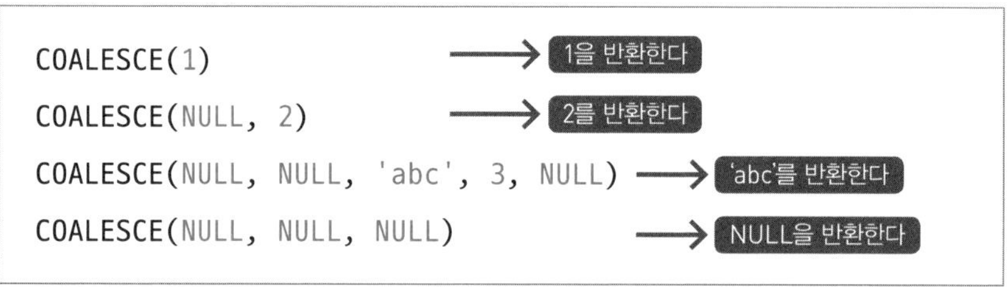

각 컬럼의 값 NULL을 0으로 바꿔 놓는 경우는 컬럼명을 COALESCE 함수의 1번째 인수, 0을 2번째 인수로 지정합니다. 컬럼 값이 NULL이라면 COALESCE(NULL, 0)입니다. COALESCE 함수는 가장 왼쪽에 있는 NULL이 아닌 값을 반환하기 때문에 컬럼 값이 NULL인 경우는 0이 반환됩니다. 컬럼 값이 NULL이 아니면 그 값이 반환됩니다.

NULL을 0으로 바꿔 놓는다

```
COALESCE(컬럼명, 0)
```

컬럼 값이 NULL이면 0을 반환한다

컬럼 값이 NULL이 아니면 컬럼 값을 반환한다

그렇구나! 이거면 NULL이 0이 되는군요!

이 밖에도 NULL 대책은 있으나 COALESCE 함수를 사용하는 분이 많은 것 같습니다.

사소한 지식

애당초 NULL이 필요?

NULL이란 「아무 것도 값이 들어가 있지 않은」 상태입니다. 테이블을 만들 때 각 컬럼에 대해서 NULL이 OK인지 아닌지와 같은 설정을 합니다. OK가 아니면 그 컬럼의 필드가 NULL인 상태가 되는 경우는 없습니다. 그렇지만 반드시 무언가 데이터를 넣어야 하므로 그것을 위한 처리는 필요합니다.

NULL이 OK라면 반드시 데이터를 넣을 필요가 없으므로 이를 위한 처리는 불필요합니다. SELECT 문에서는 곤란한 존재인 NULL이지만 데이터를 넣는 쪽에 있어서는 장점이 있습니다.

03.2 COALESCE 함수를 실제로 사용해보자

지금까지 나온 것 중에서 NULL인 값으로 곤란한 것을 해결해 봅시다.

먼저, 평균값을 구하는 AVG 함수인데 COALESCE 함수를 사용해서 NULL을 0으로 해서 계산합니다.

확인을 위해서 inquiry 테이블에 pref, age, star 값이 NULL인 레코드를 추가해 둡니다.

id	pref	age	star
1	서울시	20	2
2	충청도	30	5
6	서울시	20	1
7	NULL	NULL	NULL

추가

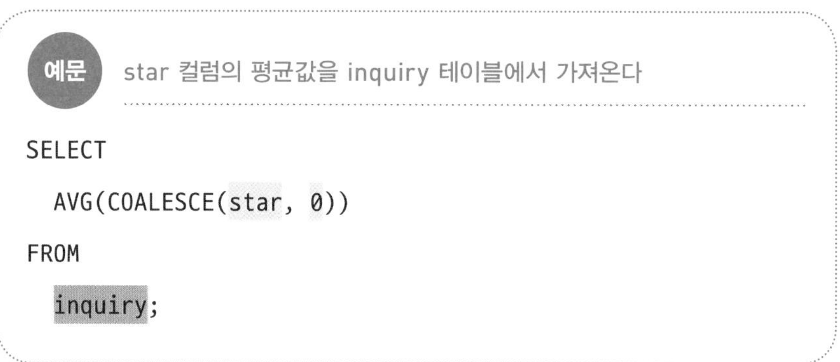

예문 star 컬럼의 평균값을 inquiry 테이블에서 가져온다

```
SELECT
  AVG(COALESCE(star, 0))
FROM
  inquiry;
```

NULL을 무시하고 AVG(star)로 계산하면 결과는 3.1667인데, NULL을 0으로 하고 계산하면 결과는 2.7143입니다. NULL인 레코드를 무시하고 싶지 않은 경우는 0으로 바꿔 놓읍시다.

03.3 IFNULL 함수도 사용할 수 있다!

다음으로 IFNULL 함수를 사용합니다. IFNULL 함수는 인수가 2개뿐인 COALESCE 함수와 같습니다.

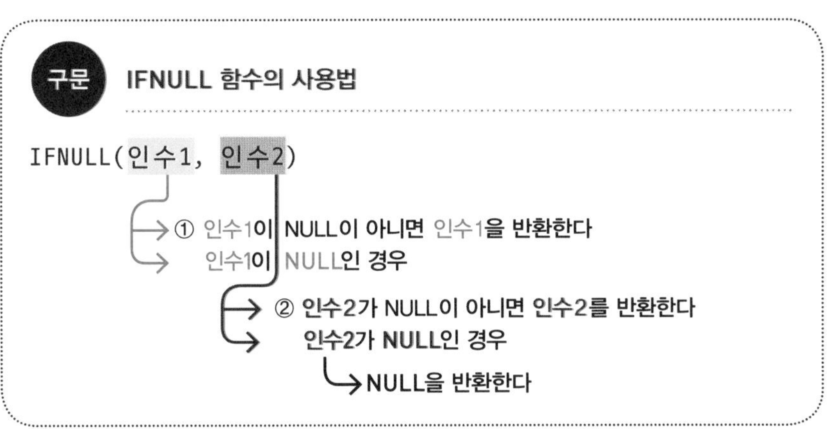

IFNULL…「만약 NULL이면」이라는 이상한 느낌이…

「만약 인수1이 NULL이면 인수2로 바꿔 놓는다」로 기억합시다.

특정 컬럼의 값이 NULL이었던 경우 0으로 바꿔 놓는다면

```
IFNULL(컬럼명, 0)
```

이라고 적습니다.

물론 다른 것으로 바꿔 놓을 수도 있습니다. 정렬하면 NULL이 가장 앞으로 가는 것을 가장 뒤로 가도록 바꾸고 싶은 경우는 적당히 큰 값으로 바꿔 놓으면 좋겠죠.

product 테이블의 전체 컬럼을 (price가 NULL일 때는 999999로 바꿔 놓고) price의 오름차순으로 정렬해서 가져온다

```
SELECT
  *
FROM
  product
ORDER BY
  IFNULL(price, 999999) ASC;
```

price 값이 NULL인 경우, 999999로 바꿔 놓음으로써 NULL인 레코드는 마지막이 됩니다.

사소한 지식

수치의 최댓값

적당한 큰 값으로 바꿔 놓는 경우, 그 컬럼에서 그 이상 큰 값은 없다라고 하는 값을 지정합니다. 걱정되는 경우는 그 데이터형의 최대값을 지정해 두면 됩니다. INT 형의 최대값은 2147483647입니다.

03.4 NULL을 반환하는 함수도 있다!

NULL을 다른 값으로 바꿔 놓는 것이 아니라 반대로 다른 값을 NULL로 바꿔 놓는 NULLIF라는 함수가 있습니다. NULLIF 함수는 인수를 2개 취하고, 인수가 동등한 경우에 NULL을 반환하고, 인수가 다른 경우는 첫 인수를 반환합니다.

구문 **NULLIF 함수의 사용법**

```
NULLIF(인수1, 인수2)
```

인수1 = 인수2 → NULL을 반환한다

인수1 ≠ 인수2 → 인수1을 반환한다

어떨 때에 사용하는가 하면, 나눗셈에서 나누는 수에 0을 사용하지 않도록 하는 등의 방법이 일반적입니다.

MySQL의 나눗셈에서는 「1 / 0」처럼 나누는 수에 0을 지정한 경우도 결과는 NULL인데, 다른 DBMS에서는 오류가 되는 경우가 있습니다. 오류가 나지 않아도 나누는 수가 0이 되는 것은 조금 부자연스럽기 때문에 NULLIF 함수로 대응합시다.

예를 들어 어떤 컬럼의 역수를 구하는 경우는 다음과 같이 적습니다.

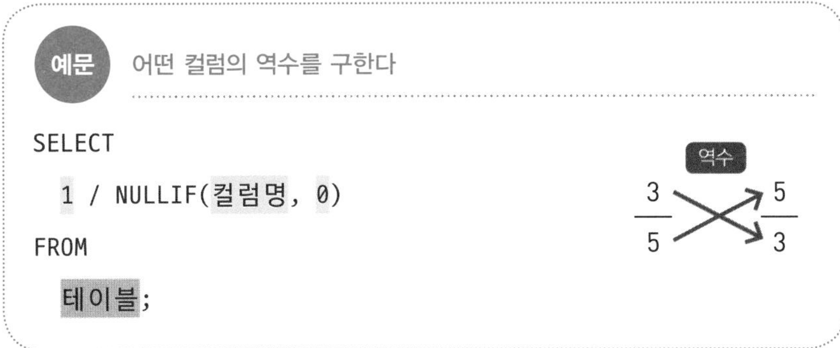

컬럼 값이 0이었던 경우는 NULL을 반환하기 때문에 1 / NULL로 계산을 시행합니다. 결과는 NULL이지만 「1 / 0」의 연산을 피할 수 있습니다.

이 밖에도 NULL뿐만아니라 0의 값도 평균값의 계산에 넣고 싶지 않은 경우 등에 이용할 수 있습니다.

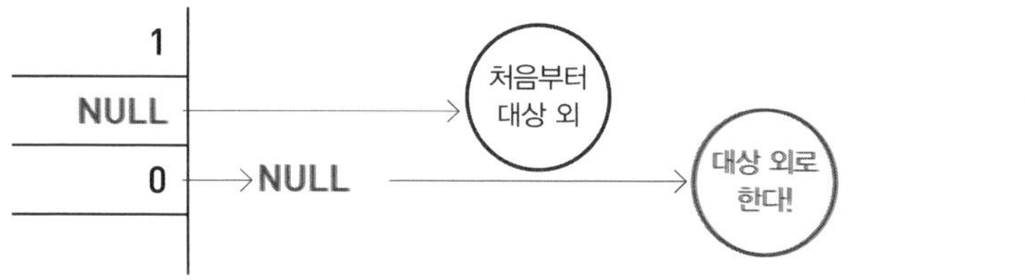

inquiry 테이블에 star 값이 0인 레코드를 추가하고 나서 다음 예문을 시험해 봅시다.

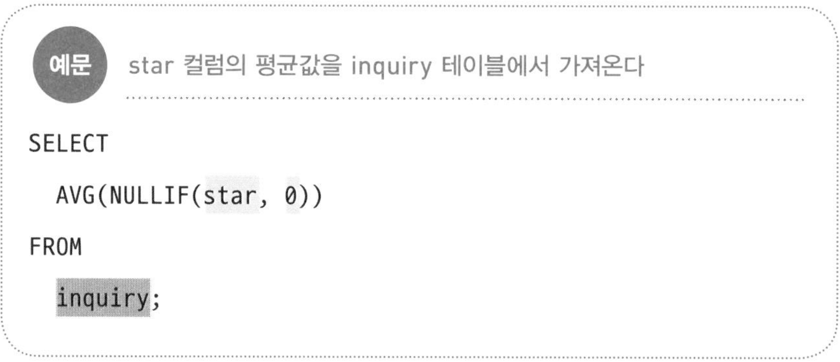


```
SELECT
  AVG(NULLIF(star, 0))
FROM
  inquiry;
```

star 값이 0일 때는 NULL이 반환되므로 그 레코드도 계산에 포함되지 않습니다.

04 데이터형을 변환해보자

조건 분류, 함수를 사용함으로써 본래의 데이터와는 전혀 다른 값을 표시할 수 있었습니다. 이번은 데이터형을 변환해서, 원본 데이터는 그대로 두고 데이터의 성질만 변환해 봅시다.

04.1 마음대로 변신!

데이터베이스의 데이터는 정해진 데이터형에 맞춰서 저장되어 있습니다. 「123」은 수치의 데이터형이면 수치로 취급합니다. 문자열 '123'은 수치의 「123」과 외형은 같지만 어디까지나 문자열로 취급합니다.

그러나, 예를 들어 문자열과 수치의 계산은 할 수 없으나 실제로는 계산됩니다.

```
SELECT
  123 + 1,
  '123' + 1,
  '123' + '1';
```

이 결과는 전부 같은 수치 「124」입니다. + 연산자에서의 연산에서는 변환할 수 있는 것은 자동으로 데이터형의 변환이 이뤄집니다.

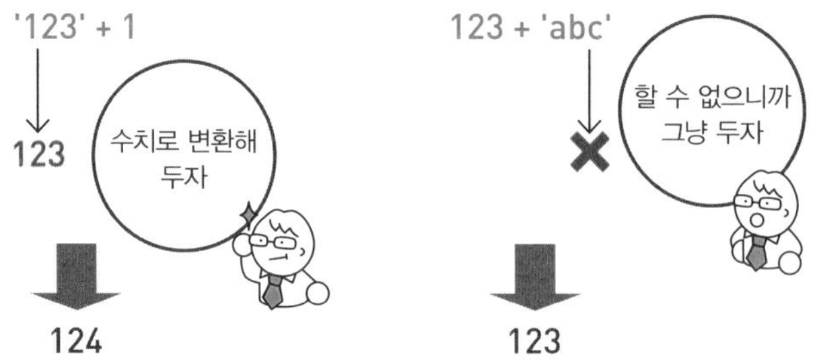

데이터형을 변환하는 것을 캐스트라고 합니다.

04.2 캐스트로 변신!!

+ 연산자처럼 암묵적인 이해로 자동으로 캐스트되는 경우가 있지만, 본래는 이상한 동작입니다. 따라서 데이터형을 변환하고 싶은 경우는 명시적으로 함수를 사용하여 캐스트를 시행합시다. 캐스트에는 CAST 함수를 사용합니다.

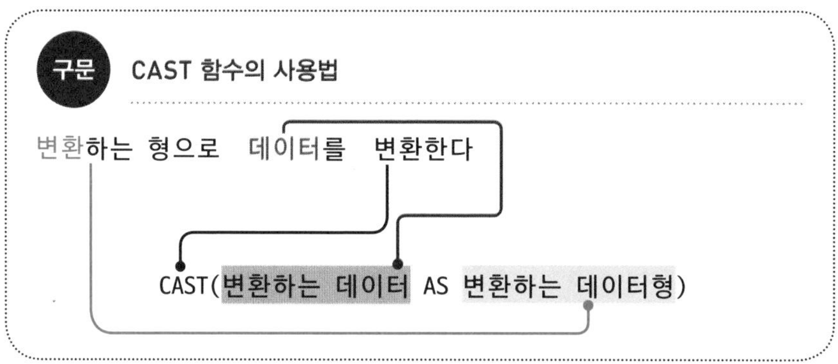

CAST 함수의 처음에 변환하는 데이터를 적고, AS에 이어서 변환하는 데이터형을 지정합니다.

실제로 사용해 봅시다. 정수형으로 변환하므로 SIGNED를 변환하는 데이터형에 지정합니다.

문자열 '123'을 수치로 변환하고 1을 더한다

```
SELECT
  CAST('123' AS SIGNED) + 1;
```

04.3 무엇으로 변환할 수 있을까?

변환하는 데이터형은 컬럼에 지정하는 데이터형과 거의 같습니다.

변환하는 데이터형 목록

형	사용법	의미
BINARY	BINARY, BINARY(a)	바이너리, a바이트의 바이너리
CHAR	CHAR, CHAR(a)	문자, a문자
DATE	DATE	날짜
DATETIME	DATETIME	일시
TIME	TIME	시간
DECIMAL	DECIMAL, DECIMAL(a), DECIMAL(a, b)	소수 전체가 a자릿수의 소수 전체가 a자릿수로 소수부 b자릿수의 소수
SIGNED	SIGNED, SIGNED INTEGER	부호 있는 정수
UNSIGNED	UNSIGNED, UNSIGNED INTEGER	부호 없는 정수

변환하고 싶은 값에 맞춰서 데이터형을 지정합니다. 소수의 경우는 소수부의 자릿수도 지정합시다.

문자열 '123.45'를 수치로 변환한다

```
SELECT
  CAST('123.45' AS SIGNED),
  CAST('123.45' AS DECIMAL(5, 2));
```

SIGNED 형으로 변환하면 소수부가 없어지고 123이 됩니다.
DECIMAL(5, 2)형으로 변환하면 제대로 123.45가 됩니다.

사소한 지식

부호 있음, 부호 없음의 수치

수치에는 「부호 있음」이나 「부호 없음」이 있습니다. 「부호 있음」이란 음수의 어떤 수치입니다.
예를 들어, 문자열 '–1'을 부호 있는 정수로 하려면
 CASE('–1' AS SIGNED)
를 실행하고, 결과는 –1입니다.
문자열 '–1'을 부호 없는 정수로 하려면
 CASE('–1' AS UNSIGNED)
를 실행하는데, 결과는 –1이 아닌 무엇인지 잘 모르는 수가 되고 맙니다.

CAST 함수가 자주 이용되는 것은 역시 문자열에서 수치로의 변환입니다.
예를 들어, 항목과 표시 랭킹의 값이 들어간 테이블 ranking을 만듭니다.

ranking 테이블

VARCHAR(1) 형 / VARCHAR(2) 형

id	rank_value
A	4
B	2
C	1
D	3
E	5

rank_value 컬럼은 데이터의 표시 순서를 나타내는 항목으로서 이용하고 있는데, 수치가 아니라 문자열의 데이터가 되고 있습니다. 이 값이 1자릿수인 경우는 수치로 캐스트하지 않아도 문제없습니다.

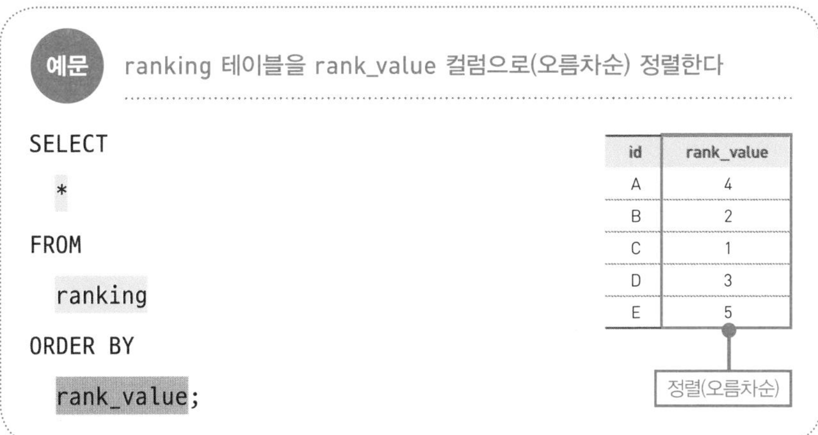

id	rank_value
C	1
B	2
D	3
A	4
E	5

id가 'B'의 rank_value를 '2'에서 '20'으로 변경해봐도 정렬 결과는 같습니다.

id	rank_value
C	1
B	20
D	3
A	4
E	5

'3'이나 '4'보다 이전에 '20'이 들어있는 것은 문자열의 정렬 순이면 당연하지만 수치로서 보면 이상하므로 rank_value 컬럼을 수치형으로 캐스트해서 정렬합니다.

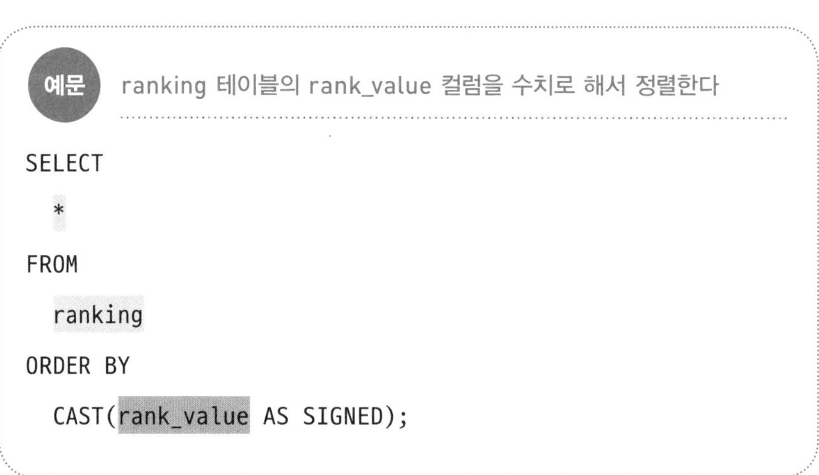

예문 ranking 테이블의 rank_value 컬럼을 수치로 해서 정렬한다

```
SELECT
  *
FROM
  ranking
ORDER BY
  CAST(rank_value AS SIGNED);
```

id	rank_value
C	1
D	3
A	4
E	5
B	20

수치 순이 되었습니다.

데이터베이스에 들어있는 데이터형이 희망하는 형과 맞지 않을 경우는 캐스트를 실시하는 것으로 대응합시다.

예약어를 컬럼명으로 하려면?

MySQL Workbench에서 SQL안에 「value」라는 컬럼명을 지정하면 예약어와 동일한 하늘색으로 표시됩니다. 사실 VALUE는 예약어입니다. 원래는 value를 컬럼명으로 사용하면 안 됩니다. value 컬럼을 rank라는 이름으로 변경해보면 이번에는 SELECT 문 실행 시에 완전히 오류가 납니다.

RANK는 함수로서 준비되어 있기 때문에 컬럼명으로서는 적합하지 않습니다.

어떻게 해서든 예약어나 함수와 같은 컬럼명을 사용하고 싶을 경우는 **ORDER BY 'value'**라고 백쿼테이션으로 컬럼명을 감싸면 문제없이 다룰 수 있습니다.

MySQL이 버전업을 하면 사용할 수 있는 함수가 늘어나 그때까지는 문제가 없었던 컬럼명을 사용할 수 없게 될 수도 있습니다. 그럴 때를 위해서 이 방법을 익혀 둡시다.

6장 연습문제

문제 1

선물 응모 데이터가 들어간 apply 테이블에 대해서 ❶, ❷ 각각의 SQL을 실행한 결과는 어떻게 될까요? 적어 봅시다.

[apply] ※첫 번째 행은 데이터형

INT	VARCHAR(1)	VARCHAR(20)	INT	DATE
apply_id	product	name	age	apply_date
1	A	김보라	25	2019-12-10
2	A	이하늘	42	2019-12-24
3	C	박하얀	31	2019-12-28
4	B	유분홍	30	2020-01-01
5	C	김초록	26	2020-01-01

❶

```
SELECT
  apply_id, name,
  CASE product
    WHEN 'A' THEN 'A상 : 바스타올'
    WHEN 'B' THEN 'B상 : 핸드타올'
    WHEN 'C' THEN 'C상 : 입욕제 세트'
   END AS product_name
FROM
  apply;
```

❷

```
SELECT
  apply_id, name,
  IF(
    age < 20,
    '10대 이하',
    IF(
      age < 30,
```

```
      '20대',
      IF(
        age < 40, '30대', '40대 이상'
      )
    )
  ) AS age2
FROM
  apply;
```

문제 2

❶ 문제1의 ❶과 같은 결과가 되는 SELECT 문을 IF 함수를 사용하여 적읍시다. 어느 것에도 들어맞지 않는 경우는 ' '로 표시합니다.

❷ 문제1의 ❷와 같은 결과가 되는 SELECT 문을 CASE를 사용해서 적읍시다. 조건은 「age < 수치」로 합니다.

❸ 문제1의 ❷와 같은 결과가 되는 SELECT 문을 CASE를 사용해서 적읍시다. 조건은 「age >= 수치」로 합니다.

❹ apply 테이블의 모든 컬럼에 대해서, apply_date가 2020년보다 이전 레코드만 「확정」이라고 표시하는 result 컬럼을 빼내는 SELECT 문을 IF 함수를 사용해서 적읍시다.

문제 3

다음 함수의 결과를 답해봅시다.

❶ COALESCE('abc', NULL)

❷ COALESCE(NULL, NULL, 1, 'abc', NULL, 'def')

❸ IFNULL(NULL, NULL)

❹ IFNULL(1, 2)

❺ NULLIF(1, 1)

❻ NULLIF(2, 1)

❼ CAST('1.34' AS DECIMAL(5, 3))

6장 데이터를 편집하자

해답

문제 1 해답

❶

apply_id	name	product_name
1	김보라	A상: 바스타올
2	이하늘	A상: 바스타올
3	박하얀	C상: 입욕제 세트
4	유분홍	B상: 핸드타올
5	김초록	C상: 입욕제 세트

❷

apply_id	name	age2
1	김보라	20대
2	이하늘	40대 이상
3	박하얀	30대
4	유분홍	30대
5	김초록	20대

문제 2 해답

❶

```
SELECT
  apply_id,
  name,
  IF(
    product = 'A',
    'A상 : 바스타올',
    IF(
      product = 'B',
```

```
      'B상:핸드타올',
      IF(
        product = 'C',
        'C상:입욕제 세트',
        ''
      )
    )
  ) AS product_name
FROM
  apply;
```

❷

```
SELECT
  apply_id,
  name,
  CASE
    WHEN age < 20 THEN '10대 이하'
    WHEN age < 30 THEN '20대'
    WHEN age < 40 THEN '30대'
    ELSE '40대 이상'
  END AS age2
FROM
  apply;
```

❸

```
SELECT
  apply_id,
  name,
  CASE
    WHEN age >= 40 THEN '40대 이상'
    WHEN age >= 30 THEN '30대'
    WHEN age >= 20 THEN '20대'
    ELSE '10대 이하'
  END AS age2
FROM
  apply;
```

❹

```
SELECT
  apply_id, product, name,
  age, apply_date,
  IF(
    apply_date < '2020-01-01', '확정', ''
  ) AS result
FROM
  apply;
```

※ IF 함수는 IF(apply_date <= '2019-12-31', '확정', ' ')로도 가능

※ SELECT 구의 「apply_id , product , name , age , apply_date는 「*」로도 가능

문제 3 해답

❶ 'abc' ❷ 1 ❸ NULL ❹ 1

❺ NULL ❻ 2 ❼ 1.340

7장

SELECT의 안에서 SELECT를 실행하자

01 여러 SELECT 문을 한번에 실행하자

02 결과가 여러 개 되는 서브 쿼리

03 상관 서브 쿼리

자!

슬슬 본격적으로 합니다!

네? 지금까지 한 건?

먼저 이것을 학습합시다.

지금까지 한 건 기본 중의 기본입니다!

각각의 SELECT 문을 함께 적거나

```
SELECT ~ FROM 테이블 A
WHERE ~
    ( SELECT ~ FROM 테이블 B );
```

2개의 테이블을 관련지어 SELECT 문을 적을 수 있습니다!

테이블 A　테이블 B

```
SELECT ~ FROM 테이블 A
WHERE ~
    (SELECT ~ FROM 테이블 B
    WHERE 테이블A.컬럼C=테이블B.컬럼C);
```

관련 짓는다

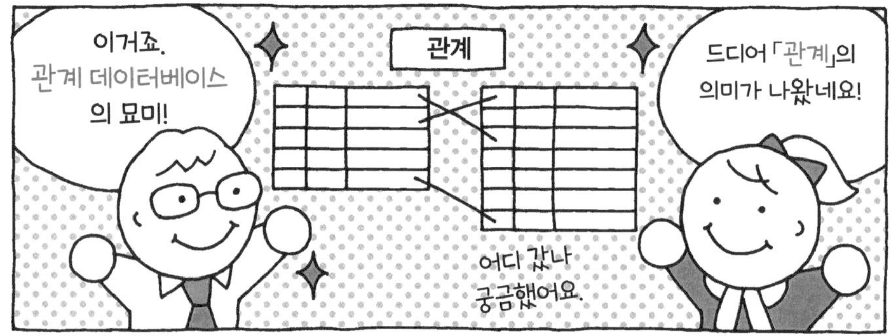

01 여러 SELECT 문을 한번에 실행하자

SELECT 문의 안에 다른 SELECT 문을 넣어 적음으로써 여러 SELECT 문을 한 번에 실행할 수 있게 됩니다. 여기서의 학습 수준이 약간 어려워지는데 고도의 SELECT 문을 적을 수 있게 되면 그만큼 활용의 폭이 넓어집니다. 힘냅시다!

01.1 서브 쿼리

상품의 주문 정보를 기록한 productorder 테이블이 있습니다. productorder 테이블에는 주문 ID(order_id), 고객 ID(customer_id), 상품 ID(product_id), 주문 수(quantity), 금액(price), 주문 일시(order_time) 컬럼이 있습니다. productorder 테이블에 데이터를 넣어둡시다. 제0장을 참고하여 다음의 데이터를 넣어주세요.

productorder 테이블

주문 ID order_id	고객 ID customer_id	상품 ID product_id	주문 수 quantity	금액 price	주문 일시 order_time
1	4	1	12	840	2019-10-13 12:01:34
2	5	3	5	600	2019-10-13 18:11:05
3	2	2	2	1400	2019-10-14 10:43:54
4	3	2	1	700	2019-10-15 23:15:09
5	1	4	3	360	2019-10-15 23:37:11
6	5	2	1	700	2019-10-16 01:23:28
7	1	5	2	300	2019-10-18 12:42:50

상품 ID는 product 테이블의 product_id의 값

고객 ID는 customer 테이블의 customer_id의 값

고객 ID와 상품 ID는 각각 다른 테이블에 있는 값입니다.

또한, 고객의 회원 타입의 종류가 들어간 member_type 테이블에도 다음과 같은 데이터를 넣어주세요. 회원 타입 ID(membertype_id)와 회원 타입명(membertype) 2개의 컬럼이 있습니다.

membertype 테이블

회원 타입 ID	회원 타입명
membertype_id	membertype
1	보통 회원
2	할인 회원

주문 정보는 1주문 1레코드로 되어 있습니다. 모든 레코드 중에서 평균 이상인 금액의 주문을 가져옵시다.
먼저 금액의 평균을 계산합니다.

```
SELECT
  AVG(price)
FROM
  productorder;
```

결과는 700입니다. price의 평균값을 알았으므로 이번은 productorder 테이블 안에서 price가 평균값 700 이상인 레코드를 가져옵니다.

```
SELECT
  order_id, price
FROM
  productorder
WHERE
  price >= 700;
```

order_id	price
1	840
3	1400
4	700
6	700

「price의 평균값 이상인 레코드를 가져온다」는 작업을 위해서 2개의 SELECT 문을 적었습니다. 그러나 사실은 이것을 통합해 1개의 SELECT 문으로 적을 수 있습니다.

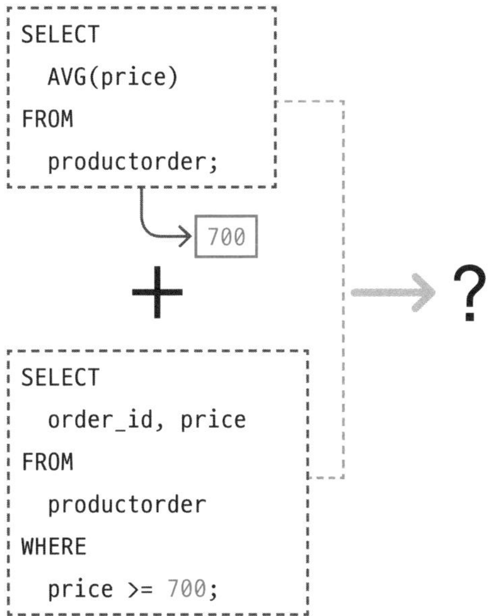

예문 price의 평균값 이상인 레코드를 productorder 테이블에서 가져온다

```
SELECT
  order_id, price
FROM
  productorder
WHERE
  price >= (
    SELECT
      AVG(price)
    FROM
      productorder
  );
```

직접 「WHERE price >= AVG(price)」라고 적을 수 없나요?

집약 함수는 WHERE 구의 안에 적을 수 없어요. 이 작성법이라면 OK입니다.

결과는 「SELECT order_id, price FROM productorder WHERE price >= 700;」을 실행한 결과와 같습니다.

SELECT 문 안에 다른 SELECT 문을 적고 있습니다. 이처럼 SELECT 문 안에 적은 다른 SELECT 문을 **서브 쿼리(부 쿼리)**라고 합니다. 서브 쿼리에 대해서 가장 바깥쪽에 있는 SELECT 문을 **메인 쿼리(주 쿼리)**라고 합니다.

서브 쿼리 부분은 괄호로 감싸 적습니다. 서브 쿼리 부분의 마지막에 세미콜론은 붙이지 않습니다.

메인 쿼리와 서브 쿼리

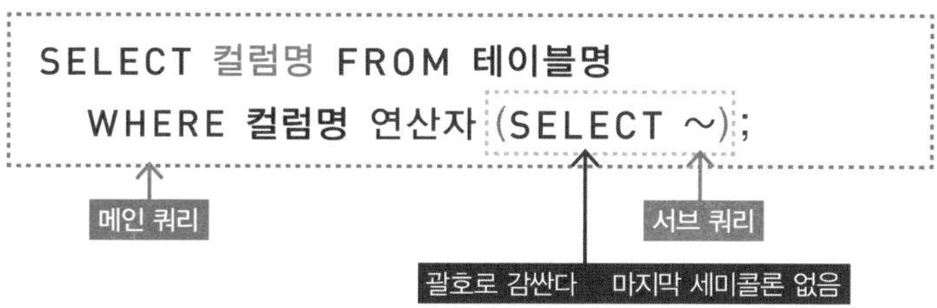

예문의 「(SELECT AVG(price) FROM productorder)」 부분은 서브 쿼리입니다.

사소한 지식

부 쿼리

SELECT 문처럼 DBMS에 대한 명령을 쿼리라고 합니다. 메인 쿼리를 주 쿼리, 서브 쿼리를 부 쿼리라고도 부릅니다.

01.2 서브 쿼리는 언제 실행될까?

서브 쿼리 부분은 메인 쿼리 부분보다 먼저 실행됩니다.

SELECT 문을 실행하면 서브 쿼리 부분 「(SELECT AVG(price) FROM productorder)」는 맨 먼저 실행되고, 결과의 700과 바꿔 놓습니다. 그 다음에 메인 쿼리가 실행됩니다.

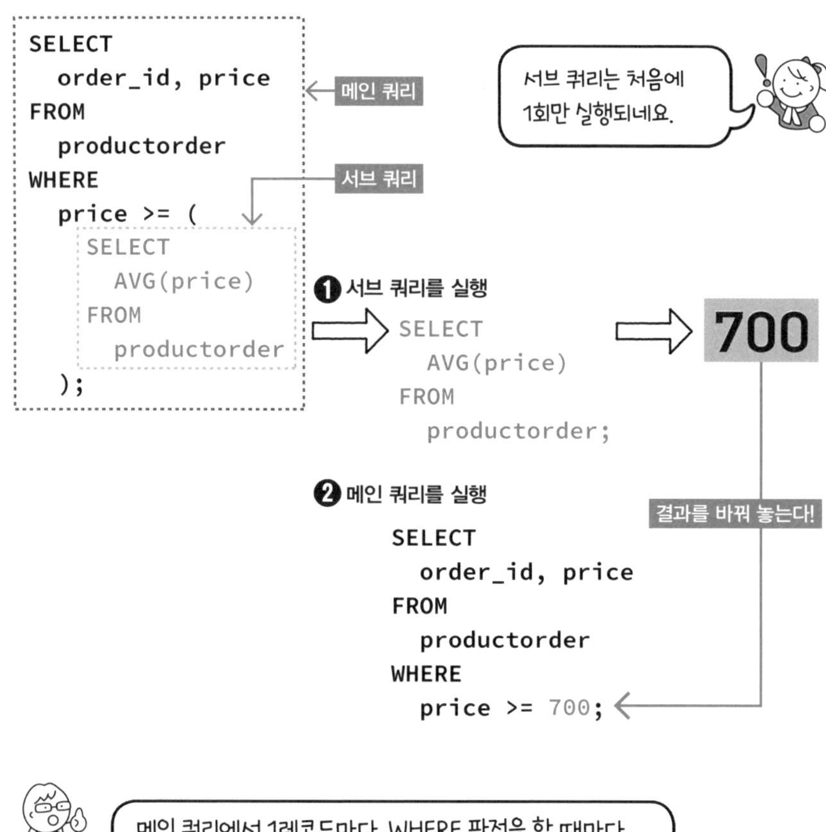

메인 쿼리에서 1레코드마다, WHERE 판정을 할 때마다 매회 실행되는 것은 아닙니다.

서브 쿼리를 사용한 SELECT 문은 두 개의 SELECT 문을 이어서 실행한 것과 같습니다. 서브 쿼리가 먼저, 메인 쿼리가 뒤에 실행됩니다.

01.3 서브 쿼리는 어디에 적을까?

실행한 서브 쿼리의 결과는 메인 쿼리의 조건에 설정하는 경우가 많습니다. 따라서 서브 쿼리는 메인 쿼리의 WHERE 구에 적는 경우가 많지만 WHERE 구 이외의 구에 적어도 됩니다.

SELECT 구에 서브 쿼리를 적어봅시다.

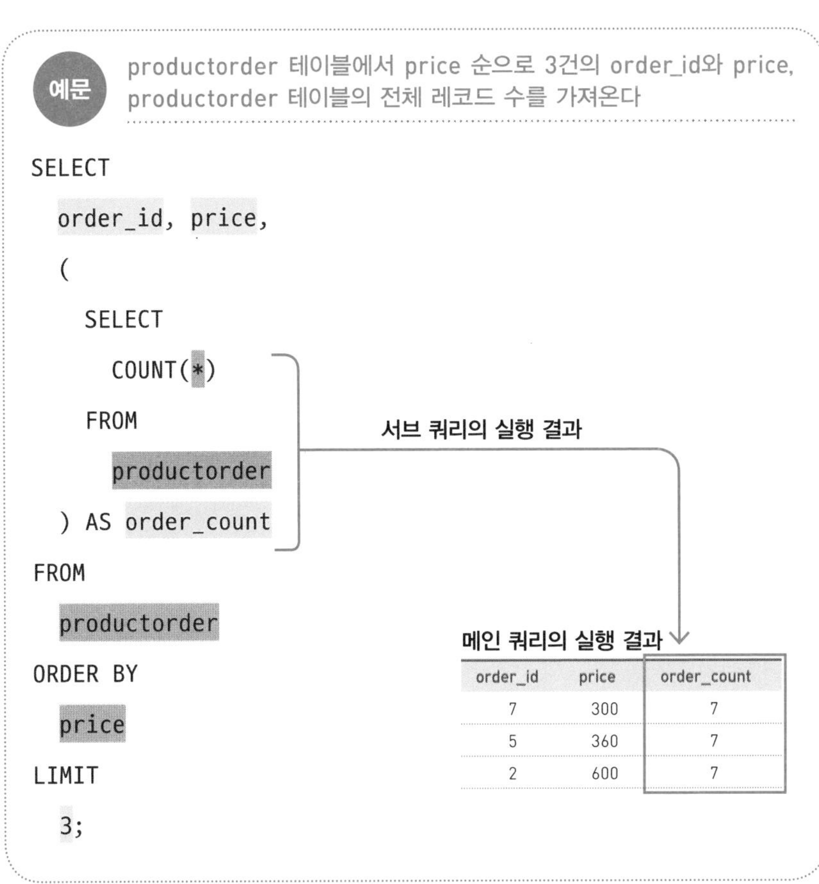

예문 productorder 테이블에서 price 순으로 3건의 order_id와 price, productorder 테이블의 전체 레코드 수를 가져온다

```
SELECT
  order_id, price,
  (
    SELECT
      COUNT(*)
    FROM
      productorder
  ) AS order_count
FROM
  productorder
ORDER BY
  price
LIMIT
  3;
```


order_id	price	order_count
7	300	7
5	360	7
2	600	7

서브 쿼리의 결과는 전부 같은 값이 되므로 언뜻 보기에 쓸데없어 보이지만, 레코드의 데이터 내용과 전체 레코드 수를 함께 가져오고 싶을 때 사용할 수 있습니다. SELECT 구에서는 집약 함수와 다른 컬럼을 함께 적을 수 없지만 이 방법이라면 값을 함께 가져올 수 있습니다.

```
SELECT
  order_id,
  price,
  COUNT(*)
FROM
  productorder;
```

```
SELECT
  order_id,
  price,
  (
    SELECT
      COUNT(*) ~
  )
FROM
  productorder;
```

이번에는 HAVING 구에 서브 쿼리를 적어봅시다. productorder 테이블을 customer_id로 그룹화합니다. 그룹마다의 price 평균값이 전체 레코드의 price 평균값보다 작은 그룹의 customer_id와 price의 평균값을 가져옵니다.

```
SELECT
  customer_id, AVG(price)
FROM
  productorder
GROUP BY
  customer_id
HAVING
  AVG(price) <
    (
      SELECT
        AVG(price)
      FROM
        productorder
    );
```

그룹마다의 price의 평균값

전체 레코드의 price 평균값

customer_id	AVG(price)
1	330.0000
5	650.0000

전체 레코드의 price 평균값은 700이므로 그룹마다의 price의 평균값이 700보다 작은 그룹의 값을 가져옵니다. 한번 HAVING 구를 지우고 SELECT 문을 실행하여 그룹마다의 price의 평균값을 확인해 봅시다.

또한, 메인 쿼리와 서브 쿼리에서 사용하는 테이블은 각각 따로여도 문제가 없습니다. membertype 테이블의 안에서 membertype이 '할인 회원'과 일치하는 회원을 customer 테이블에서 가져옵니다.

```
SELECT
  customer_id,
  customer_name
FROM
  customer
WHERE
  membertype_id =
    (
      SELECT
        membertype_id
      FROM
        membertype
      WHERE
        membertype = '할인 회원'
    );
```

membertype이 '할인 회원'과 일치하는 membertype_id를 가져온다

customer_id	customer_name
1	김바다
3	박하늘
5	유바다

membertype 테이블에서 membertype 컬럼의 값이 '할인 회원'과 일치하는 membertype_id를 서브 쿼리로 먼저 받아둡니다. '할인 회원'과 일치하는 membertype_id의 값은 2입니다. 결과인 2를 서브 쿼리 부분에 바꿔 놓고, customer 테이블에서 membertype_id의 값이 2인 회원 정보를 가져옵니다. 서브 쿼리의 테이블은 membertype, 메인 쿼리의 테이블은 customer입니다.

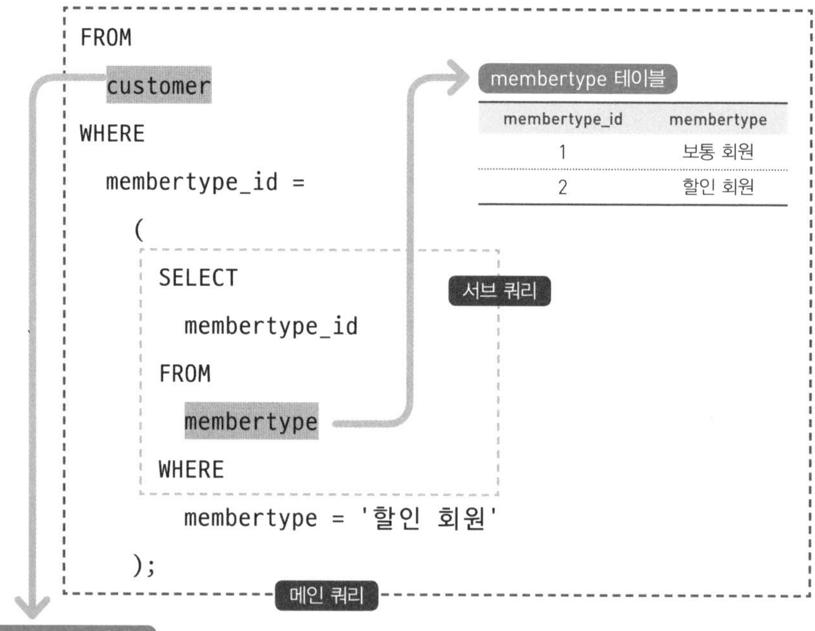

membertype_id	membertype
1	보통 회원
2	할인 회원

customer 테이블

customer_id	customer_name	birthday	membertype_id
1	김바람	1984-06-24	2
2	이구름	1990-07-16	1
3	박하늘	1976-03-09	2
4	강산	1991-05-04	1
5	유바다	1993-04-21	2

01.4 서브 쿼리의 결과에 대해서 생각해보자

지금까지의 예문에서 나온 서브 쿼리는 전부 1개의 값을 반환하는 것이었습니다.

1개의 값을 반환하는 서브 쿼리를 단일행 서브 쿼리라고 합니다.

서브 쿼리는 SELECT 문을 사용하므로 당연히 결과가 여러 행이 될 수도 있습니다. 결과가 여러 행의 레코드를 반환하는 서브 쿼리를 복수행 서브 쿼리라고 합니다.

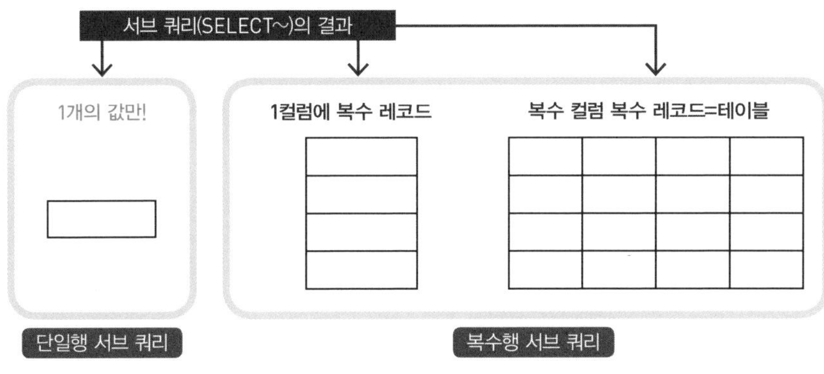

메인 쿼리 안에서 서브 쿼리의 결과를 어떻게 사용할지는 서브 쿼리의 결과가 1행이 될지 여러 행이 될지에 달려있습니다.

예를 들어, 다음과 같이 여러 행을 반환하는 서브 쿼리의 결과에 대해 =나 > 등의 비교 연산자를 사용할 수 없습니다.

product 테이블에서 price가 150 이상인 product_id와 일치하는 productorder 테이블의 레코드를 가져오고 싶을 때 다음과 같이 적으면 오류가 납니다.

```
SELECT
  order_id, product_id
FROM
  productorder
WHERE
  product_id =
    (
      SELECT
        product_id
      FROM
        product
      WHERE
        price >= 150
    );
```

`(SELECT product_id FROM product WHERE price >= 150)`

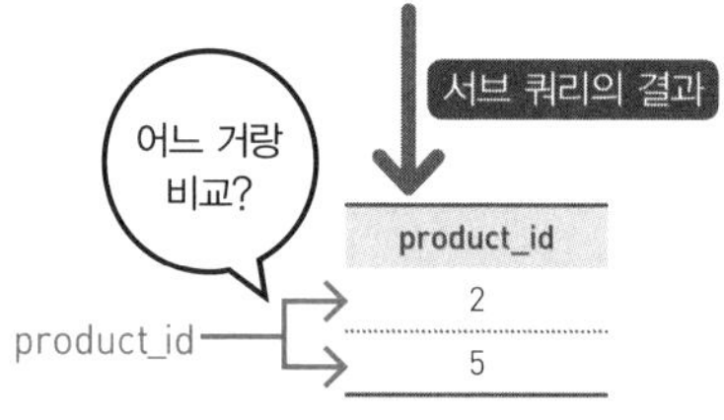

결과가 2개 있으면 어느 것을 선택해야 할지 곤란하네요.

결과가 하나라면 괜찮아요. 결과가 우연히 1개면 오류는 나지 않아요.

product 테이블에서 price가 150 이상인 product_id는 2개 있습니다. 서브 쿼리의 결과가 여러 행이므로 = 연산자와 비교할 수 없습니다.

비교 연산자처럼 1개의 값과 비교하는 경우에는 1개의 값을 반환하는 단일행 서브 쿼리를 사용합시다.

복수행 서브 쿼리의 사용법은 다음에 설명합니다.

사소한 지식

서브 쿼리의 장단점

서브 쿼리를 사용하면 SELECT 문이 복잡해지는데 여러 SELECT 문을 하나의 SELECT 문 안에 적을 수 있어서 편리합니다. 이 장의 마지막에 학습하는 상관 서브 쿼리에서는 기본적으로 처리가 느리지만 경우에 따라서는 반대로 처리가 빨라지는 경우도 있습니다.

서브 쿼리를 사용하지 않아도 여러 SELECT 문으로 나누어 적거나 다른 문법를 사용해서 같은 처리를 적을 수도 있습니다. 서브 쿼리를 사용하는 경우는 장단점을 생각해서 잘 이용합시다.

02 결과가 여러 개가 되는 서브 쿼리

서브 쿼리의 결과가 여러 레코드가 되는 경우도 있습니다. 서브 쿼리가 여러 레코드를 반환하는 경우, 메인 쿼리 안에서 서브 쿼리의 결과를 어떻게 다루면 좋을지 학습합시다.

02.1 여러 결과를 어떻게 사용할까?

서브 쿼리의 결과가 여러 레코드로, 컬럼이 1개뿐인 경우를 생각해 봅시다. 서브 쿼리의 1컬럼 여러 레코드의 결과에 대해서 다음 연산자를 사용할 수 있습니다.

1컬럼 여러 레코드의 서브 쿼리의 결과에 사용하는 연산자

연산자	사용법	의미
IN	a IN(서브 쿼리)	a가 서브 쿼리의 결과 중 어느 것에 일치하면 1을 반환한다
NOT IN	a NOT IN(서브 쿼리)	a가 서브 쿼리의 결과 중 어느 것에도 일치하지 않으면 1을 반환한다
ANY	a 연산자 ANY(서브 쿼리)	서브 쿼리의 결과 중 어느 것과 a의 연산 결과가 1이라면 1을 반환한다
ALL	a 연산자 ALL(서브 쿼리)	서브 쿼리의 결과 전체와 a의 연산 결과가 1이라면 1을 반환한다

IN 연산자와 NOT IN 연산자는 제3장에서 배운 것과 같습니다. 제3장에서는 인수에 「(1, 2, 3)」과 같은 리스트를 지정했는데, 인수에 서브 쿼리의 결과를 지정할 수도 있습니다.

IN 연산자는 서브 쿼리의 결과 중, 어느 것에 일치하면 1을 반환합니다.

IN 연산자를 사용하여 productorder 테이블 안에 있는 price의 값이 700 이상인 customer_id의 자세한 정보를 customer 테이블에서 가져옵시다.

```
SELECT
  customer_id, customer_name
FROM
  customer
WHERE
  customer_id IN
    (
      SELECT
        DISTINCT customer_id
      FROM
        productorder
      WHERE
        price >= 700
    );
```

price 값이 700 이상인 customer_id

customer_id	customer_name
4	강산
2	이구름
3	박하늘
5	유바다

먼저, productorder 테이블의 안에 있는 price 값이 700 이상인 customer_id를 서브 쿼리에서 가져옵니다. 중복 레코드가 있을 걸 생각해서 DISTINCT를 사용합니다.

서브 쿼리의 결과와 IN 연산자를 사용해서 customer 테이블에서 고객 정보를 가져옵니다.

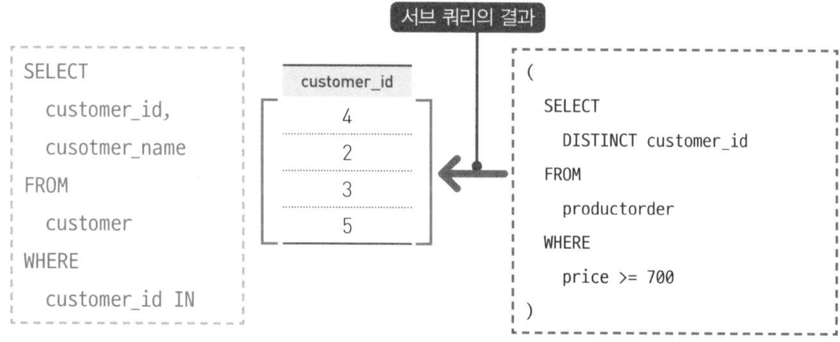

02.2 ANY 연산자와 ALL 연산자를 사용해보자

ANY 연산자와 ALL 연산자도 사용해 봅시다. IN은 일치하는지 일치하지 않는지를 판정했는데, ANY 연산자와 ALL 연산자는 = 연산자도 포함한 모든 비교 연산자를 지정할 수 있는 것이 특징입니다. ANY와 ALL 앞에 비교 연산자를 지정합니다.

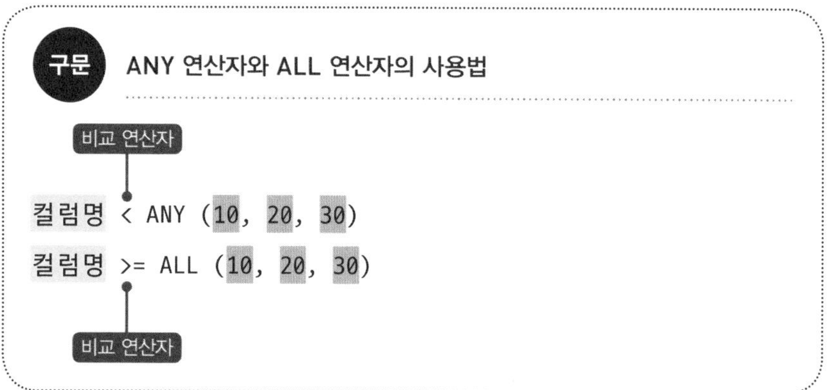

ANY 연산자와 ALL 연산자는 실제는 「< ANY (10, 20, 30)」처럼 인수에 직접 값을 지정할 수는 없습니다. ANY 연산자와 ALL 연산자는 서브 쿼리의 결과에 사용하는 연산자입니다. 여기서는 설명을 위해서 일부러 인수를 리스트 형식으로 하고 있습니다.

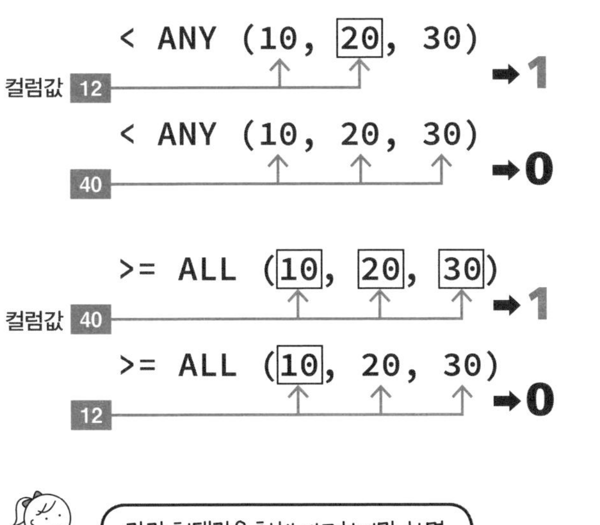

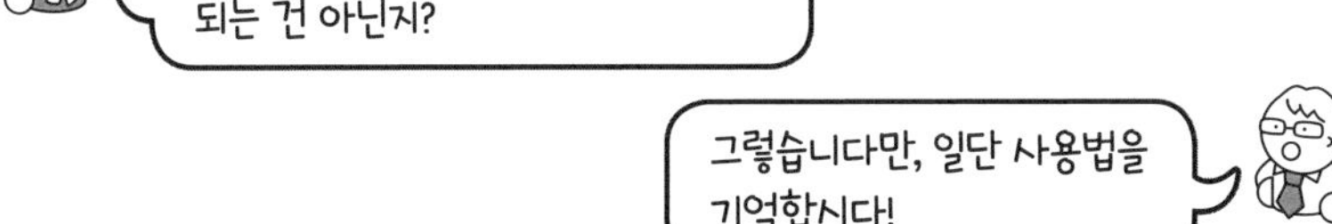

ANY는 연산자로 비교해서, 인수 중 어느 것이 1이 되면 1을 반환합니다.

ALL은 연산자로 비교해서, 인수의 모든 것이 1이 되면 1을 반환합니다.

실제로 서브 쿼리의 결과를 인수로서 사용해 봅시다.

productorder 테이블에서 product_id마다 quantity의 합계값을 서브 쿼리로 취합니다. product 테이블에서 서브 쿼리 결과의 어느 값보다 stock이 작은 레코드를 가져옵니다.

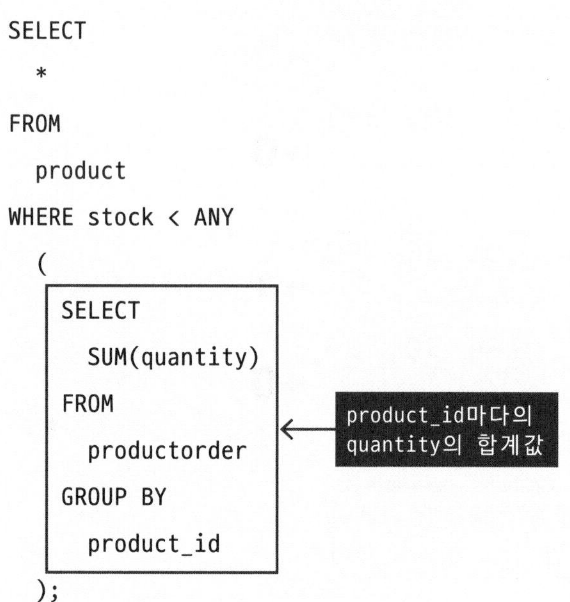

먼저, 서브 쿼리의 결과는 다음과 같습니다.

SUM(quantity)
12
4
5
3
2

이 중의 어느 값보다 stock이 작은 product 테이블의 레코드는 다음 2개뿐입니다. 메인 쿼리의 결과는 다음과 같습니다.

product_id	product_name	stock	price
3	천연 아로마 입욕제	4	120
5	비누 딸기100%	10	150

= ANY와 IN은 같다?

「= ANY」는 IN 연산자로 적을 수도 있습니다. 「<> ANY」는 NOT IN 연산자로 적을 수도 있습니다. 그렇다고 해도 아무 때나 어느 쪽을 사용해도 되는 건 아닙니다. IN 연산자는 제3장에서 설명한 것처럼 「IN (1, 2, 3)」이라고 비교 대상을 리스트로 적을 수 있는데, ANY 연산자는 「= ANY (1, 2, 3)」이라고 적을 수가 없습니다. ANY와 ALL은 서브 쿼리의 결과에 사용하는 연산자입니다.

02.3 복수행 서브 쿼리에서 주의해야 할 점

IN 연산자나 ANY 연산자에서는 인수의 서브 쿼리의 결과에 일치하는 것이 발견되지 않고, 게다가 결과 안에 NULL이 들어 있으면 연산 결과도 NULL이 되어 버립니다.

```
5 IN (1, 2, 3)       ➡결과는 0
5 IN (1, 2, NULL)    ➡결과는 NULL
2 IN (1, 2, NULL)    ➡결과는 1
```

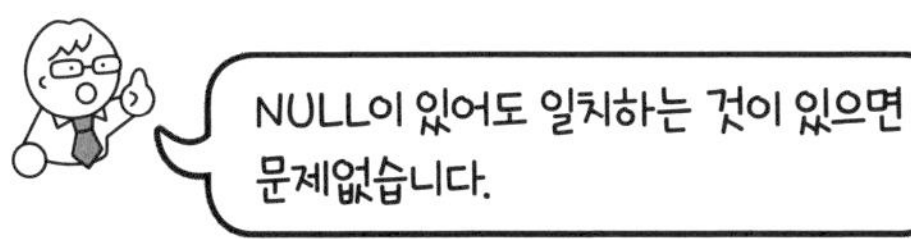

서브 쿼리의 결과에서 NULL을 제외하도록 해 두면 연산 결과가 NULL이 될 걱정은 없습니다.

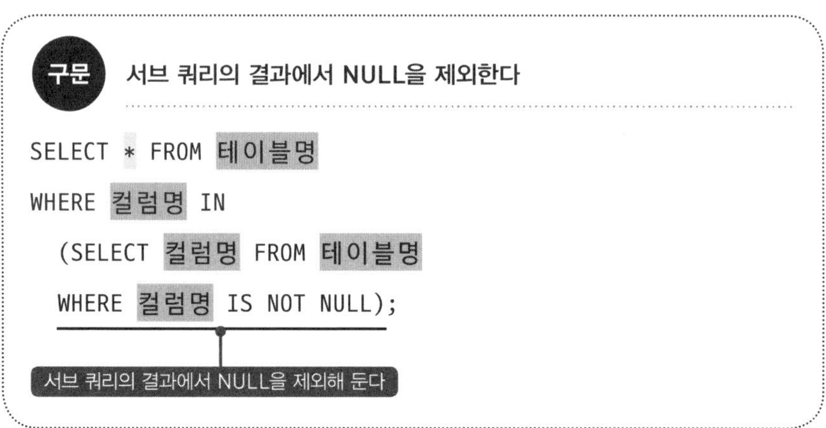

또한, IN 연산자 등 복수행 서브 쿼리의 결과에 사용하는 연산자와 LIMIT 구에 있는 서브 쿼리를 함께 사용할 수는 없습니다. MySQL의 버전에 달려 있는데 사용할 수 없는 환경에서는 실행 오류가 납니다.

시험삼아 productorder 테이블의 안에서 price의 내림차순으로 상위 3개의 레코드의 customer_id를 서브 쿼리로 가져와서, cutomer 테이블에서 해당하는 customer_id와 customer_name을 가져옵시다.

```
SELECT
  customer_id, customer_name
FROM
  customer
WHERE
  customer_id IN
    (
      SELECT
        customer_id
      FROM
        productorder
      ORDER BY
         price DESC
      LIMIT 3
    );
```

이 조합은 NG!

LIMIT가 붙은 서브 쿼리와 IN 연산자를 사용하면 오류가 나서 실행할 수 없습니다.

오류 메시지는 「This version of MySQL doesn't yet support 'LIMIT & IN/ALL/ANY/SOME subquery'」입니다. 「이 버전의 MySQL에서는 아직 'LIMIT & IN/ALL/ANY/SOME subquery'를 이용할 수 없습니다」라는 뜻입니다.

그럼 서브 쿼리에서 LIMIT 구를 적고 싶을 때는 어떻게 하면 좋을까요?

다음과 같이 적으면 해결됩니다.

```
SELECT
  customer_id, customer_name
FROM
  customer
WHERE
  customer_id IN
    (
      SELECT
        customer_id
      FROM
        (
          SELECT
            customer_id
          FROM
            productorder
          ORDER BY
            price DESC
          LIMIT 3
        ) AS tmp
    );
```

customer_id	customer_name
2	이구름
4	강산
3	박하늘

바깥쪽의 서브 쿼리에는 LIMIT가 없으므로 IN 연산자를 사용해도 됩니다.

그렇군요~ 서브 쿼리도 중첩을 할 수 있네요.

서브 쿼리 안에서 거듭 서브 쿼리를 적습니다. 이처럼 서브 쿼리는 몇 개라도 중첩할 수 있습니다. 가장 안쪽의 서브 쿼리부터 순서대로 실행합니다.

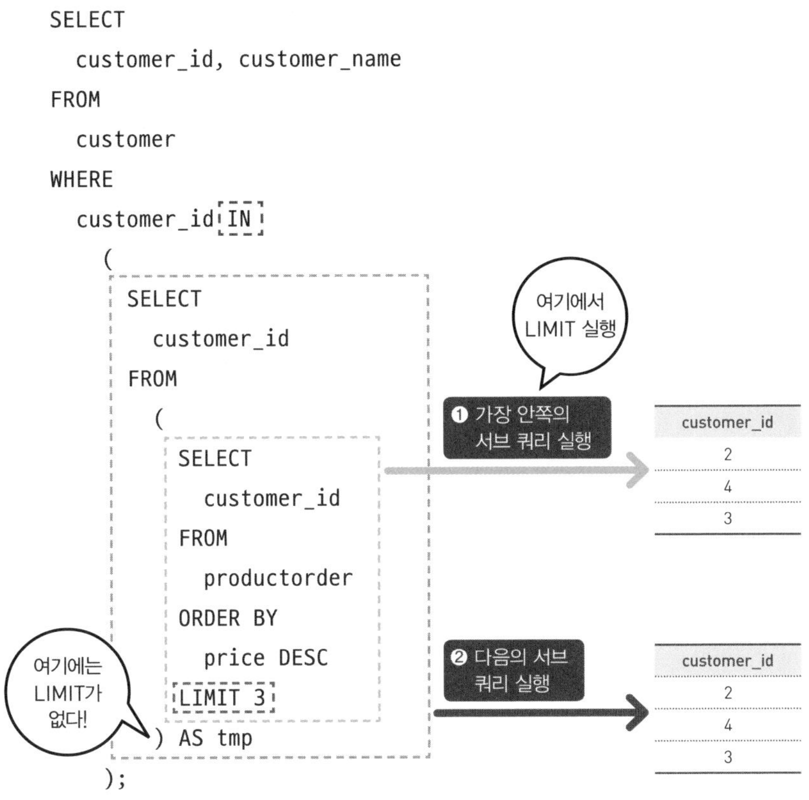

가장 안쪽의 서브 쿼리에서 LIMIT 구를 사용해서 레코드 수를 제한합니다. 이때 만들어진 결과에는 AS로 별명을 붙여야 합니다.

또한 다음의 서브 쿼리에서 처음에 만든 서브 쿼리의 결과로부터 customer_id를 꺼냅니다. IN 연산자를 직접 사용하는 바깥쪽의 서브 쿼리에는 LIMIT 구가 붙어있지 않으므로 오류는 나지 않습니다.

02.4 서브 쿼리의 결과가 테이블이 될 때는?

이번은 복수행 서브 쿼리의 안에서도 결과가 복수 컬럼을 갖는 경우의 사용법을 소개합니다. 복수행 복수 컬럼이 되돌아오므로 결과는 1개의 테이블로 간주됩니다.

productorder 테이블을 customer_id로 그룹화하고, 그룹마다의 구입 횟수를 카운트하고, 그 평균값을 구해 봅시다. 그룹화 부분을 서브 쿼리에서 시행합니다.

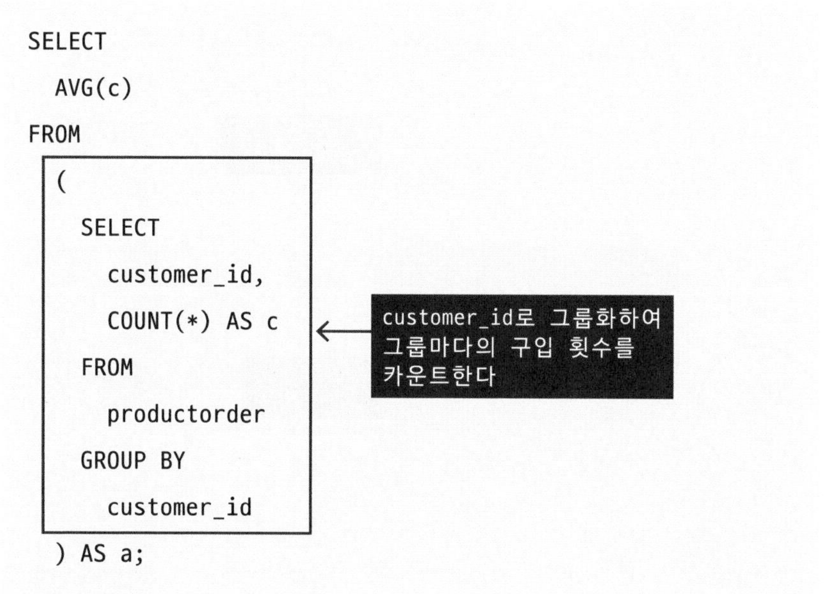

```
SELECT
  AVG(c)
FROM
  (
    SELECT
      customer_id,
      COUNT(*) AS c
    FROM
      productorder
    GROUP BY
      customer_id
  ) AS a;
```


AVG(c)
1.400

서브 쿼리에서 productorder 테이블을 customer_id로 그룹화하고, 그룹마다의 구입 횟수를 카운트합니다. 서브 쿼리의 SELECT 구에 customer_id 컬럼을 넣을 필요는 없지만 확인을 위해 넣어둡니다.

서브 쿼리의 결과 테이블은 다음과 같습니다.

customer_id	c
1	2
2	1
3	1
4	1
5	2

서브 쿼리의 결과 테이블로부터 메인 쿼리에서 그룹마다의 구입 횟수의 평균값을 계산합니다.

서브 쿼리의 결과 테이블에 AS로 별명을 붙이는 걸 잊지 않도록 합니다.

이처럼 복수행 복수 컬럼이 되는 서브 쿼리의 결과는 하나의 테이블로서 메인 쿼리의 FROM 구에서 이용되는 경우가 많습니다.

AS는 언제 필요?

복수행 서브 쿼리의 결과 등, SELECT 문의 안에서 사용하는 일시적인 테이블에는 AS로 별명을 붙여야 합니다. AS 구가 필요한데 붙어있지 않으면 「Every derived table must have its own alias」라는 오류 메시지가 나옵니다. 한국어로 하면 「도출표에는 별명이 필수입니다.」입니다.

AS 구가 필요한지 아닌지 모르겠으면, 일단 번거로운 건 아니므로 적당한 별명을 붙여 둡시다.

03 상관 서브 쿼리

각각의 테이블끼리를 서로 관련지은 구성으로 하는 것이 관계 데이터베이스입니다. 지금까지 학습한 내용 중에는 테이블끼리의 관련은 거의 취급하지 않았지만 지금부터는 관계 데이터베이스의 특성을 이용한 SELECT 문을 적어보겠습니다.

03.1 상관 서브 쿼리

서브 쿼리가 있는 SELECT 문에서는 먼저 서브 쿼리를 실행합니다. 서브 쿼리의 결과를 메인 쿼리의 안에 넣고 나서 메인 쿼리를 실행했습니다. 서브 쿼리는 메인 쿼리의 SELECT 문과는 독립해서 실행할 수 있는 것입니다. 그러나 서브 쿼리라도 메인 쿼리와 연계해서 실행하는 경우도 있습니다. 이것을 상관 서브 쿼리라고 합니다.

지금까지의 서브 쿼리

② 다음에 메인 쿼리 실행

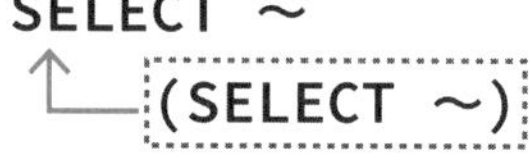

① 먼저 서브 쿼리 실행

상관 서브 쿼리

① 메인 쿼리 실행하면서

② 서브 쿼리 실행

상관 서브 쿼리에서는 먼저 메인 쿼리를 실행하고, 메인 쿼리의 1레코드마다 서브 쿼리를 실행합니다. 보통의 서브 쿼리와는 전혀 다른 동작입니다.

product 테이블에 있는 상품 중에서 productorder 테이블의 정보로부터 상품마다의 합계 매상 개수가 3보다 큰 상품의 정보를 가져옵시다.

```
SELECT
  product.product_id,
  product.product_name
FROM
  product
WHERE
  3 < (
  SELECT
    SUM(quantity)
  FROM
    productorder
  WHERE
    product.product_id = productorder.product_id
  );
```

productorder 테이블에 있는 상품마다의 합계 매상 개수

product_id	product_name
1	약용 입욕제
2	약용 핸드솝
3	천연 아로마 입욕제

메인 쿼리의 대상은 product 테이블입니다. product 테이블의 1레코드마다 서브 쿼리를 실행합니다. 서브 쿼리는 그 때 실행하고 있는 「product 테이블의 레코드의 product_id」와 일치하는 「productorder 테이블의 product_id」를 검색 조건으로 하고 있습니다. 서브 쿼리 안에서 메인 쿼리 값을 참조하고 있습니다.

메인 쿼리와 서브 쿼리에서 테이블이 2종류 나옵니다. 컬럼이 어느 테이블 것인지를 나타내기 위해 테이블명과 컬럼명을 「.」로 연결해서 적습니다.

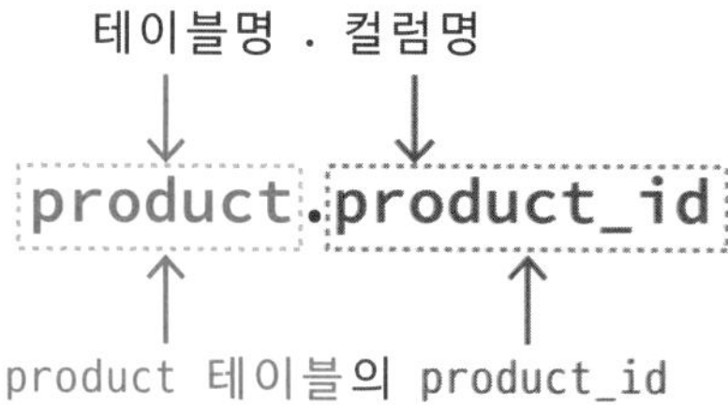

product.product_id는 product 테이블의 product_id 컬럼을 가리킵니다. 분명히 어느 테이블에 있는 컬럼인지 명확한 경우는 테이블명은 붙이지 않아도 됩니다.

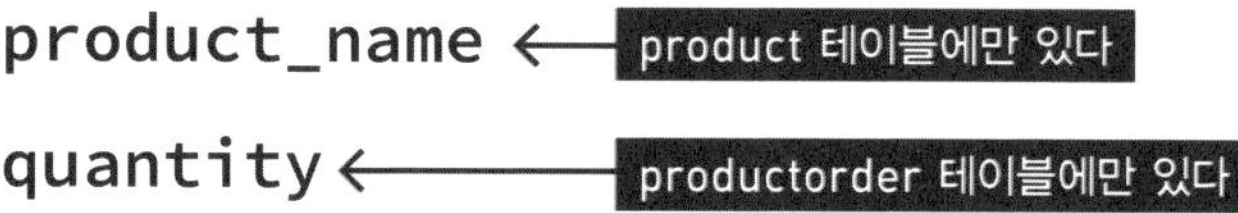

서브 쿼리의 검색 조건은 모두 같은 product_id 컬럼이므로 어느 테이블의 컬럼인지 명확하게 적어야 합니다.

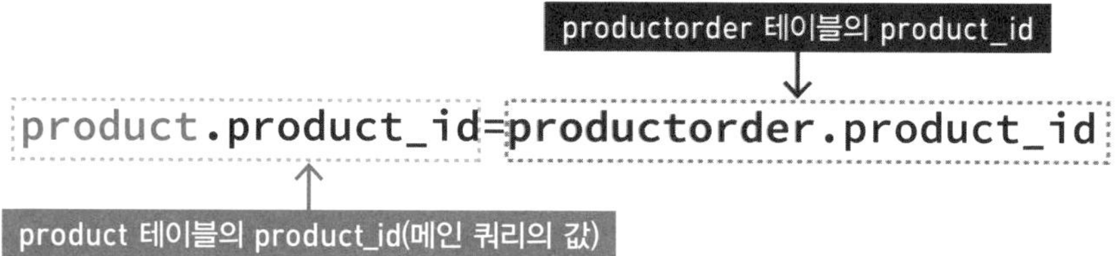

이처럼 서브 쿼리의 안에서 메인 쿼리의 값을 참조하는 서브 쿼리가 상관 쿼리입니다.

03.2 상관 쿼리의 구조를 알자

상관 쿼리를 실행했을 때의 실제 동작을 살펴봅시다.

보통의 서브 쿼리라면 먼저 서브 쿼리를 실행하는데, 상관 쿼리는 메인 쿼리의 안에서 1레코드씩 서브 쿼리를 실행합니다.

메인 쿼리는 먼저 처음에 FROM 구, 다음에 WHERE 구가 실행됩니다.

상관 서브 쿼리는 WHERE 구의 안에 있습니다. 상관 서브 쿼리는 WHERE 구에서 메인 쿼리의 1레코드씩 실행됩니다.

```
SELECT
  product.product_id, product.product_name
FROM
  product
WHERE 3 <
  (
    SELECT
      SUM(quantity)
    FROM
      productorder
    WHERE
      product.product_id = productorder.product_id
  );
```

상관 서브 쿼리

1레코드마다 실행

product 테이블의 product_id가 1일 때, 다음의 서브 쿼리를 실행합니다.

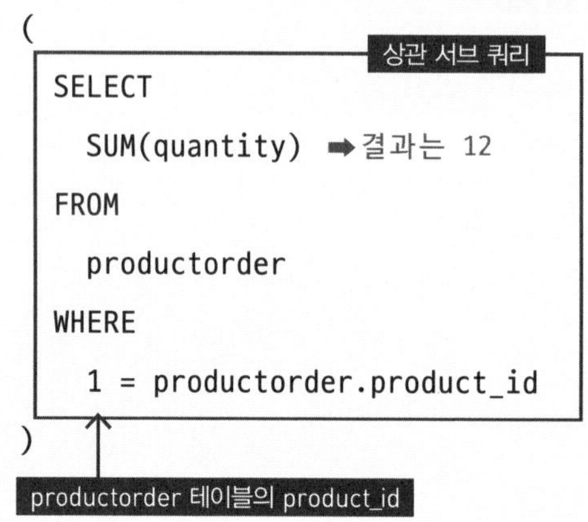

이 결과는 12이므로 메인 쿼리의 WHERE 구의 조건 「3 < 12」는 TRUE가 되며, product_id가 1의 레코드를 가져옵니다.

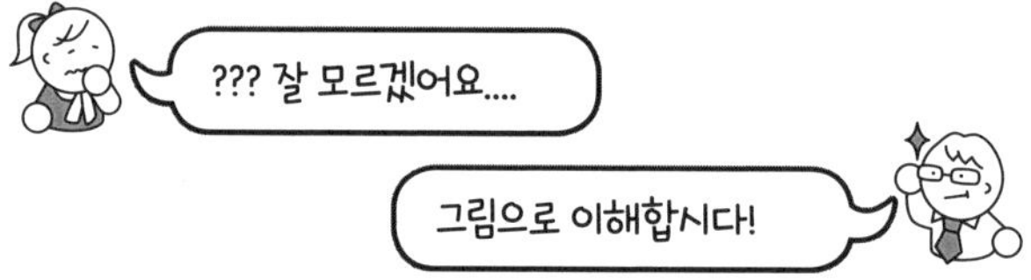

```
SELECT
  ~
FROM
  product
WHERE
  3 <
```

product 테이블

product_id	product_name
1	약용 입욕제
2	약용 핸드솝
3	천연 아로마 입욕제
4	거품 목욕제
5	비누 딸기100%
6	100%우유_입욕제

```
(
  SELECT
    SUM(quantity)
  FROM
    productorder
  WHERE
    product.product_id = productorder.product_id
);
```

실행

productorder 테이블

order_id	customer_id	product_id	quantity
1	4	1	12
2	5	3	5
3	2	2	2
4	3	2	1
5	1	4	3
6	5	2	1
7	1	5	2

확실히 서브 쿼리와 메인 쿼리는 연동되네요.

네. 서브 쿼리는 메인 쿼리의 1레코드씩 시행합니다.

마찬가지로 product 테이블의 모든 레코드의 product_id에 대해서 서브 쿼리가 이뤄집니다.

메인 쿼리의 WHERE 구에 상관 서브 쿼리를 적을 때의 구문은 다음과 같습니다.

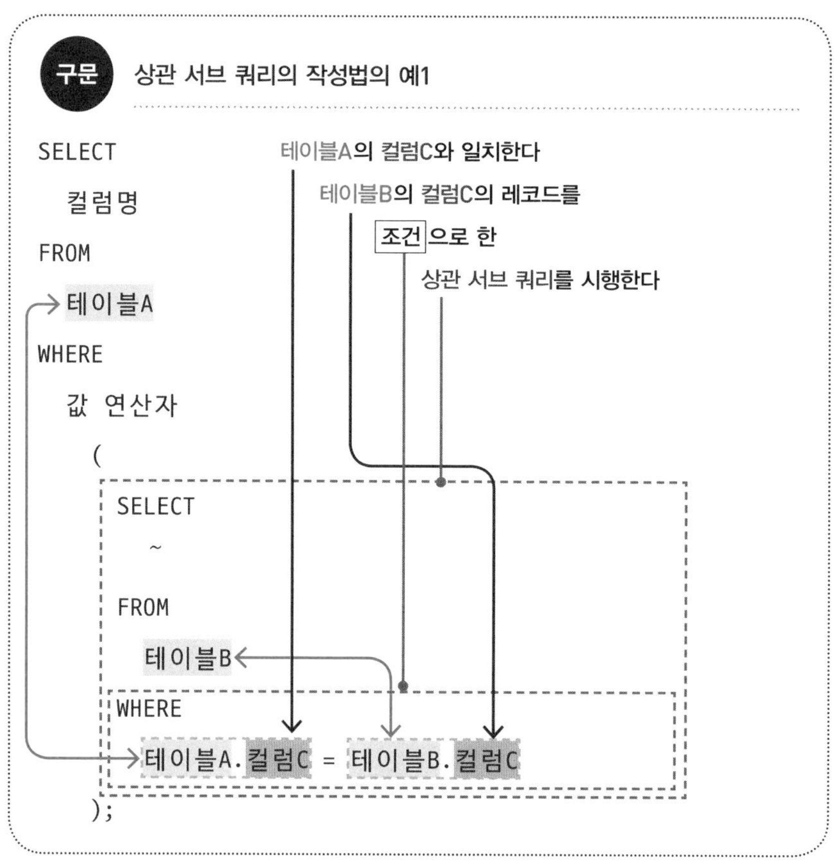

03.3 드디어 「관계」가 나왔다!

이번은 주문 정보와 고객 정보의 테이블을 살펴봅시다.

customer 테이블은 고객 정보 테이블입니다. customer 테이블의 기본 키는 customer_id입니다. 한쪽의 productorder 테이블의 기본 키는 order_id로 주문 상품 및 고객 정보를 기록하고 있습니다.

productorder 테이블의 안에 있는 customer_id는 customer 테이블의 기본 키인 customer_id 값 중 어느 것입니다.

customer 테이블의 customer_id는 기본 키이기 때문에 customer 테이블 내에 같은 값을 갖지 않습니다. 즉, 유일한 컬럼입니다.

관계 데이터베이스에서는 이와 같이 어떤 테이블에서 유일로 인식할 수 있는 정보를 다른 테이블의 컬럼으로 지정하여 양쪽 테이블에 「관계」를 갖게 합니다.

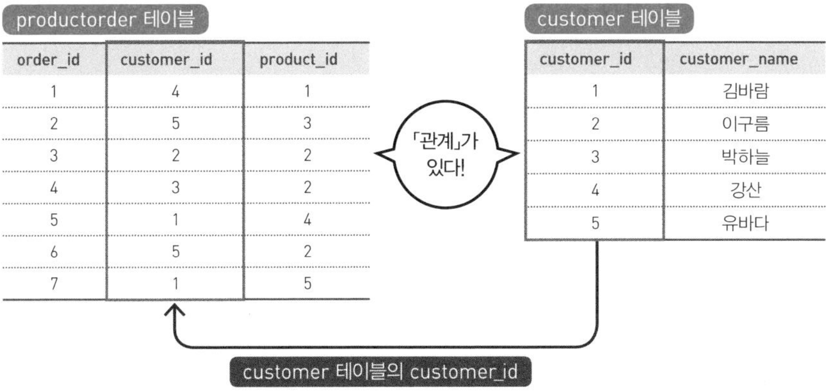

productorder 테이블

order_id	customer_id	product_id
1	4	1
2	5	3
3	2	2
4	3	2
5	1	4
6	5	2
7	1	5

「관계」가 있다!

customer 테이블

customer_id	customer_name
1	김바람
2	이구름
3	박하늘
4	강산
5	유바다

customer 테이블의 customer_id

customer 테이블의 레코드 customer_id와 productorder 테이블의 customer_id는 같은 것을 가리키고, 2개의 레코드는 관련지어져 있습니다.

관련된 다른 테이블의 컬럼을 **외부 키**(Foreign Key)라고 합니다. productorder 테이블의 customer_id는 외부 키입니다.

테이블끼리를 관계 짓지 않고 주문 정보의 안에 직접 고객명 등의 고객 정보를 함께 적는 것이 알기 쉬울 것 같다고 생각할 수 있지만, 다른 종류의 정보는 다른 테이블에 저장해 두는 것이 여러 가지로 좋습니다.

예를 들어 customer 테이블 없이 productorder 테이블에 직접 고객명 등의 고객 정보를 적은 경우, 만약 같은 이름을 가진 고객이 있다면 어떤 사람이 어떤 주문을 했는지 검색할 수 없게 됩니다.

order_id	customer_name
101	김유은
102	신짱구
103	김유은
104	김유은

같은 사람? 동명이인?

게다가 같은 고객이 여러 번 주문을 해도 그때마다 고객 정보를 넣어야 하기 때문에 불필요한 데이터를 갖게 됩니다.

order_id	customer_name	customer_address	customer_tel
101	김유은	서울시 □□구△△ 1-2-3	03--xxxx--yyyy
103	김유은	서울시 □□구△△ 1-2-3	03--xxxx--yyyy

같은 사람이면 불필요한 데이터

관련 데이터베이스에서는 정보마다 테이블을 나눠서 관리함으로써 정합성이 있던 데이터를 효과적으로 관리할 수 있는 것입니다.

사소한 지식

외부 키 제약

외부 키는 다른 테이블에 존재하는 데이터입니다. 보통은 다른 테이블에 존재하지 않는 데이터를 외부 키의 컬럼에 넣을 수 없습니다.

예를 들어 현재 customer 테이블에 존재하지 않는 customer_id = 100을 productorder 테이블의 customer_id에 넣을 수 없습니다. 이것을 외부 키 제약이라고 합니다. 이것은 테이블의 설정으로 지정할 수 있지만 이 책의 학습용 테이블에서는 지정하지 않습니다. 컬럼명을 같게 하고, 관련있는 데이터를 넣었을 뿐인 외부 키 상태입니다.

03.4 테이블에는 별명을 붙이자

하나의 SELECT 문 안에서 여러 테이블을 참조할 때는 컬럼이 어느 테이블의 것인지 지정합니다.

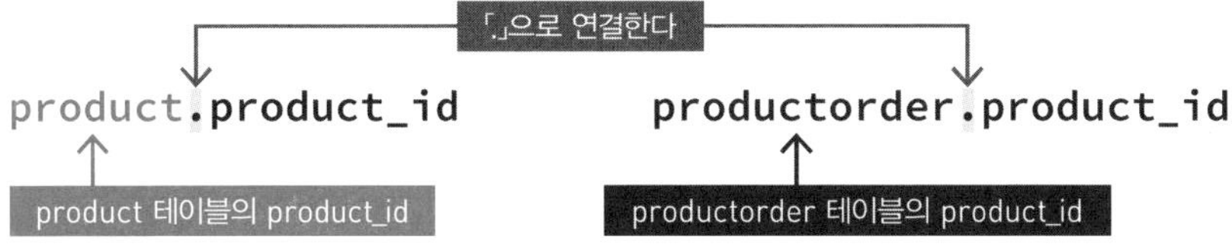

이로써 어느 쪽 테이블의 컬럼인지 알 수 있습니다.

그러나 긴 테이블명이나 비슷한 테이블명이면 전부 지정하는 것은 매우 번거롭습니다. 그래서 테이블에는 AS로 별명을 붙입시다.

product 테이블을 별명 a 테이블, productorder 테이블을 별명 b 테이블로 합니다.

```
SELECT
  a.product_id, a.product_name
FROM
  product AS a
WHERE
  3 <
    (
      SELECT
        SUM(quantity)
      FROM
        productorder AS b
      WHERE
        a.product_id = b.product_id
    );
```

서브 쿼리 안에 있는 quantity는 테이블명을 함께 적어 「b.quantity」라고 하지 않습니다. quantity 컬럼은 productorder 테이블에만 있으므로 테이블명을 함께 적지 않아도 문제없습니다.

어떤 테이블의 컬럼인지 구분하지 않아도 명확히 알 수 있는 경우는 테이블명을 함께 적을 필요가 없습니다. 메인 쿼리의 SELECT 구에 있는 「a.product_id」와 「a.product_name」도 product 테이블의 것이므로 「product_id」 「product_name」로 해도 문제없습니다.

그러나 여러 테이블을 사용한 경우는 SELECT 문을 알기 쉽도록 하기 위해서 가급적 「테이블명.컬럼명」으로 적읍시다.

 **사소한 지식**

AS 구에서의 별명을 어떻게 붙일까?

앞으로 AS 구에서 테이블에 별명을 붙이는 일이 많아집니다. 1개의 SELECT 문 안에서 여러 개의 별명을 붙이므로 수가 많아지면 조금 번거롭습니다. 별명을 생각하는데 시간을 잡아먹거나 별명이 길어지거나 하는 것은 피하고 싶을 것입니다. 제대로 구별이 되면 적당히 a나 b 등과 같은 별명으로 해도 됩니다.

03.5 상관 서브 쿼리의 사용법

기본적으로 상관 쿼리의 사용법은 보통의 서브 쿼리 사용법과 거의 같습니다. 서브 쿼리의 결과를 올바르게 이용할 수 있는 곳에 적으면 문제없습니다. 상관 서브 쿼리는 메인 쿼리의 값을 참조한다는 것과 서브 쿼리는 FROM 구에는 사용할 수 없는 점이 다릅니다.

상관 쿼리를 SELECT 구에 적어봅시다.

customer 테이블에서 customer_id와 customer_name에 대해서 고객마다의 합계 구입 금액을 가져옵니다. 고객마다의 합계 구입 금액은 productorder 테이블에서 상관 쿼리로 가져옵니다.

```
SELECT
  a.customer_id,
  a.customer_name,
  (
    SELECT
      SUM(b.price)
    FROM
      productorder AS b
    WHERE
      a.customer_id = b.customer_id
  ) AS total
FROM
  customer AS a;
```

고객마다의 합계 구입 금액

customer_id	customer_name	total
1	김바람	660
2	이구름	1400
3	박하늘	700
4	강산	840
5	유바다	1300

상관 서브 쿼리를 SELECT 구에 적어도 기본 동작은 같습니다.

물론 메인 쿼리의 실행 순서에 따르므로 메인 쿼리의 SELECT 구를 실행하고 있을 때에 상관 서브 쿼리는 1레코드씩 실행됩니다.

SELECT 구의 안에 상관 서브 쿼리를 적으면 다음과 같습니다.

구문 상관 서브 쿼리의 작성법의 예2

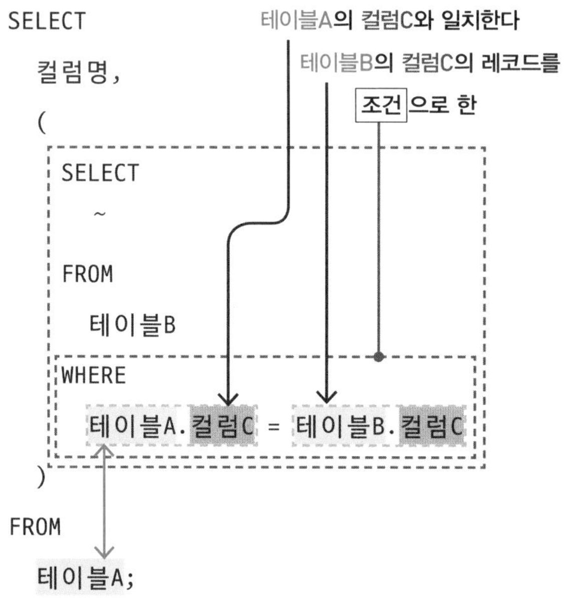

SELECT
컬럼명,
(
SELECT
~
FROM
테이블B
WHERE
테이블A.컬럼C = 테이블B.컬럼C
)
FROM
테이블A;
테이블A의 컬럼C와 일치한다
테이블B의 컬럼C의 레코드를
조건으로 한

메인 쿼리의 별명이 먼저 나와서 이해하기 어려워요.
SELECT 문의 실행 순으로 살펴보면 됩니다.

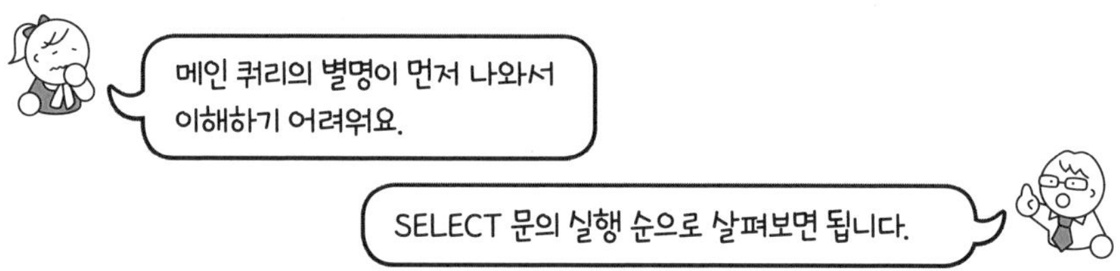

03.6 EXISTS 연산자

EXISTS는 상관 서브 쿼리의 결과에 사용하는 연산자입니다.

상관 서브 쿼리의 결과에 사용하는 연산자

연산자	사용법	의미
EXISTS	EXISTS(서브 쿼리)	서브 쿼리의 결과가 존재하면 1을 반환한다

product 테이블의 레코드 중, productorder 테이블에 정보가 있는 product_id만을 가져옵시다. 즉, 매상이 있던 상품 정보만을 가져옵니다.

```
SELECT
  a.product_id, a.product_name
FROM
  product AS a
WHERE
  EXISTS
    (
      SELECT
        *
      FROM
        productorder AS b
      WHERE
        a.product_id = b.product_id
    );
```

product_id	product_name
1	약용 입욕제
2	약용 핸드솝
3	천연 아로마 입욕제
4	거품 목욕제
5	비누 딸기100%

서브 쿼리에서 productorder 테이블에 있는 product_id의 정보를 가져옵니다. product_id가 1일 때는 서브 쿼리의 결과는 1레코드로 결과는 「존재한다」이므로 EXISTS 연산자의 판정은 TRUE입니다. product 테이블의 안에서 product_id가 1인 레코드를 가져옵니다.
product_id가 6일 때는 서브 쿼리의 결과는 존재하지 않으므로 EXISTS 연산자의 판정은 FALSE가 됩니다. product 테이블의 안에서 product_id가 6인 레코드는 가져오지 않습니다.

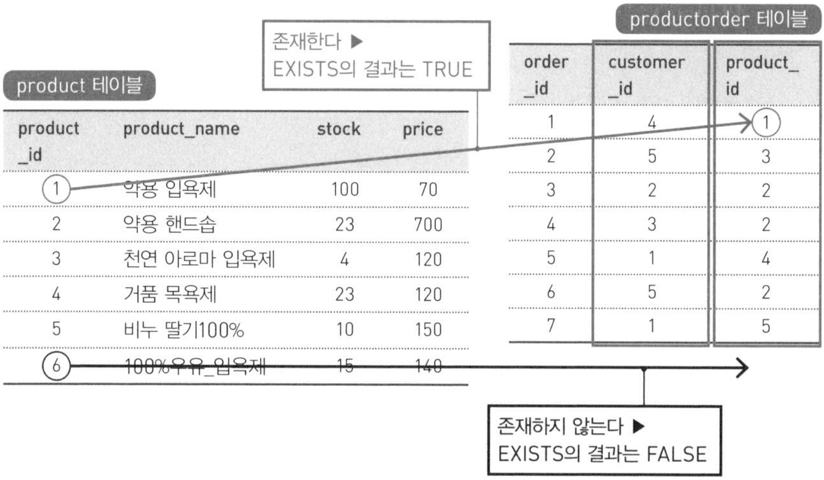

존재한다 ▶
EXISTS의 결과는 TRUE

product 테이블

product_id	product_name	stock	price
1	약용 입욕제	100	70
2	약용 핸드솝	23	700
3	천연 아로마 입욕제	4	120
4	거품 목욕제	23	120
5	비누 딸기100%	10	150
6	100%우유_입욕제	15	140

productorder 테이블

order_id	customer_id	product_id
1	4	1
2	5	3
3	2	2
4	3	2
5	1	4
6	5	2
7	1	5

존재하지 않는다 ▶
EXISTS의 결과는 FALSE

7장 연습문제

문제 1

다음의 student 테이블에 대해서 ❶~❹ 각각의 결과를 구하는 SELECT 문을 실행합니다. [ ] 부분을 채워서 SELECT 문을 완성합시다.

[student]

id	student_name	height	weight	blood_type	birthday
1	이민지	160	51	O	1998-08-11
2	김민준	172	65	A	1999-06-08
3	박서연	158	48	B	1997-08-03
4	강예은	161	55	A	1998-01-23
5	김동현	168	62	O	1997-10-08
6	이수민	153	42	AB	1998-07-25

❶ height가 평균값보다 작은 레코드의 student_name과 height

```
SELECT
  student_name, height
FROM
  student
WHERE
  height <
    (
     [          ]
    );
```

❷ weight의 최댓값에 일치하는 레코드의 student_name과 weight

```
SELECT
  student_name, weight
FROM
  student
WHERE
  weight =
  (
   [          ]
  );
```

❸ blood_type를 그룹화하고, blood_type마다 사람 수의 평균값(서브 쿼리로 blood_type과 blood_type마다 사람 수를 구한다)

```
SELECT
  AVG(c)
FROM
  (
   [          ]
  ) AS a;
```

❸ blood_type을 그룹화하고, blood_type이 한 사람뿐인 레코드의 student_name과 blood_type

```
SELECT
  student_name, blood_type
FROM
  student
WHERE
  blood_type IN
  (
   [          ]
  );
```

문제 2

문제1의 SQL을 실행했을 때의 서브 쿼리의 결과와 전체 결과는 어떻게 될까요? 적어봅시다.

문제 3

학생의 결석 정보를 기록한 student_absence 테이블이 있습니다. student_absence 테이블의 student_id 컬럼과 문제1의 student 테이블의 id는 같은 것입니다. student 테이블과 student_absence 테이블에 대해 ❶~❸ 각각의 결과를 구하는 SELECT 문을 적읍시다.

[student_absence] ※첫 번째 행은 데이터형

INT	DATE
student_id	absence_date
2	2019-06-06
6	2019-08-02
5	2019-12-11
2	2020-01-27
1	2020-01-29
5	2020-02-08

❶ student 테이블의 모든 id와 student_name에 덧붙여, 그 학생의 결석 횟수 (결석 횟수의 별명은 absence로 한다)

❷ student 테이블에서 결석 횟수 2회 이상인 학생의 id와 student_name

❸ student 테이블에서 한 번도 결석한 적이 없는 학생의 id와 student_name (NOT EXISTS를 사용)

해답

문제 1 해답

❶

```
SELECT
  AVG(height)
FROM
  student
```

❷

```
SELECT
  MAX(weight)
FROM
  student
```

❸

```
SELECT
  blood_type, COUNT(*) AS c
FROM
  student
GROUP BY
  blood_type
```

※ blood_type은 없어도 됩니다

❹

```
SELECT
  blood_type
FROM
  student
GROUP BY
  blood_type
HAVING
  COUNT(*) = 1
```

문제 2 해답

① 서브 쿼리 부분의 결과

AVG(height)
162.0000

전체의 결과

student_name	height
이민지	160
박서연	158
강예은	161
이수민	153

❷ 서브 쿼리 부분의 결과

MAX(weight)
65

전체의 결과

student_name	weight
김민준	65

❸ 서브 쿼리 부분의 결과

blood_type	c
A	2
AB	1
B	1
O	2

전체의 결과

AVG(c)
1.5000

※ blood_type은 없어도 됩니다

❹ 서브 쿼리 부분의 결과

blood_type
AB
B

전체의 결과

student_name	blood_type
박서연	B
이수민	AB

문제 3 해답

※ 지정한 항목 이외의 AS 구의 별명은 자유롭게 해도 됩니다.

❶

```
SELECT
  a.id,
  a.student_name,
  (
  SELECT
```

```
    COUNT(*)
  FROM
    student_absence AS b
  WHERE
    a.id = b.student_id
  ) AS absence
FROM
  student AS a;
```

❷

```
SELECT
  a.id, a.student_name
FROM
  student AS a
WHERE
  2 <=
    (
      SELECT
        COUNT(*)
      FROM
        student_absence AS b
      WHERE
        a.id = b.student_id
    );
```

❸

```
SELECT
  a.id, a.student_name
FROM
  student AS a
WHERE
    NOT EXISTS
      (
        SELECT
          *
        FROM
          student_absence AS b
        WHERE
          a.id = b.student_id
      );
```

8장

테이블을 붙이자

01 테이블을 세로로 붙이자

02 테이블을 가로로 붙이자

03 테이블을 가로로 붙이는 방법을 조금 더 자세히

영진씨,
잘 따라오고 있나요?
그..그럭저럭
관계 데이터베이스의
구조도 알게 된 것
같아요.
그럼, 더욱 진도를
나가봅시다!
이번은 테이블을
세로로 붙이거나
UNION
SELECT * FROM 테이블 A
UNION
SELECT * FROM 테이블 B
가로로 붙입니다!
SELECT *
FROM
JOIN
ON
JOIN
이것도 「관계」
데이터베이스의
특성을 사용하나요?
네.
관계하는 데이터끼리를
키워드로 해서
테이블을 붙입니다.
붙이는 키워드

01 테이블을 세로로 붙이자

여러 테이블을 세로로 붙여서 하나의 테이블로 할 수 있습니다. 이제까지는 이미 존재하고 있는 테이블을 대상으로 조작을 시행했는데 테이블끼리를 세로로 붙여서 만든 새로운 테이블을 대상으로 SELECT 문을 실행할 수도 있습니다.

01.1 2개의 테이블을 세로로 붙여보자

2개의 테이블은 UNION을 사용해서 세로로 붙일 수 있습니다. UNION은 각기 다른 SELECT 문 사이에 적습니다.

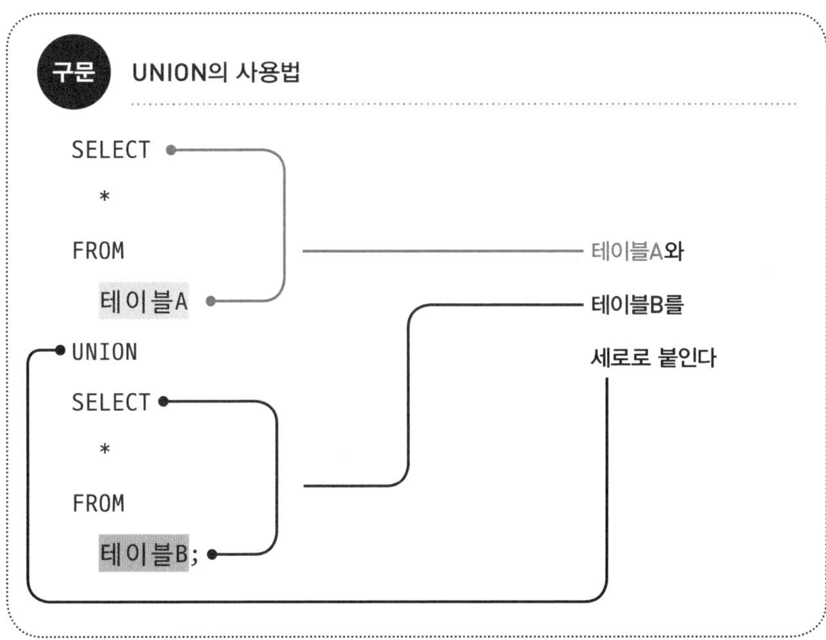

UNION의 앞에 적은 SELECT 문의 결과 테이블과 UNION의 뒤에 적은 SELECT 문의 결과 테이블을 세로로 붙입니다.

2개의 테이블을 붙이므로 양쪽 테이블의 컬럼 내용은 같아야 합니다.

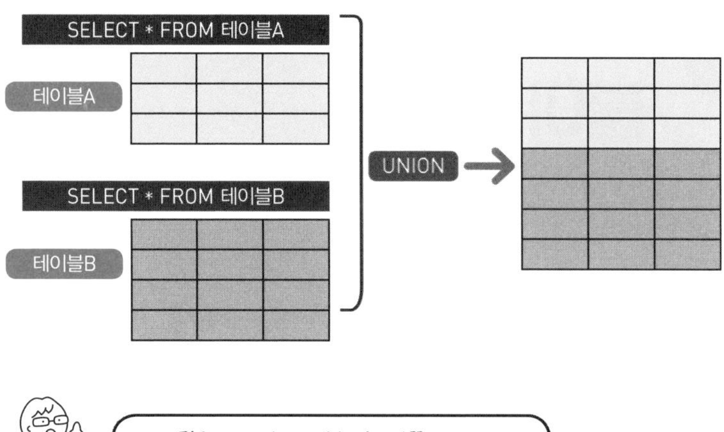

이 그림은 예시입니다. 실제는 양쪽의 레코드가 섞여서 표시됩니다.

실제로 UNION을 사용해 봅시다.

설문 결과가 들어간 inquiry 테이블이 있습니다. inquiry 테이블과 과거의 설문 결과가 들어간 inqiury_2019를 UNION으로 붙입니다. inquiry_2019 테이블은 inquiry 테이블과 같은 테이블 구성으로 만듭니다. 데이터는 적당히 넣어둡시다.

inquiry 테이블

id	pref	age	star
1	서울시	20	2
2	충청도	30	5
3	경기도	40	3
4	충청도	20	4
5	서울시	30	4
6	서울시	20	1

inquiry_2019 테이블

id	pref	age	star
1	서울시	10	4
2	충청도	20	3

```
SELECT
  *
FROM
  inquiry
UNION
SELECT
  *
FROM
  inquiry_2019;
```

UNION을 몇 개 사용해 테이블을 여러 개 붙일 수 있습니다.

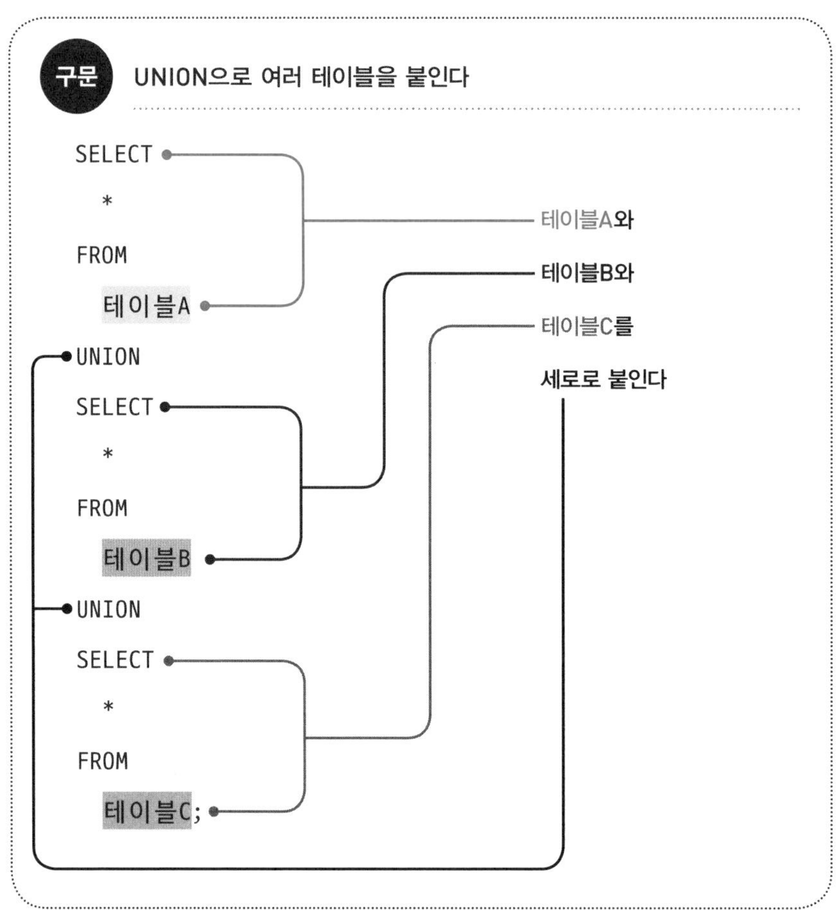

붙인 테이블끼리의 컬럼명이 다른 경우는 가장 첫 테이블의 컬럼명이 표시됩니다.

id	pref	age	star

UNION

ID	시도군청	연대	평가

↓

id	pref	age	star

01.2 UNION은 중복을 허락하지 않는다!

inquiry_2019 테이블에 레코드 하나를 추가합니다.

id	pref	age	star
3	경기도	40	3

inquiry 테이블과 inquiry_2019 테이블을 UNION으로 붙여보면 추가한 레코드는 웬일인지 표시되지 않습니다.

이것은 추가한 레코드와 똑같은 내용이 inquiry 테이블에 있기 때문입니다.

id	pref	age	star
1	서울시	20	2
2	충청도	30	5
3	경기도	40	3
4	충청도	20	4
5	서울시	30	4
6	서울시	20	1
1	서울시	10	4
2	충청도	20	3

inquiry의 안에서 inquiry_2019와 중복하는 레코드

inquiry_2019의 레코드

즉, UNION은 중복을 허락하지 않고 테이블을 붙입니다.

중복을 허락해 그대로 테이블을 붙이려면 UNION ALL을 사용합니다.

8장 테이블을 붙이자

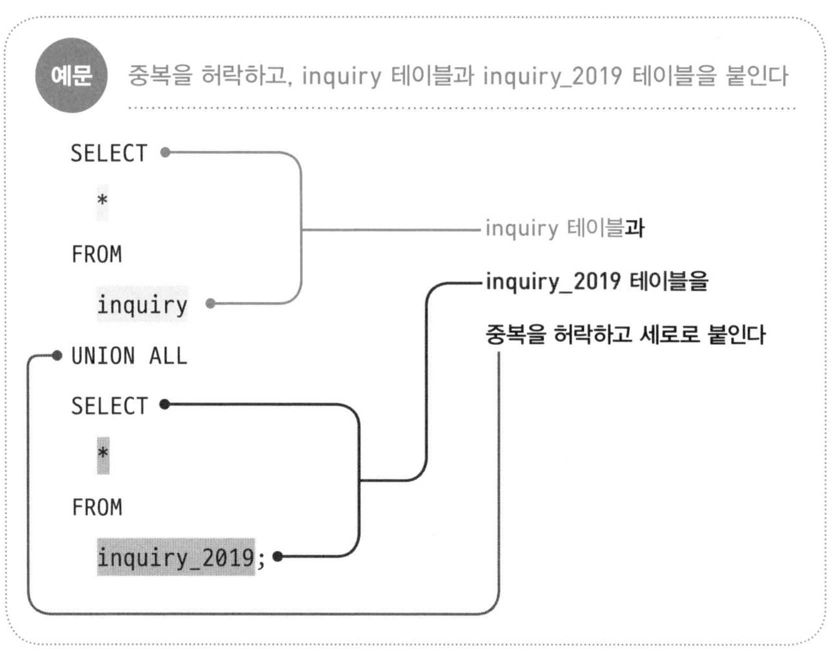

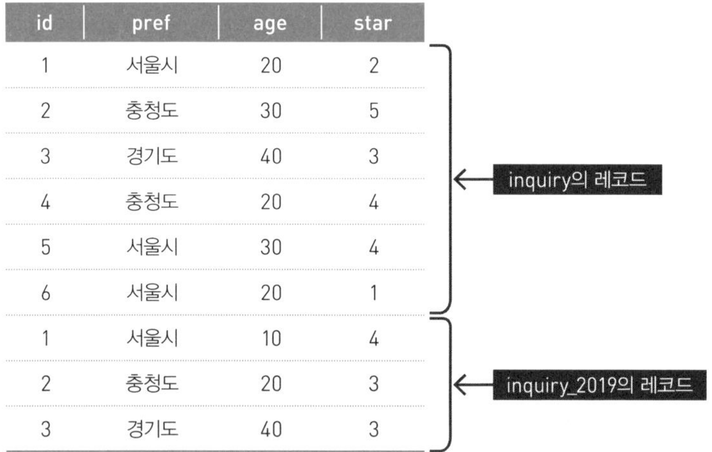

id	pref	age	star
1	서울시	20	2
2	충청도	30	5
3	경기도	40	3
4	충청도	20	4
5	서울시	30	4
6	서울시	20	1
1	서울시	10	4
2	충청도	20	3
3	경기도	40	3

UNION ALL로 중복을 허락하고 모든 레코드를 붙입니다.

id	pref	age	star
2	충청도	30	5
4	충청도	20	4
5	서울시	30	4
1	서울시	10	4

FROM 구의 서브 쿼리에서 UNION을 사용하여 2개의 테이블을 붙입니다. UNION으로 붙인 테이블에는 AS로 별명을 붙여야 합니다.

별명을 a로 했을 경우, 일시적으로 만들어진 a 테이블에 대해 WHERE 구를 실행합니다.

사소한 지식

UNION 이외의 연산자

UNION은 2개 테이블의 내용을 모두 붙입니다. MySQL에서는 구현하지 않지만 다른 DBMS에서는 UNION 이외에 2개 테이블에 대한 연산자가 준비되어 있습니다.

2개 테이블의 차이를 구하는 EXCEPT, 2개 테이블의 공통 부분만 꺼내는 INTERSECT 등이 있습니다.

02 테이블을 가로로 붙이자

UNION을 사용해 테이블을 가로로 붙일 수 있었습니다. 이번에는 테이블을 가로로 붙여봅시다. 가로로 붙이려면 몇 가지 방법이 있습니다. 붙이는 방법의 차이를 먼저 학습합시다.

02.1 테이블을 가로로 붙여보자

테이블끼리 가로로 붙일 수 있습니다.

테이블끼리 가로로 붙일 때는 단순하게 착 붙는 것이 아닌 양쪽의 테이블에 있는 붙이기 위한 키워드를 사용하여 관련 있는 것끼리 레코드를 붙입니다.

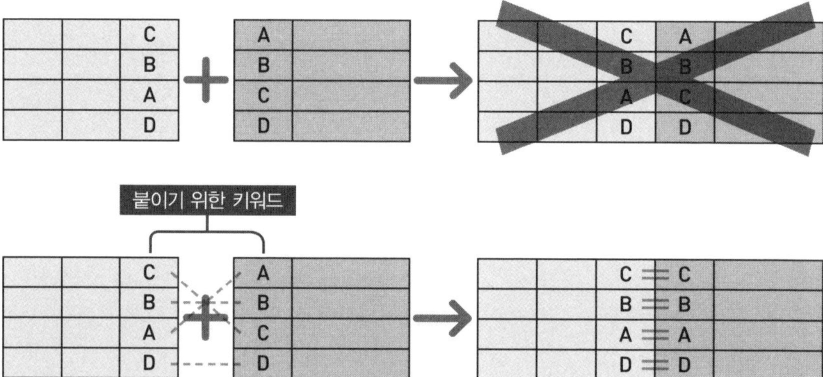

테이블A에 테이블B를 붙여봅시다. 테이블을 가로로 붙이려면 JOIN을 사용합니다.

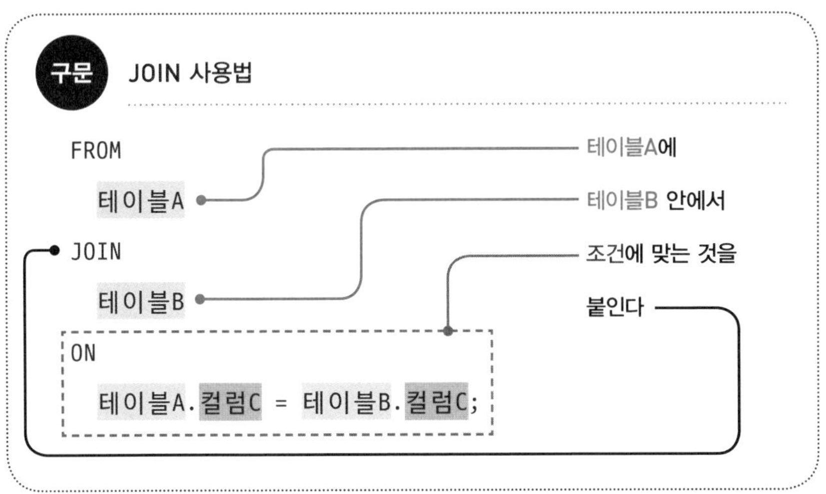

FROM의 다음에 테이블A를 지정하고, 이어서 JOIN 구에서 테이블B를 적습니다. 계속해서 ON 구에 테이블끼리를 붙이기 위한 조건을 적습니다.
테이블A와 테이블B에 같은 컬럼C가 있습니다. 컬럼C가 양쪽 테이블에 있는 「붙이기 위한 키워드」가 됩니다.

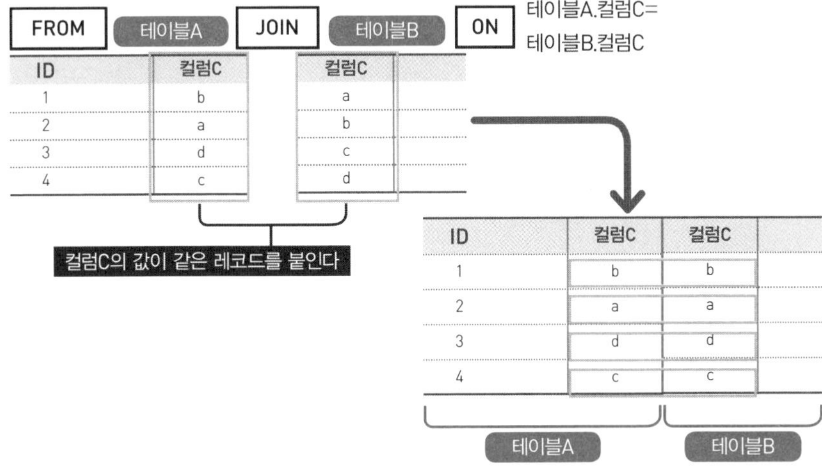

테이블A의 1레코드마다 테이블B 안의 「테이블A.컬럼C = 테이블A.컬럼 C」라는 조건에 맞는 레코드를 붙입니다.

실제로 해 봅시다.

고객 정보가 들어간 customer 테이블과 고객의 회원 타입의 코드와 명칭이 들어간 member type 테이블이 있습니다.

customer 테이블

customer_id	customer_name	birthday	membertype_id
1	김바람	1984-06-24	2
2	이구름	1990-07-16	1
3	박하늘	1976-03-09	2
4	강산	1991-05-04	1
5	유바다	1993-04-21	2

membertype 테이블

membertype_id	membertype
1	보통 회원
2	할인 회원

customer 테이블에는 membertype_id 컬럼으로서 각 고객의 회원 타입의 코드가 들어 있습니다. 고객 정보를 가져올 때 회원 타입의 코드가 아니라 membertype_id에 해당하는 membertype의 명칭 「보통 회원」「할인 회원」을 표시합니다.

JOIN을 사용하여 customer 테이블에 membertype 테이블을 붙입시다. ON 구의 조건은 양쪽 테이블의 member type_id가 일치하는 것입니다.

```
SELECT
  *
FROM
  customer AS a
JOIN
  membertype AS b
ON
  a.membertype_id = b.membertype_id;
```

customer_id	customer_name	birthday	membertype_id	membertype_id	membertype
1	김바람	1984-06-24	2	2	할인 회원
2	이구름	1990-07-16	1	1	보통 회원
3	박하늘	1976-03-09	2	2	할인 회원
4	강산	1991-05-04	1	1	보통 회원
5	유바다	1993-04-21	2	2	할인 회원

customer 테이블   membertype 테이블

customer 테이블의 첫 레코드의 membertype_id는 2입니다. ON 구의 조건은 「2 = b.membertype_id」가 됩니다. 이에 일치하는 membertype 테이블의 레코드를 가져와 customer 테이블의 첫 레코드에 붙입니다.

1 레코드씩 실행하는 건 상관 서브 쿼리로 한 듯한데요...

그렇습니다. 상관 서브 쿼리와 JOIN은 비슷하므로 서로 바꿔 쓸 수가 있습니다.

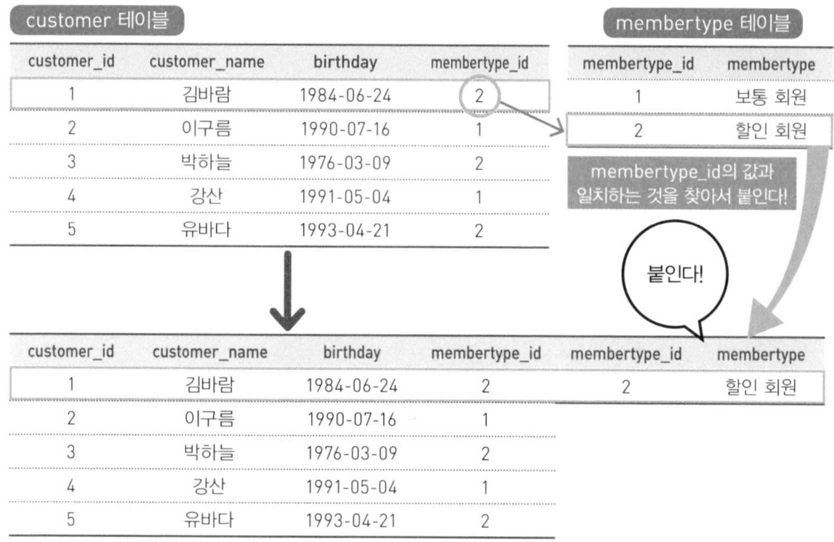

다음은 customer 테이블의 2번째 레코드에 대해서 동일하게 시행합니다. 이렇게 해서 customer 테이블의 모든 레코드에 대해서 membertype 테이블을 붙입니다.

02.2 일치하는 것이 없는 경우는?

customer 테이블에 membertype_id가 3인 고객 정보를 추가합니다.

추가 레코드

customer_id	customer_name	birthday	membertype_id
6	이서현	1990-01-01	3

앞에서와 같이 JOIN을 사용하여 고객 정보의 목록을 가져옵니다. 결과는 왜인지 추가 전과 같습니다.

customer_id	customer_name	birthday	membertype_id	membertype_id	membertype
1	김바람	1984-06-24	2	2	할인 회원
5	유바다	1993-04-21	2	2	할인 회원

추가한 고객은?

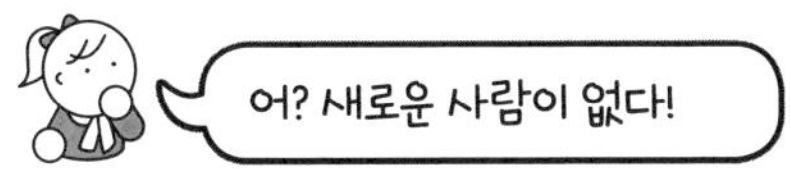

새롭게 추가한 고객의 레코드가 없습니다.

사실은 JOIN이란 INNER JOIN의 생략형입니다. INNER JOIN은 내부 결합이라고 불리는 방법입니다.

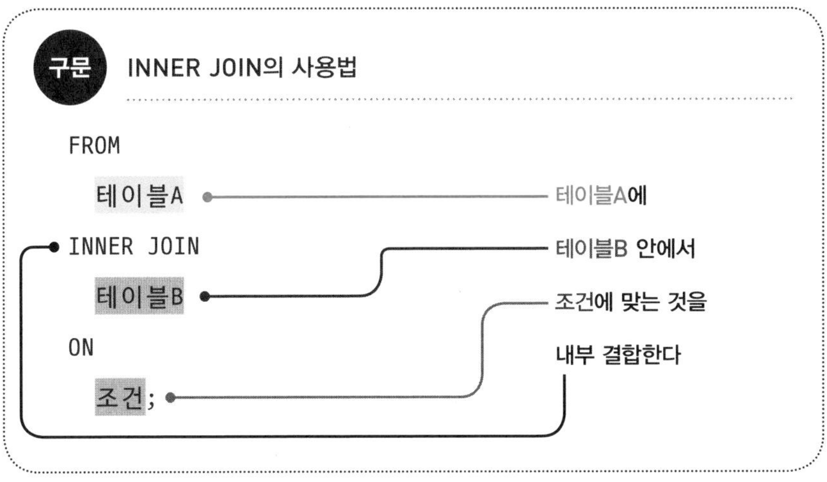

내부 결합은 테이블B에서 조건에 일치하는 레코드가 없는 경우 테이블A의 레코드도 가져오는 대상이 되지 않습니다.

customer 테이블

customer_id	customer_name	birthday	membertype_id	membertype_id	membertype
1	김바람	1984-06-24	2	2	할인 회원
5	유바다	1993-04-21	2	2	할인 회원
~~6~~	~~이서현~~	~~1990-01-01~~	~~3~~		

일치하는 레코드가 없으므로 지운다

INNER JOIN

membertype 테이블

membertype_id	membertype
1	보통 회원
2	할인 회원

그럼 양쪽에 일치하는 레코드가 없는 테이블끼리를 붙일 수 없는가 하면 그렇지도 않습니다. 다른 결합 방법을 취하면 됩니다.

다른 결합 방법도 JOIN을 사용합니다.

JOIN의 종류

JOIN의 종류	사용법	의미
INNER JOIN JOIN	a INNER JOIN b a JOIN b	테이블a와 테이블b를 내부 결합
LEFT OUTER JOIN LEFT JOIN	a LEFT OUTER JOIN b a LEFT JOIN b	테이블a에 테이블b를 외부 결합 (왼쪽의 a 테이블 우선)
RIGHT OUTER JOIN RIGHT JOIN	a RIGHT OUTER JOIN b a RIGHT JOIN b	테이블b에 테이블a를 외부 결합 (오른쪽의 b 테이블 우선)
CROSS JOIN	a CROSS JOIN b	테이블a와 테이블b의 모든 레코드를 조합한다

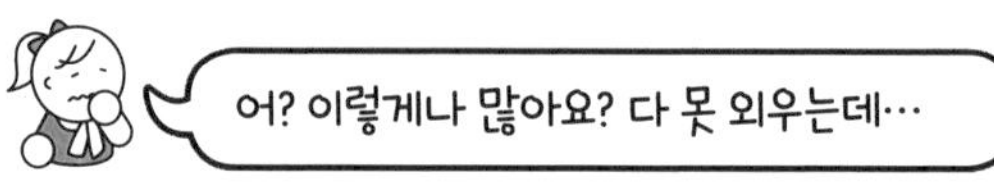

JOIN은 각각 다음의 생략형을 사용하는 것이 일반적입니다.

```
INNER JOIN         ➡ JOIN
LEFT OUTER JOIN    ➡ LEFT JOIN
RIGHT OUTER JOIN   ➡ RIGHT JOIN
```

02.3 외부 결합을 사용해보자

OUTER JOIN은 외부 결합이라 불립니다. 사용법의 기본은 INNER JOIN과 같습니다. 테이블과 테이블을 붙이려면 결합 조건에 맞는 레코드끼리를 붙입니다. 외부 결합은 내부 결합과 달리 한쪽 테이블 밖에 없는 레코드도 가져올 수 있습니다.

붙어있는 2개의 테이블 중, 한쪽 테이블을 우선해서 붙입니다. 우선하는 테이블을 기준으로 해서 다른 한쪽의 데이블에서 결합 조긴에 들이맞는 레코드가 없으면 NULL 레코드를 붙입니다.

어느 쪽의 테이블을 우선할지를 LEFT나 RIGHT로 지정합니다. LEFT OUTER JOIN과 RIGHT OUTER JOIN의 OUTER는 생략해서 각각 LEFT JOIN, RIGHT JOIN이라고 지정할 수 있습니다.

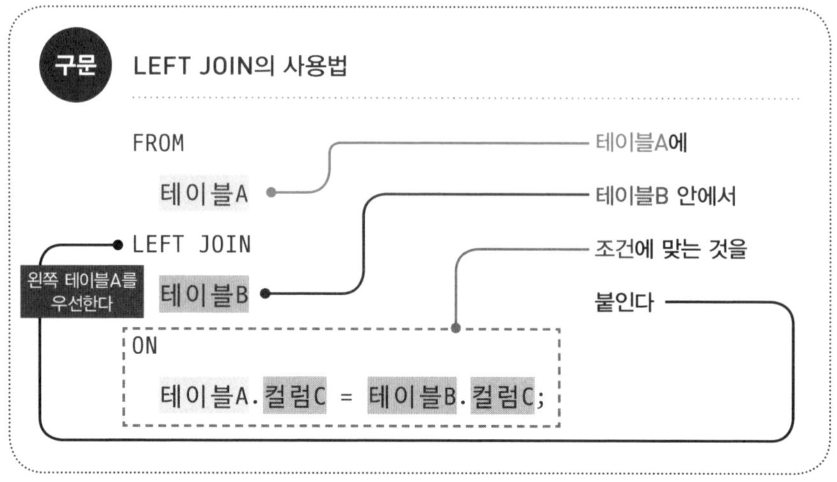

RIGHT JOIN은 LEFT 부분을 RIGHT로 바꿔 놓을 뿐입니다.

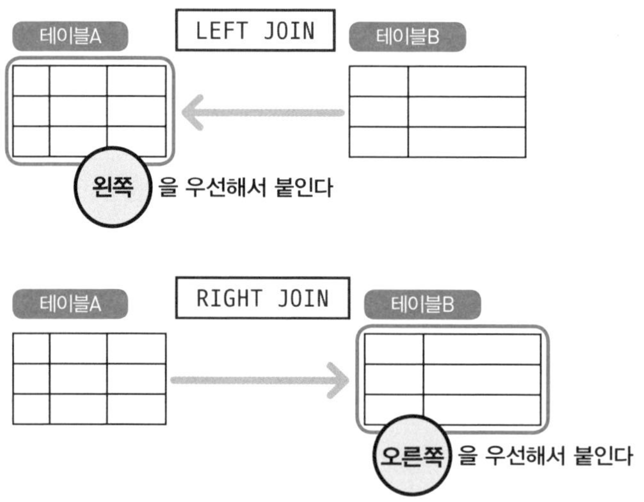

실제로 시험해 봅시다. 하는 김에 SELECT 문으로 가져오는 컬럼도 제대로 지정해 보겠습니다. 테이블이 2개 있으므로 어느 쪽의 테이블 컬럼인지를 지정합니다.

customer 테이블을 우선해서 membertype 테이블을 붙이고, customer 테이블의 customer_id와 customer_name, membertype 테이블의 membertype을 가져옵니다.

```
SELECT
  a.customer_id, a.customer_name, b.membertype
FROM
  customer AS a  ←—— 우선 테이블
LEFT JOIN
  membertype AS b
ON
  a.membertype_id = b.membertype_id;
```

customer_id	customer_name	membertype
1	김바람	할인 회원
2	이구름	보통 회원
3	박하늘	할인 회원
4	강산	보통 회원
5	유바다	할인 회원
6	이서현	NULL

membertype 테이블의 안에 일치하는 membertype_id가 없을 때는 붙이는 membertype 테이블의 레코드 값은 전부 NULL입니다.

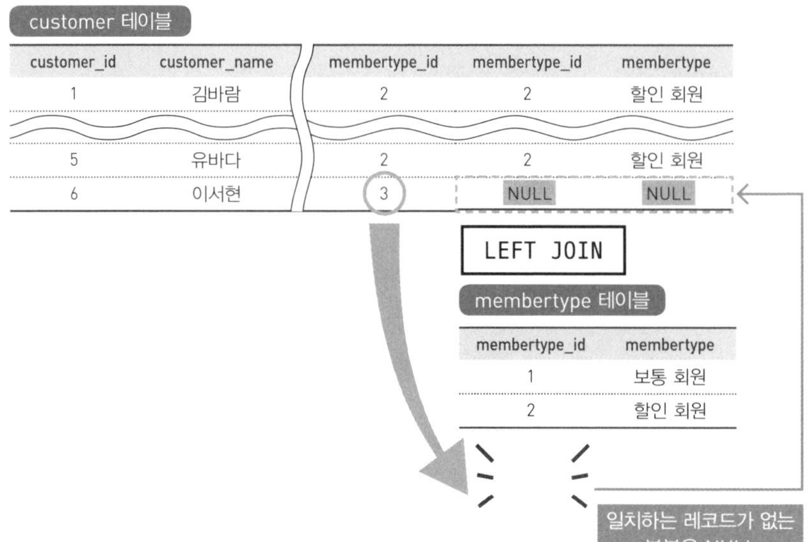

우선하는 테이블의 순서를 바꿉니다. 동일하게 customer 테이블을 우선하기 위해서는 이번은 RIGHT JOIN으로 합니다. 사용법은 LEFT JOIN과 완전히 같습니다. 결과를 알기 쉽도록 또 모든 컬럼을 가져옵니다.

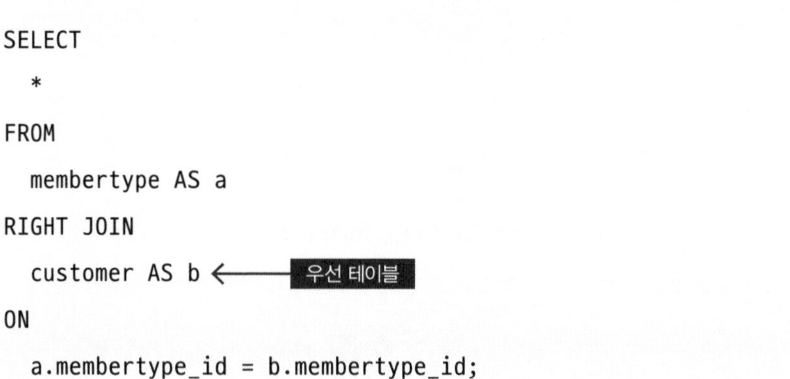

```
SELECT
  *
FROM
  membertype AS a
RIGHT JOIN
  customer AS b
ON
  a.membertype_id = b.membertype_id;
```

membertype_id	membertype	customer_id	customer_name	birthday	membertype_id
1	보통 회원	2	이구름	1990-07-16	1
1	보통 회원	4	강산	1991-05-04	1
2	할인 회원	1	김바람	1984-06-24	2
2	할인 회원	3	박하늘	1976-03-09	2
2	할인 회원	5	유바다	1993-04-21	2
NULL	NULL	6	이서현	1990-01-01	3

membertype 테이블 customer 테이블

결과를 보면 member type 테이블이 왼쪽, customer 테이블이 오른쪽입니다. 이것은 FROM 구에서 적은 순서로 되어 있습니다. LEFT나 RIGHT로서 「우선」이라고 지정하는 것은 붙일 때 기준이 되는 테이블이며, 테이블의 정렬 순을 지정하는 것은 아닙니다.

사소한 지식

자주 사용하는 JOIN은?

결합을 위한 JOIN인데, 내부 결합과 외부결합 중에 어느 쪽을 자주 사용하는가는 데이터의 내용이나 실행하고 싶은 SELECT 문의 내용에 달려 있습니다.
레코드 수가 너무 많지 않으면 LEFT JOIN 즉, 외부 왼쪽 결합을 사용해서 일단 전부 결합하고 나서 WHERE 구에서 레코드 수를 적게 해도 문제없습니다. 레코드 수가 많은 경우는 내부 결합으로 미리 레코드 수를 줄여 두면 처리가 빨라집니다.

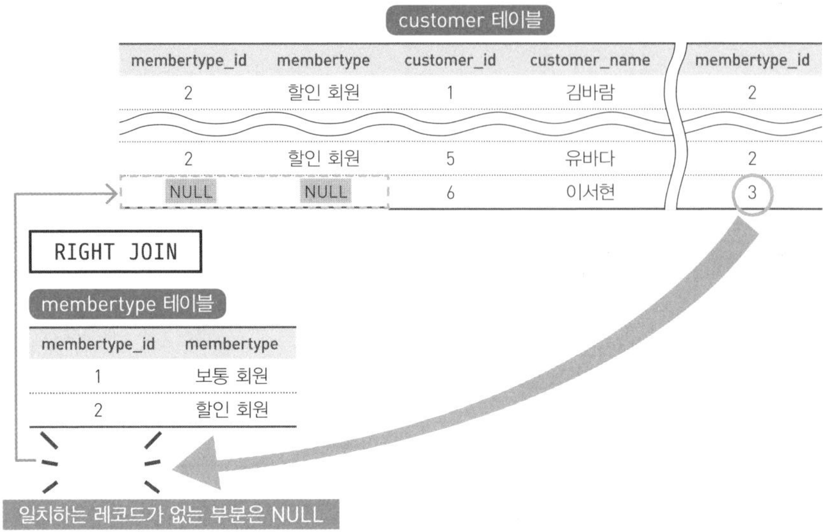

02.4 CROSS JOIN

CROSS JOIN은 모든 레코드를 조합해서 테이블을 결합합니다. 모든 레코드가 조건 없이 붙으므로 ON 구에서 조합해서 조건을 적을 필요는 없습니다.

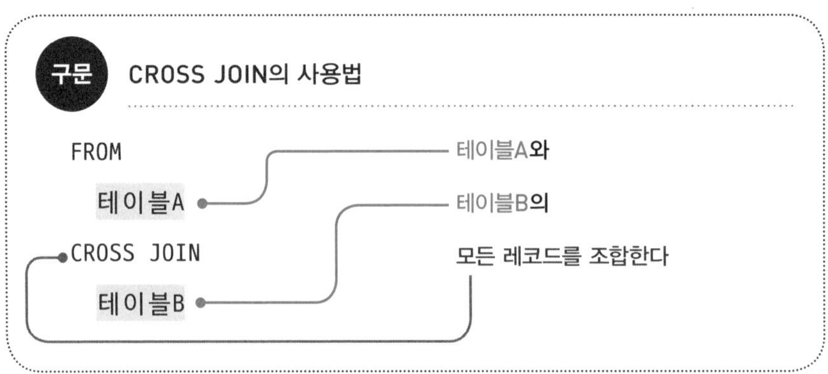

customer 테이블과 membertype 테이블의 모든 레코드를 조합해서 테이블을 결합해 봅시다.

```
SELECT
  *
FROM
  customer
CROSS JOIN
  membertype;
```

customer_id	customer_name	birthday	membertype_id	membertype_id	membertype
1	김바람	1984-06-24	2	1	보통회원
1	김바람	1984-06-24	2	2	할인 회원
2	이구름	1990-07-16	1	1	보통 회원
2	이구름	1990-07-16	1	2	할인 회원
5	유바다	1993-04-21	2	1	보통 회원
5	유바다	1993-04-21	2	2	할인 회원
6	이서현	1990-01-01	3	1	보통 회원
6	이서현	1990-01-01	3	2	할인 회원

customer 테이블의 모든 레코드와 membertype 테이블의 모든 레코드의 조합을 가져왔습니다.

customer 테이블

customer_id	customer_name	birthday	membertype_id
1	김바람	1984-06-24	2
2	이구름	1990-07-16	1
…	…	…	…

membertype 테이블

membertype_id	membertype
1	보통 회원
2	할인 회원

전부 조합한다

8장 테이블을 붙이자

03 테이블을 가로로 붙이는 방법을 좀 더 자세하게

INNER JOIN과 OUTER JOIN은 테이블 붙이는 방법이 다릅니다. 그러나 테이블 붙이는 방법 이외의 특징은 같습니다. 여기서는 INNER JOIN과 OUTER JOIN에 공통적인 특징에 대해서 학습합니다.

03.1 JOIN의 실행 순서

INNER JOIN과 OUTER JOIN은 반드시 테이블끼리를 붙이기 위한 결합 조건을 ON 구에 적습니다.

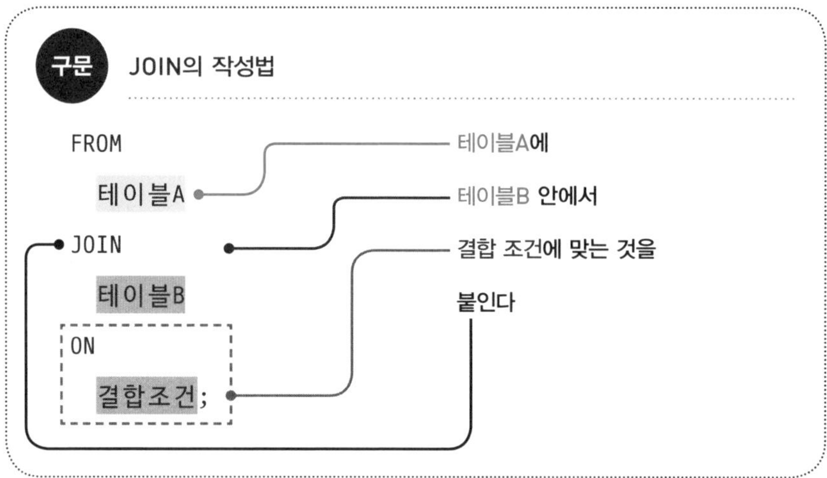

작성법은 FROM → JOIN → ON 순서이지만 실행 순서는 FROM → ON → JOIN입니다.

ON과 JOIN은 제4장 03.3 처음에 표시한 그림의 FROM 구와 함께 「데이터를 갖춘다」 기능을 담당합니다.

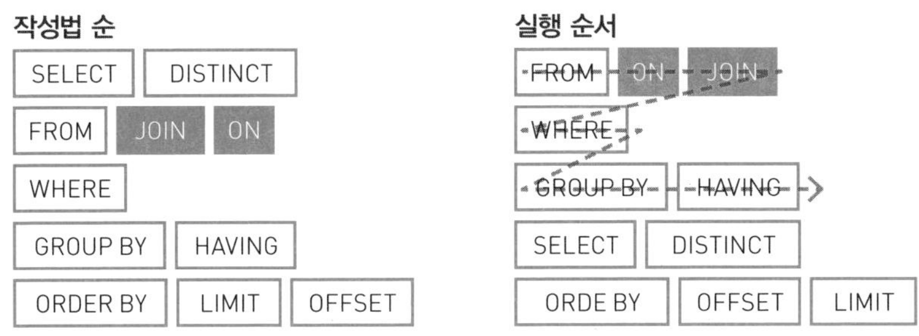

JOIN으로 붙인 테이블에 대해서 WHERE 구 등 다른 구를 실행합니다. 실행 순서의 흐름을 확인해 봅시다.

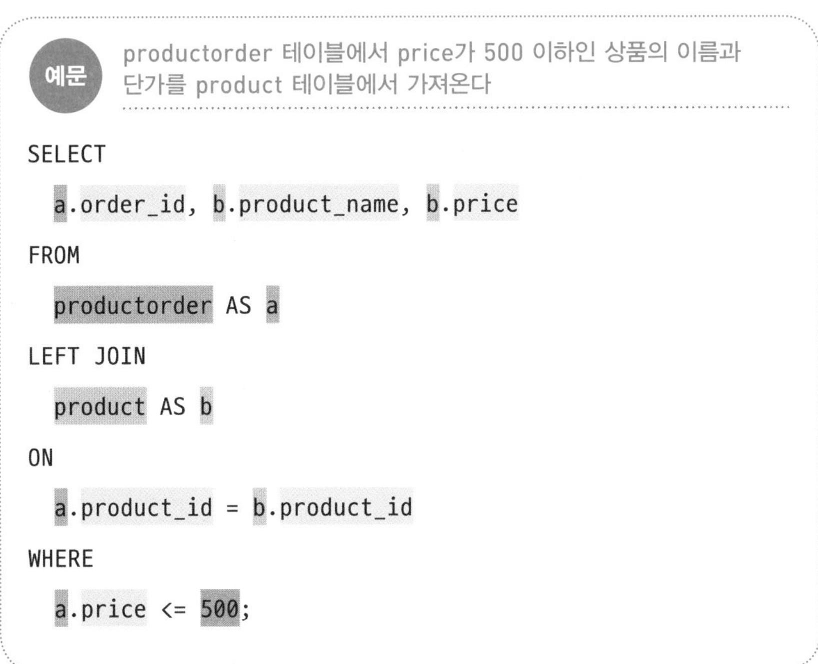


```
SELECT
  a.order_id, b.product_name, b.price
FROM
  productorder AS a
LEFT JOIN
  product AS b
ON
  a.product_id = b.product_id
WHERE
  a.price <= 500;
```

order_id	product_name	price
5	거품 목욕제	120
7	비누 딸기100%	150

8장 테이블을 붙이자

FROM 구 다음은 WHERE 구, SELECT 구의 순으로 실행합니다.

처음에 JOIN으로 productorder 테이블과 product 테이블을 붙였기 때문에 WHERE 이후에 실행하는 구의 안에서 어느 쪽 테이블의 데이터도 사용할 수 있습니다.

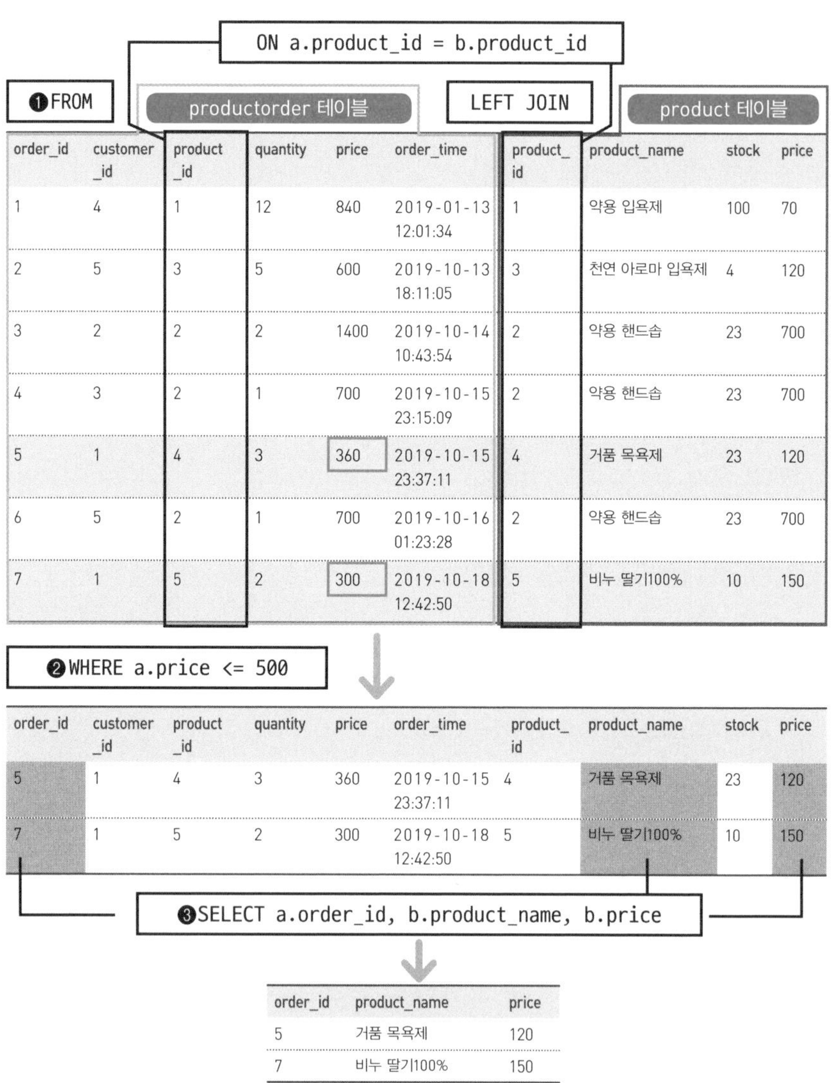

order_id	customer_id	product_id	quantity	price	order_time	product_id	product_name	stock	price
1	4	1	12	840	2019-01-13 12:01:34	1	약용 입욕제	100	70
2	5	3	5	600	2019-10-13 18:11:05	3	천연 아로마 입욕제	4	120
3	2	2	2	1400	2019-10-14 10:43:54	2	약용 핸드솝	23	700
4	3	2	1	700	2019-10-15 23:15:09	2	약용 핸드솝	23	700
5	1	4	3	360	2019-10-15 23:37:11	4	거품 목욕제	23	120
6	5	2	1	700	2019-10-16 01:23:28	2	약용 핸드솝	23	700
7	1	5	2	300	2019-10-18 12:42:50	5	비누 딸기100%	10	150

order_id	customer_id	product_id	quantity	price	order_time	product_id	product_name	stock	price
5	1	4	3	360	2019-10-15 23:37:11	4	거품 목욕제	23	120
7	1	5	2	300	2019-10-18 12:42:50	5	비누 딸기100%	10	150

order_id	product_name	price
5	거품 목욕제	120
7	비누 딸기100%	150

JOIN을 학습했기 때문에 이 책에서 다루는 전체 구문이 다 나왔습니다. 각각의 구를 적는 순서와 함께 실행 순서도 확실히 이해합시다.

실행 순서 목록에는 적혀 있지 않으나, 상관 서브 쿼리가 아닌 보통의 서브 쿼리는 무엇보다 먼저 실행되는 걸 잊지 않아야 합니다. 먼저 시행하는 서브 쿼리 중에서도 실행 순서의 규칙은 동일합니다.

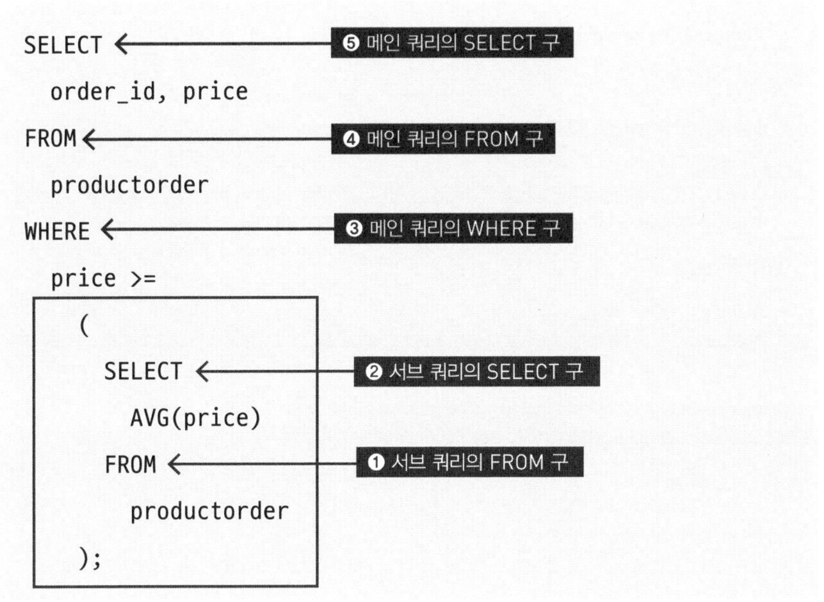

서브 쿼리 안에서도 FROM→SELECT 구의 순서로 실행합니다.

그 다음, 메인 쿼리의 FROM 구→ WHERE 구→ SELECT 구의 순서로 실행합니다.

03.2 조건에 여러 레코드가 일치하면?

지금까지는 붙이는 레코드가 1개나 또는 존재하지 않는 경우만 학습했습니다. 그러나 CROSS JOIN처럼 붙이는 레코드가 여러 개 있는 경우는 어떻게 될까요?

customer 테이블의 목록에 대해서 productorder 테이블로부터 그 고객의 쇼핑 정보를 가져옵시다. 한 번도 쇼핑을 하지 않은 고객도 있는 반면, 여러 번 쇼핑을 한 고객도 있습니다.

```
SELECT
  a.customer_id, a.customer_name, b.order_id
FROM
  customer AS a
LEFT JOIN
  productorder AS b
ON
  a.customer_id = b.customer_id
ORDER BY
  a.customer_id;
```

customer_id	customer_name	order_id
1	김바람	7
1	김바람	5
2	이구름	3
3	박하늘	4
4	강산	1
5	유바다	2
5	유바다	6
6	이서현	NULL

여러 번 쇼핑하면 그 횟수만큼 고객의 정보가 늘어나고 있네요!

테이블을 붙이는 경우, 1레코드 대 1레코드가 아니어도 괜찮아요.

customer 테이블의 1레코드에 대해서 붙이는 productorder 테이블의 레코드가 여러 개인 경우는 customer 테이블의 레코드 내용을 복사해서 레코드를 늘립니다.

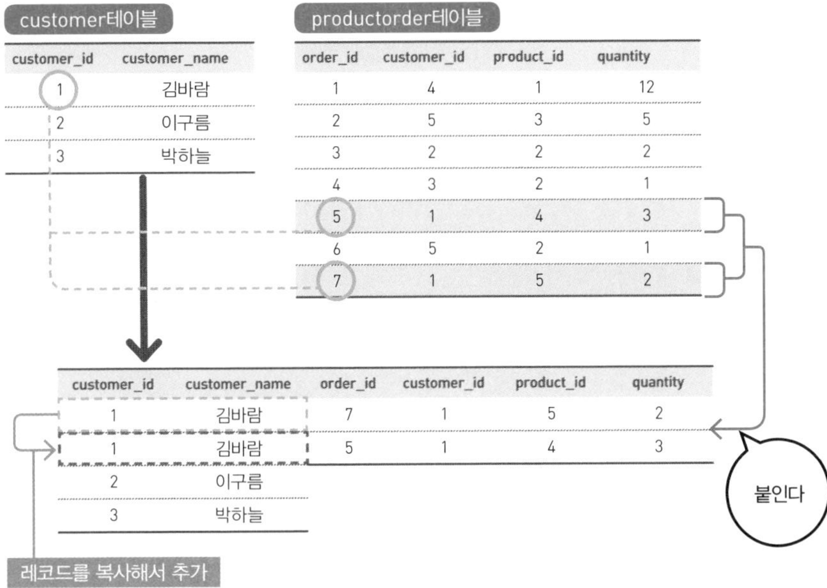

03.3 붙이는 테이블을 그 자리에서 만들어도 된다!

테이블을 옆으로 2개 이상 붙이고 싶을 때는 붙이는 테이블마다 JOIN을 적습니다.

productorder 테이블의 customer_id와 일치한 고객 정보를 customer 테이블에서 가져옵니다. 또한 product_id 와 일치한 상품 정보를 product 테이블에서 가져옵니다. 전체를 함께 가져오려면 productorder 테이블과 customer 테이블과 product 테이블을 붙입니다.

```
SELECT
  a.order_id, b.customer_name, c.product_name
FROM
  productorder AS a
LEFT JOIN
  customer AS b
ON
  a.customer_id = b.customer_id
LEFT JOIN
  product AS c
ON
  a.product_id = c.product_id;
```

order_id	customer_name	product_name
1	강산	약용 입욕제
2	유바다	천연 아로마 입욕제
3	이구름	약용 핸드솝
4	박하늘	약용 핸드솝
5	김바람	거품 목욕제
6	유바다	약용 핸드솝
7	김바람	비누 딸기100%

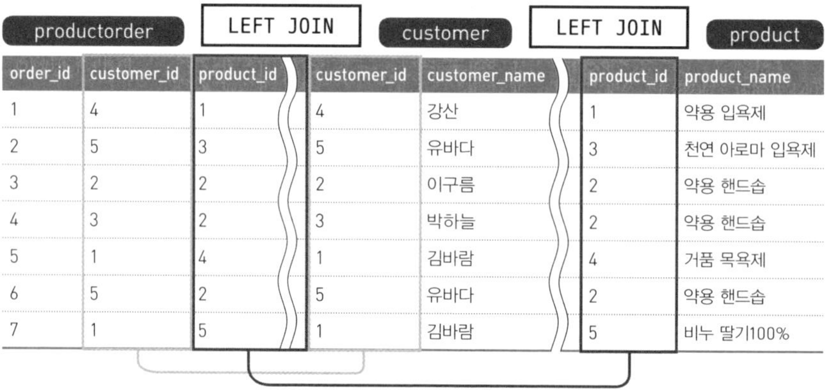

productorder　LEFT JOIN　customer　LEFT JOIN　product

order_id	customer_id	product_id	customer_id	customer_name	product_id	product_name
1	4	1	4	강산	1	약용 입욕제
2	5	3	5	유바다	3	천연 아로마 입욕제
3	2	2	2	이구름	2	약용 핸드솝
4	3	2	3	박하늘	2	약용 핸드솝
5	1	4	1	김바람	4	거품 목욕제
6	5	2	5	유바다	2	약용 핸드솝
7	1	5	1	김바람	5	비누 딸기100%

최종적으로 3개의 테이블을 붙일 수 있었습니다.

JOIN으로 붙일 수 있는 것은 기존의 테이블만은 아닙니다. 서브 쿼리의 결과를 테이블로서 붙일 수 있습니다.

productorder 테이블에서 고객마다의 합계 구입 금액을 가져오고 그것을 customer 테이블과 붙여 봅시다.

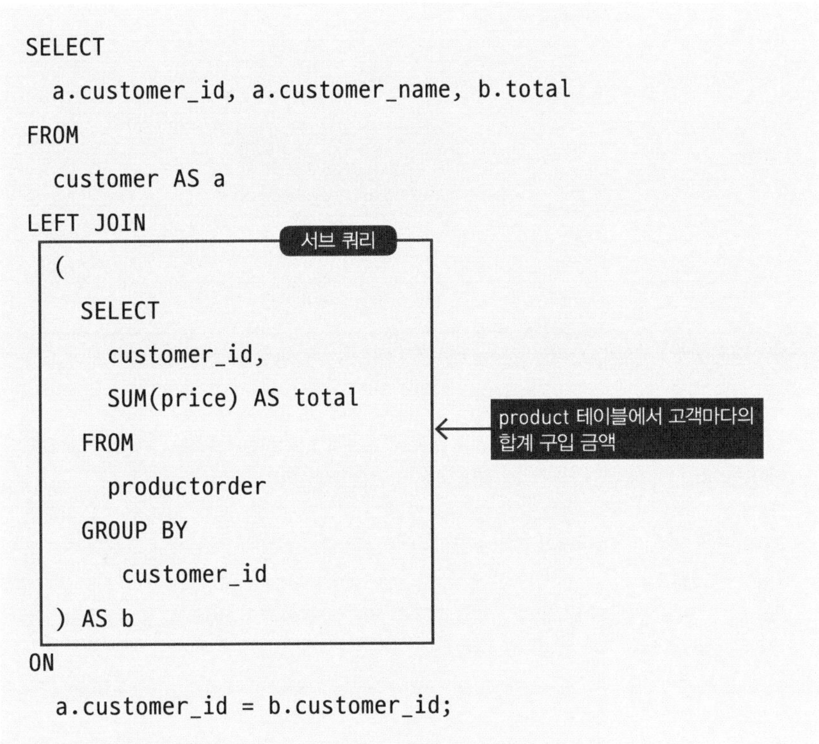


```
SELECT
  a.customer_id, a.customer_name, b.total
FROM
  customer AS a
LEFT JOIN
  (
    SELECT
      customer_id,
      SUM(price) AS total
    FROM
      productorder
    GROUP BY
      customer_id
  ) AS b
ON
  a.customer_id = b.customer_id;
```

customer_id	customer_name	total
1	김바람	660
2	이구름	1400
3	박하늘	700
4	강산	840
5	유바다	1300
6	이서현	NULL

「productorder 테이블에서 고객마다의 합계 구입 금액」은 서브 쿼리에서 가져옵니다.
서브 쿼리의 결과를 테이블로서 JOIN에 사용할 수 있었습니다.

customer　　LEFT JOIN　　(SELECT customer_id, SUM(price) AS total FROM productorder GROUP BY customer_id)

customer_id	customer_name
1	김바람
2	이구름
3	박하늘
4	강산
5	유바다
6	이서현

customer_id	total
1	660
2	1400
3	700
4	840
5	1300

사소한 지식

SELECT 문은 어떻게 적는 것이 정답?

productorder 테이블에서 고객마다의 합계 구입 금액을 가져와서 다른 고객 정보를 함께 빼내는 SELECT 문은 서브 쿼리의 부분에서도 학습했습니다.
JOIN을 사용하는 쪽이 서브 쿼리 실행은 1회로 끝나지만, 그 다음에 customer 테이블과 붙이는 작업이 있기 때문에 레코드 수가 그만큼 많지 않을 때는 어느 쪽을 사용해도 좋다고 말할 수 있습니다.
SELECT 문은 문법적으로 틀리지 않았다면 확실히 어느 쪽이 정답이라고 할 수 없습니다. 우선은 자신이 적기 쉬운 방법으로 적읍시다.

03.4 결합 조건의 작성법은?

INNER JOIN과 OUTER JOIN은 반드시 결합 조건을 ON 구에 적어야 합니다. 지금까지 나온 ON 구의 결합 조건은 「=」 연산자뿐이었지만 다른 연산자를 사용할 수도 있습니다. 또한 ON 구에 적는 결합 조건은 AND 연산자 등을 사용하여 여러 조건으로 할 수 있습니다. 즉, ON 구에 적는 결합 조건은 WHERE 구에 적는 조건과 똑같이 적을 수 있는 것입니다.

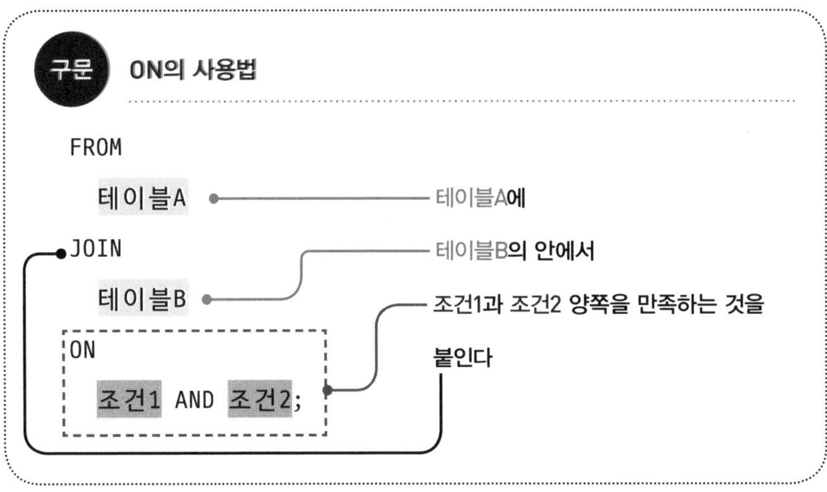

customer 테이블의 목록에 대해서 productorder 테이블에서 그 고객의 500 이상인 쇼핑 정보만을 붙여서 가져옵시다.

```
SELECT
  a.customer_id, a.customer_name,
  b.order_id, b.price
FROM
  customer AS a
LEFT JOIN
  productorder AS b
ON
  a.customer_id = b.customer_id AND
  b.price >= 500
ORDER BY
  a.customer_id;
```

customer_id	customer_name	order_id	price
1	김바람	NULL	NULL
2	이구름	3	1400
3	박하늘	4	700
4	강산	1	840
5	유바다	2	600
5	유바다	6	700
6	이서현	NULL	NULL

ON 구의 결과 조건은 「양쪽 테이블의 customer_id가 일치한다」와 「productorder 테이블의 price가 500 이상」입니다.

order_id가 5와 7일 때는 결합 조건을 만족하지 않으므로 customer_id가 1인 레코드에 붙이는 레코드가 없이 NULL이 됩니다.

03.5 ON일까? USING일까?

productorder 테이블의 product_id와 일치한 상품 정보를 product 테이블에서 가져옵니다.

```
SELECT
  a.order_id, b.product_name
FROM
  productorder AS a
LEFT JOIN
  product AS b
ON
  a.product_id = b.product_id;
```

order_id	product_name
1	약용 입욕제
2	천연 아로마 입욕제
3	약용 핸드솝
4	약용 핸드솝
5	거품 목욕제
6	약용 핸드솝
7	비누 딸기100%

결합 조건은 「ON a.product_id = b.product_id」인데 이것은 USING을 사용해서도 적을 수 있습니다.

```
SELECT
  a.order_id, b.product_name
FROM
  productorder AS a
LEFT JOIN
  product AS b
USING
  (product_id);
```

USING에 이어서 양쪽 테이블에 있는 「붙이기 위한 키워드」를 지정합니다. 이 경우는 product_id입니다.

USING은 양쪽의 테이블에 같은 이름의 컬럼명이 있고, 그것이 양쪽의 테이블에 있는 「붙이기 위한 키워드」가 되는 경우에만 사용할 수 있는 작성법입니다.

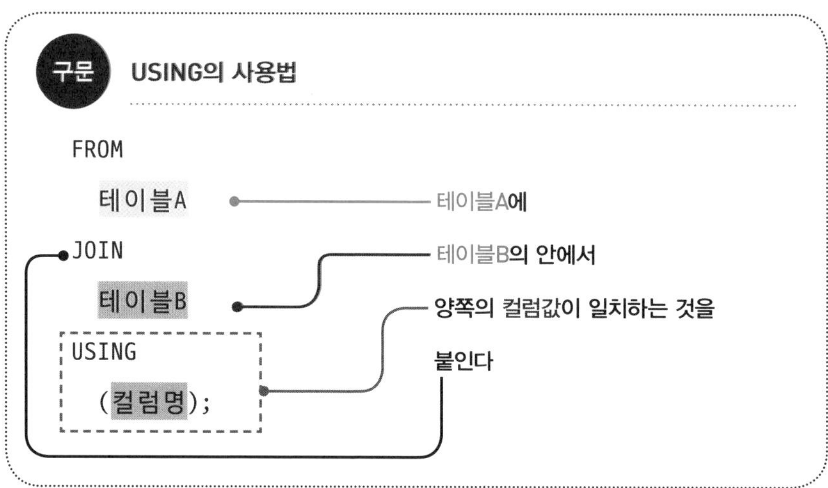

USING에 지정하는 컬럼은 반드시 괄호 안에 적습니다. USING쪽이 간단하게 적을 수 있지만 결합 조건이 「=」뿐이므로 양쪽의 컬럼명이 같지 않으면 사용할 수 없습니다. 또한 사용할 수 없는 DBMS가 있는 것이 문제입니다. 결합 조건은 USING이 아닌 ON 구에 적는 방법이 무난합니다.

8장 연습문제

문제 1

다음의 4개 테이블에 대해서 ❶~❹, 각각의 SELECT를 실행한 레코드 수는 어떻게 될까요?

eval_1 테이블(평가 테이블1)

INT 형	VARCHAR(5) 형	VARCHAR(1) 형
eval_id	student	rank_val
1	A001	B
2	A002	A
3	A003	C
4	A004	
5	A005	A

eval_2 테이블(평가 테이블2)

INT 형	VARCHAR(5) 형	VARCHAR(1) 형
eval_id	student	rank_val
1	A005	D
2	A001	D
3	A002	A
4	A006	B
5	A003	C

eval_student 테이블(학생 테이블)

VARCHAR(5) 형	VARCHAR(20) 형
student	student_name
A001	이민호
A002	김수지
A003	박미래
A004	김미미
A005	이예지

eval_rank 테이블(평가 테이블)

VARCHAR(5) 형	VARCHAR(20) 형
rank_val	rank_name
A	우수
B	양호
C	보통
D	개선

❶

```
SELECT
  *
FROM
  eval_1
UNION
SELECT
  *
FROM
  eval_2;
```

❷

```
SELECT
  student, rank_val
FROM
  eval_1
UNION
SELECT
  student, rank_val
FROM
  eval_2;
```

❸

```
SELECT
  student, rank_val
FROM
  eval_1
UNION ALL
SELECT
  student, rank_val
FROM
  eval_2;
```

❹

```
SELECT
  *
FROM
  eval_student
CROSS JOIN
  eval_rank;
```

문제 2

문제1의 테이블에 대해서 ❶~❺, 각각의 결과를 구하는 SELECT 문은 어떻게 될까요? 적어 봅시다. SELECT 문은 전체 테이블을 결합하는 방법으로 적습니다.

❶ eval_1 테이블의 rank_val이 'A'인 레코드와 eval_2 테이블의 rank_val이 'A'나 'B'인 레코드를 중복없이 세로로 붙여서 하나의 테이블로 한다

❷ eval_2 테이블의 모든 컬럼과 해당하는 eval_student 테이블의 student_name을 함께 가져온다. 해당하는 student_name이 없는 경우는 표시하지 않는다

❸ eval_1 테이블의 모든 컬럼과 해당하는 eval_rank 테이블의 rank_name을 같이 가져온다. 해당 rank_name이 없는 경우는 표시하지 않는다

❹ eval_1 테이블의 모든 컬럼과 해당하는 eval_student 테이블의 student_name, 게다가 해당하는 eval_rank 테이블의 rank_name을 함께 가져온다. 해당하는 student_name과 rank_name이 없어도 표시한다

❺ ❹를 USING을 사용해서 고쳐 적는다

문제 3

문제1의 테이블에 대해서 다음의 SELECT 문을 실행한 결과와 도중의 테이블A와 테이블B는 어떻게 될까요? 각각 적어봅시다.

```
SELECT
  b.rank_val, b.cnt, c.rank_name
FROM
  (
    SELECT
      a.rank_val, count(*) AS cnt
    FROM
        (
          SELECT
            student, rank_val
          FROM
            eval_1
          UNION ALL
          SELECT
            student, rank_val
```

```
        FROM
          eval_2
      )  AS a
    GROUP BY
      a.rank_val
    HAVING
      a.rank_val IS NOT NULL
  ) AS b
LEFT JOIN
  eval_rank AS c
ON
  b.rank_val = c.rank_val;
```

해답

문제 1 해답

❶ 10　❷ 8　❸ 10　❹ 20

문제 2 해답

❶

```
  (
    SELECT
      *
    FROM
      eval_1
    WHERE
      rank_val = 'A'
  )
    UNION
    (
      SELECT
        *
      FROM
        eval_2
```

```
    WHERE
      rank_val = 'A' OR rank_val = 'B'
  );
```

❷

```
SELECT
  a.eval_id, a.student, a.rank_val,
  b.student_name
FROM
  eval_2 AS a
JOIN
  eval_student AS b
ON
  a.student = b.student;
```

또는 INNER JOIN

❸

```
SELECT
  a.eval_id, a.student, a.rank_val,
  b.rank_name
FROM
  eval_1 AS a
LEFT JOIN
  eval_rank AS b
ON
  a.rank_val = b.rank_val;
```

또는 LEFT OUTER JOIN

❹

```
SELECT
  a.eval_id, a.student, a.rank_val,
  b.student_name, c.rank_name
FROM
  eval_1 AS a
LEFT JOIN
  eval_student AS b
ON
  a.student = b.student
LEFT JOIN
  eval_rank AS c
ON
  a.rank_val = c.rank_val;
```

또는 LEFT OUTER JOIN

또는 LEFT OUTER JOIN

❺

```
SELECT
  a.eval_id, a.student, a.rank_val,
  b.student_name, c.rank_name
FROM
  eval_1 AS a
LEFT JOIN          ← 또는 LEFT OUTER JOIN
  eval_student AS b
USING
  (student)
LEFT JOIN          ← 또는 LEFT OUTER JOIN
  eval_rank AS c
USING
  (rank_val);
```

문제 3 해답

SELECT 문을 실행한 결과

rank_val	cnt	rank_name
A	3	우수
B	2	양호
C	2	보통
D	2	개선

테이블A

student	rank_val
A001	B
A002	A
A003	C
A004	NULL
A005	A
A005	D
A001	D
A002	A
A006	B
A003	C

테이블B

rank_val	cnt
A	3
B	2
C	2
D	2

그림으로 배우는

SQL 입문

1판 1쇄 발행 2021년 6월 30일
1판 2쇄 발행 2023년 6월 30일

저 자 | 사카시타 유리
역 자 | 김은철, 유세라
발 행 인 | 김길수
발 행 처 | ㈜영진닷컴
주 소 | ㈜08507 서울 금천구 가산디지털1로 128
STX-V타워 4층 영진닷컴 기획1팀
대표팩스 | (02) 867-2207
등 록 | 2007. 4. 27. 제16-4189호

ISBN | 978-89-314-6551-8

YoungJin.com Y.
영진닷컴

'그림으로 배우는' 시리즈

"그림으로 배우는" 시리즈는 다양한 그림과 자세한 설명으로
쉽게 배울 수 있는 IT 입문서 시리즈 입니다.

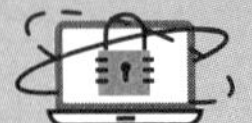

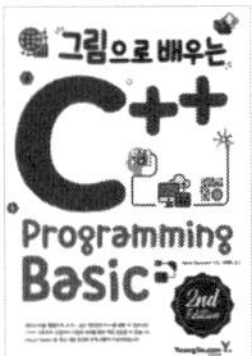

그림으로 배우는
C++ 프로그래밍
2nd Edition
Mana Takahashi 저
592쪽 | 18,000원

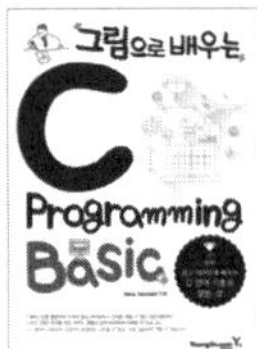

그림으로 배우는
C 프로그래밍
Mana Takahashi 저
504쪽 | 18,000원

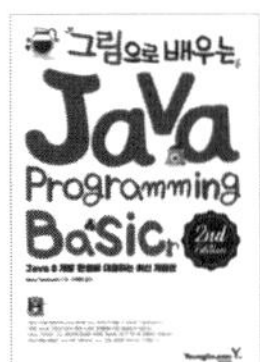

그림으로 배우는
자바 프로그래밍
2nd Edition
Mana Takahashi 저
600쪽 | 18,000원

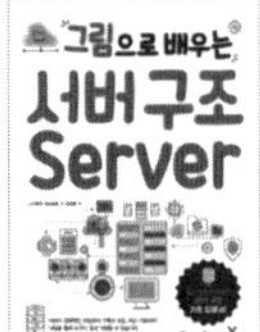

그림으로 배우는
서버 구조
니시무라 야스히로 저
240쪽 | 16,000원

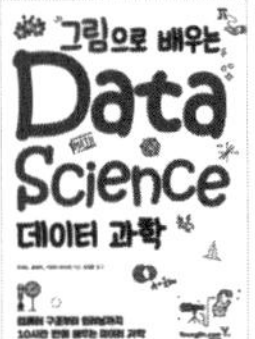

그림으로 배우는
데이터 과학
히사노 료헤이, 키와키 타이치 저
240쪽 | 16,000원

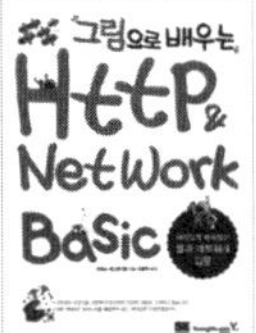

그림으로 배우는
HTTP&Network
우에노 센 저
320쪽 | 15,000원

그림으로 배우는
클라우드 2nd Edition
하야시 마사유키 저
192쪽 | 16,000원

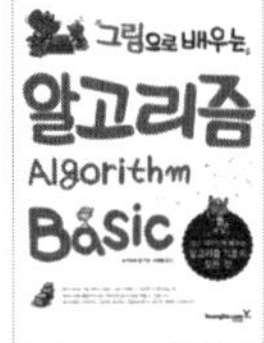

그림으로 배우는
알고리즘
스기우라 켄 저
176쪽 | 15,000원

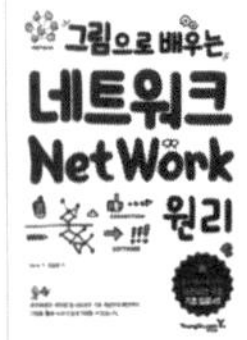

그림으로 배우는
네트워크 원리
Gene 저
224쪽 | 16,000원

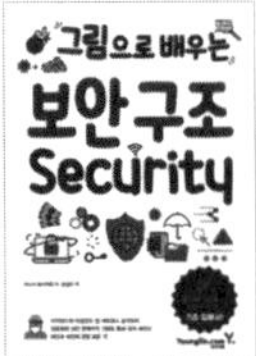

그림으로 배우는
보안 구조
마스이 토시카츠 저
208쪽 | 16,000원